岩 波 文 庫

34-007-9

キリスト教の合理性

ジョン・ロック著
加藤　節訳

岩 波 書 店

John Locke

THE REASONABLENESS OF CHRISTIANITY,
as delivered in the Scriptures

1695

凡　例

一、本書は、John Locke, *The Reasonableness of Christianity, as delivered in the Scriptures*, 1695 の全訳である。底本としては、初版に依拠する *The Works of John Locke*, A New Edition Corrected, London, Thomas Tegg, etc., 1823, Vol. VII に収められたテキストを使用し、翻訳に当たっては、ロックが初版に若干の手を加えたものを再現した次の版を参照した。*The Reasonableness of Christianity, As Delivered in the Scriptures*, Edited with an Introduction, Notes, Critical Apparatus and Transcriptions of Related Manuscripts by John C. Higgins-Biddle, Oxford, 1999. 以下、本書の底本としたテキストはW版、参照したテキストはＨＢ版と略記する。なお、ロックが初版に手を加えたとされる若干の部分はＨＢ版にしたがって処理し、註記した。

一、邦訳に当たっては、次の訳書を参考にした。『キリスト教の合理性　奇跡論』(服部知文訳、岬書房、一九七〇年)。

一、ＨＢ版を参照しつつ、訳者の判断でW版にはない章立てを行った。

一、ロックによる補足・補説・註釈は（　）で、訳者によるそれは〔　〕で示した。
一、原文が長い場合には、適宜改行をほどこした。
一、本書における聖書の訳出に当たっては、基本的には新約聖書翻訳委員会訳『新約聖書』（岩波書店、二〇〇四年）、旧約聖書翻訳委員会訳『旧約聖書』（岩波書店、二〇〇四―〇五年）に依拠させていただいた。心から感謝したい。なお、上記聖書にある「 」を外した箇所、ロックに従って聖書原文の一部を変更した箇所、聖書からの引用節の誤りを修正した箇所、ロックが依拠した King James Version と呼ばれる聖書から訳出した箇所があり、それらについては必要に応じて註記した。以下、本書が依拠した聖書は委員会版、ロックが依拠した聖書はKJ版と略記する。なお、聖書からの引用文における〔　〕〔　〕はすべて委員会版が付したものであり、訳者によるものではない。
一、聖書をめぐる用語や概念について、また訳者による註の作成に当たっては、『岩波キリスト教辞典』（岩波書店、二〇〇二年）および委員会版の「付録」を参照した。
一、巻末に訳者による「解説」を付した。

目次

キリスト教の合理性

緒　言

私は、今までに出合った神学体系のほとんどのものに満足も一貫性も見いだすことができなかったので、キリスト教[1]を理解するために、(すべての神学体系が典拠とする)聖書を自分自身で読んでみることにした。[2]そこから、私が、注意深く、また偏見を持たずに行った探究を通して得たものを、読者よ、今、私はあなたがたにお伝えすることにする。そうした私の労苦によって、もしもあなたがたが何らかの光明か真理への確信かを手にすることができたならば、私とともに、光の父[3]が、寛大にもわれわれ〔人間〕の理解を許して下さったことにどうか感謝していただきたい。[4]もしも、あなたがたが、〔本書を〕公平で偏見から自由な立場で吟味することによって、私が福音書の意味と趣旨とを誤解していることを見いだした場合には、どうか、真のキリスト教徒として、また、(愛の精神である)福音書の精神と穏健な言葉とをもって、救済の教義について私を正して下さるよう心からお願いする。

（1） 原語は Christian Religion である。

（2） ロックは、親しい友人だったオランダの神学者ファン・リンボルク宛ての一六九五年五月一〇日付け書簡のなかで、『キリスト教の合理性』に結実した聖書理解の基本的な態度について次のように述べている。「この冬、キリスト教信仰がどこに存在するかを考察するに当たって、私は、教派や神学体系の意見や正統とされている教義は、それらがどんなものであれ脇に置いて、キリスト教信仰を聖書の源そのものから引きだすべきだと考えました」（*The Correspondence of John Locke*, edit., E. S. de Beer, Oxford, 1991, vol. 5, p. 370）。

（3） 原語は Father of lights である。もとより神を指す。

（4） 原文は 'for his condescension to our understandings' である。ここには、神と人間との無限の距離を前提とした上で、あくまでも聖書に示された神の意志を人間の側から認識しようとするロックの強い意志がうかがわれると言ってよい。

第一章

新約聖書を読む人の誰にでも明らかなことは、贖罪[(1)]に関する教義、したがって福音についての教義が、アダムの堕罪[(2)]という想定に基礎を置いていることである。それゆえ、イエス・キリストによってわれわれが何を回復されるのかを理解するためには、聖書において、われわれがアダムによって何を失ったとされているかについて考察しなくてはならない。これは、力を尽くし、また偏見を持つことなく探究するに値することだと私は考えた。なぜならば、私は、この点について人々が二つの極論に、すなわち、一方では、あらゆる宗教の基礎を動揺させるような、また他方では、キリスト教をほとんど無に帰するような極論に陥っていることを知っているからである。

というのは、ある人々は、多くの人々が耳にしたこともなく、また、誰も、自分のために行動したり、自分の代理人になったりする権威を与えたこともないアダムが犯した罪のゆえに、アダムのすべての子孫は永遠、無限の罰を受ける運命にあるとしているが、これは、それ以外の人々には、偉大で無限な神の義[3]や善性とはまったく両立しないように見えるので、彼らは、必要な贖罪などというものは存在せず、したがって、かの無限の存在の名誉と属性とを完全に貶(おとし)めるような仮定にもとづいてそれを認めるよりは、むしろそんなものはまったくないと考え、その結果、イエス・キリストを単に純粋な自然宗教の復興者であり、説教者にすぎないとし、それによって、新約聖書のすべての趣旨を損なうに至っているからである。

そして、実際に、これら双方の側とも、次のような人々の誰からも、書かれた神の言葉に背く考えに立っているとの疑念を持たれることであろう。それは、書かれた神の言葉は、数多くの無学な人たちに救済への道を教えるために神によって計画された著述以外のものではなく、したがって、一般的にも、また、必要な箇所においても、それらの言葉や言い回しは平易で直接的な意味に理解しなければならないと解する人々によってである[4]。そうした人々によれば、それらの言葉や言い回しは、無学な人たちが生活していた時代と国[5]とにおける言葉に従ってそれらを用いていた話し手の口に上ったものと考えられるのであり、そこには、ほとんどの神学体系において、各人がその中で養成された考え方[6]に照らして探究され付与されてきた学問的で、人工的で、無理にこじつけられた語句の意味などはないということになる。

このように、偏見を持つことなく聖書を読む者にとって、アダムが何から堕落したかは明らかで、それは、新約聖書では正義と呼ばれる完全な服従の状態からであった。ただ、原義で正義を意味した言葉は、〔新約聖書では〕義と訳されることもある。[7]

そして、アダムが、この堕罪によって喪失したのは、平穏さと生命の樹とが存在した楽園、すなわち、無上の喜びと不死性とであった。[8]〔アダムによる〕律法の侵犯に対して加えられた罰が、神によって宣告されるそれへの刑とともに、そのことを示している。『創世記』第二章一七節で、その罰は次のようにされている。「これ〔すなわち善悪を知る木〕から〔実を〕取って食べる日、あなたは必ずや死ぬであろう」。では、この罰はどのように執行されたのだろうか。アダムは確かに〔実を〕食べたが、食べたその日に実際には死ぬことはなく、ただ、彼が再び〔生命の木から実を〕食べることも永遠に生きることもないようにと、生命の木から引き離されて楽園の外へと追われ、楽園から永久に締めだされることになったのである。

これは、楽園の状態が不死の状態、終わりのない生命の状態であり、アダムはその状態を〔実を〕口にしたその日に失ったことを示している。それ以来、アダムの命は短くなり始め、徐々に衰えて終わりのあるものになり、そのときからアダムが実際に死ぬまで、アダムの生は、確定した刑と、目に見え、また確実なその刑の執行との間の単なる囚人の時間のようなものになった。こうして、それまでは締めだされ、知られていなかった死がやって来て、その顔を現したのである。それゆえに、聖パウロは、『ローマ人への手紙』第五章一二節で「一人の人間をとおして罪がこの世界に入り込み、また罪によって死が」、つまり、死と可死性との状態がこの世界に入り込んだと述べ、また、『コリント人への第一の手紙』第一五章二二節で、「アダムにおいてすべての者が死ぬ」、すなわち、アダムの侵犯によってすべての人間は可死的となり、死ぬことになったと述べたのである。

こうした引用箇所からこの上なく明白であり、また、新約聖書においてきわめて多く説かれていることから、アダムの罪によって死が万人に来たということが福音書の教義であることは誰しも否定できないであろう。ただし、彼らは、死という言葉の意味について意見を異にするのである。というのは、ある人々は、死を罪の状態と解し、アダムだけではなく、彼のすべての子孫もその状態のうちにあるので、アダムの系統を引く者は誰でも、地獄の業火に包まれて、際限のない責苦を受けるに値するのだというのである。前にすでに述べたので、人間の理解力において、こうした考え方がどこまで神の正義や善性と両立するかについてはここでは論じない。しかし、死が無限に続く不幸な生を意味すべきだというのは、もっとも明白で、もっとも直接的な言葉を求められる律法の理解の仕方としては、いささか奇異なものに思われる。「重罪のゆえに汝死すべし」という律法によって、〔それが意味するのは〕彼は生命を失うべきだということではなく、生きて、間断なく激しく苦しめられることだなどと誰が想像できるだろうか。また、そのように遇されることで、自分は公正に扱われているなどと考える人は誰かいるだろうか。

それに対して、彼らはまた、死を、人間が行うあらゆる行為において不可避的に罪が犯され、神を怒らせる状態であると解することがあるが、これは、死という言葉の意味としては、前者よりもさらにわかりにくい。〔彼らは〕神が「あなたが禁断の果実を食べるその日に、あなたは死ぬであろう」と語ったとき、神はあなたとその子孫たちとは、以後、罪に汚れ、私を怒らせ、また私の天罰と憤激とに値することしかできなくなるであろうと語ったというのである。尊敬すべき人物が、自分の臣民たちの服従にこのような条件をつけるなどということが考えられるであろうか。ましてや、義なる神が、自らが不快と思う一つの罪の罰として、人を不可避的に罪を犯し続け、神の怒りを倍加させるようにしておくなどということが考えられるであろうか。われわれは、こうした奇異な解釈が生じた理由を、おそらく新約聖書のいくつかの箇所が読み間違えられたことのうちに見いだすことができるであろう。

率直に言って、私は、ここでいう死を、存在の終焉、生命と感覚との一切の働きの喪失としか解することができない。そうした死が、楽園におけるアダムの最初の〔神への〕不服従によってアダム自身と彼のすべての子孫とにもたらされたのであり、彼らは、イエス・キリストの贖罪がなければ、そうした死の下に永久に置かれることになったであろう。もしも、アダムを恐れさせた死が、彼の子孫たちの人間性を堕落させたということを意味するのだとすれば、新約聖書のどこにおいても、そのことへの注意が払われておらず、また、アダムの侵犯によって万人が堕落させられたとも、死がそうしたものであったともふれられていないのはおかしなことである。しかし、私の記憶するところでは、各人の罪はその人にだけ負わされるものなのである。

〔神によるアダムの堕罪への〕刑の宣告のもう一つの部分は、『創世記』第三章一七節から一九節に見られる。「大地はあなたのゆえに呪われるものとなった。あなたは、生涯、労苦のなかで食物を得ることになろう。あなたが大地に戻るまで、あなたは顔に汗して、食物を得ることになろう。あなたは大地から取られたのである。あなたは塵(ちり)だから塵に戻る(11)」。これが示すのは、楽園が、苦労の多い仕事も悲しみもない無上の喜びの場所であり、また不死の場所であったということである。しかし、ひとたびそこから追いだされると、人は、この死が待つ人生の労苦、心配事、儚(はかな)さにさらされ、やがてその生は、人がそこから造りだされ、またそこへと戻るべき塵のなかで終焉するのであり、それからは、人は、自らが造りだされたその塵以上の生命も感覚も持つことはなかったのである。

アダムが楽園から追放されたように、彼のすべての子孫たちも生命の木〔の力〕の及ばない楽園の外で生まれたのであり、彼らすべては、父アダムと同様に、楽園の静穏さも無上の喜びもない可死の状態のうちに置かれたのである。それは、『ローマ人への手紙』第五章一二節にある「一人の人間をとおして罪がこの世界に入り込み、その罪をとおして死がこの世界に入り込んだ」との一文に示されている。しかし、ここで、よくある、そして多くの人が躓（つまず）く異論が生じるであろう。それは、アダムの子孫たちがアダムの罪のために苦しみを嘗（な）め、罪のない人が罪ある者のために罰を受けるのは、神の義および善性と両立しないのではないかというものである。

たしかにその通りであって、もし、人をそれに対する権利のないものから引き離しておくことが罰と呼ばれるとすれば、楽園における不可死の状態はアダムの子孫に当然に与えられるべきものではないし、他のいかなる生物にも当然に与えられるべきものでもない。否、神が彼らにひとときの限りある生命を与えているとするなら、それは神の贈り物であり、彼らはその生命を神の恵み深さに負うているのである。彼らはその生命を自分たちの権利として主張することはできず、神がそれを彼らから取り上げたとしても神が彼らを傷つけたことにはならない。もし神が、人類から彼らの権利であるものを取り上げたり、人類を彼ら自身の過失でも落ち度でもないのに、存在しないことよりもさらに悪い悲惨な状態に置いたりするならば、そうしたことを、われわれが持っている正義の観念と一致させるのは難しく、また、われわれが善と悪、神と悪魔とを混同しない限り、神自身が自ら明らかにしておられ、理性と啓示とが神のうちにあることを間違いなく認める至高の存在の善性その他の属性と一致させるのはもっと難しい。実際、そうした極端で回復不能な責苦(せめく)の状態はまったく存在しないことよりも悪いことであって、たとえ、すべての人の良識[12]が、ある人々の空虚な哲学や愚にもつかない形而上学に反対することに決めないとしても、『マタイによる福音書』第二六章二四節[13]にあるように、われわれの救世主の厳然たる決断が、人は生まれてこなかった方がよかったような状態のうちにあることもあるかもしれないということを、疑いの余地のないこととしているのである。

しかし、われわれが現在享受しているような限りのある生が、その儚(はかな)さや日常的な苦しみにもかかわらず、存在しないことよりもずっとましであるということは、われわれがそれに高い価値を置いていることから明らかである。したがって、たとえアダムにおいてすべての人が死ぬとしても、誰しも自分自身の行為によってでなければ真に罰を受けることはないのである。『ローマ人への手紙』第二章六節に「神は、それぞれに、報われるであろう」とあるが、それはいかにしてであるかといえば、「その人の業に従って」である。〔すなわち〕同書第二章〔八―〕九節にあるように〔神は〕「不義に従っている者たちに怒りと憤りとを〔与えられる〕。悪を為す人間のすべての魂の上には、患難と苦悩とが〔与えられる〕」のである。また、『コリント人への第二の手紙』第五章一〇節には、「私たちすべては、キリストの〔さばきの〕座で、露わにされなくてはならないからである。それは、善であれ悪であれ、自分が為したことに対しては、からだをとおして〔為された〕ことと〔への報い〕をそれぞれが受け取るためである」とある。

そして、最後の審判の日に何をもって人を罪あるものとすべきかについてお知りになっていたキリスト自身は、『マタイによる福音書』第七章二三節、『ルカによる福音書』第一三章二七節、『マタイによる福音書』第二五章四一節、四二節等で、その大審判における自らの裁きの仕方を二つの場所で述べ、罪の宣告は慈善の行為において律法の履行を怠ったような不法を働いた者たちの上にのみ下されることをわれわれに確言しておられる。また、われわれの救世主は、再度、『ヨハネによる福音書』第五章〔二八―〕二九節において、ユダヤ人たちに対して、「墓にいる人たちが皆彼の声を聞くことになり、善いことをした人たちは生命への甦りのために、悪いことをした人たちはさばきへの甦りのために出て来ることになる」と語られている。しかし、ここでは、誰もが、父祖であるアダムが行ったことによって断罪されてはいない。もしも、アダムの所行が、人が悪魔およびその使いの者たちとともに火あぶりの刑の宣告をうける(14)原因となったのであれば、そのアダムの所行がそこで語られなかったとはとても考えられない。そして、『マタイによる福音書』第一六章二七節で述べられているように、キリストは、父の栄光のうちに天使たちとともに再臨するそのとき、各人にそれぞれの行いに応じて報いるだろうということを使徒たちに語られているのである。

(1) 原語は redemption である。
(2) 原語は Adam's fall である。
(3) 原語は justice である。この言葉は、文脈に応じて正義と訳した。
(4) これはロックの聖書解釈の方法でもあった。
(5) 原語は country である。
(6) 原語は notions である。
(7) 原語は righteousness である。これも文脈によって正しさと訳した。
(8) 原語は immortality である。

（9）この一節全体は「かくして、一人の人間をとおして罪がこの世界に入り込んだように、そしてその罪を通して死が〔この世界に入り込んだように〕、そのようにすべての人間の中に死が入り込んだのである」となっている。ロックはその一部を省略しているので、ロックに従って訳した。

（10）この一節全体は「なぜならば、アダムにおいてすべての者が死ぬように、そのようにキリストにおいてもまた、すべての者が生きるようにさせられるだろうからである」となっている。

（11）一七節から一九節の全体は次の通りである。「あなたはあなたの妻の声に聞き従い、食べるな、と私が命じた木から取って食べた。大地はあなたのゆえに呪われるものとなった。あなたは、生涯、労苦のなかで食物を得ることになろう。大地はあなたのために茨とあざみを生えさせよう。あなたは野の草を食べるであろう。あなたが大地に戻るまで、あなたは顔に汗して、食物を得ることになろう。あなたは大地から取られたのである。あなたは塵だから塵に戻る」。

（12）原語は sense である。

（13）そこには、「たしかに〈人の子〉は彼について書いてある通り、去って行く。しかし禍いだ、〈人の子〉を引き渡すその人は。その人にとっては、生まれて来なかった方がましであったろうに」とある。

（14）原文は'any one was adjudged to the fire, with the devil and his angels'である。なお、ロックも言及している『マタイによる福音書』第二五章四一節に「私から離れ去れ、悪魔とその使いの者らに備えられた、永遠の火に〔入るべく〕呪われた者たちよ」という一文がある。

第二章

アダムが以上のようにして楽園を追われ、彼の子孫がすべて楽園の外で生まれたことから、すべての人間は死すべき者として永遠に死の下に留まり、かくて完全に滅びることになるという結果が生じた。

こうした死の状態から、イエス・キリストがすべての人間を生へと甦らせるのである。『コリント人への第一の手紙』第一五章二二節に「アダムにおいてすべての人間が死ぬように、そのようにキリストにおいてもまた、すべての者が生きるようにさせられるだろう」とある通りである。どうしてそういうことになるかは、前の節〔の二一節〕で同じ使徒〔すなわちパウロ〕が「死が〔一人の〕人間をとおして〔生じた〕のだから、やはり〔一人の〕人間をとおして死者たちの甦りも〔生じるの〕だ」と語っている。(1)

これによって考えられるのは、イエス・キリストが万人に対して甦らせた生命は、彼らが再びイエス・キリストの復活において受け取る生命であるということである。こうして、人々は、死から甦るのであり、そうでなければ、彼らはずっと死の下にあって永遠に滅びるであろう。これは、聖パウロが、復活について『コリント人への第一の手紙』の第一五章で論じているところから明らかである。

そして、このようにして、人々は、第二のアダムによって再び生命を回復し、したがって、人々が、アダムの堕罪のゆえに、自らの義にもとづいて権原を持つはずのものを失うことはないのである。というのは、聖書によれば、義、すなわち律法への厳密な服従は永遠の生への請求権をもたらすと考えられるからであって、『ローマ人への手紙』の第四章四節にあるように、「業をなす者に対しては」、すなわち律法を行う者に対しては、「報酬は、恵みに従って〔与えられるもの〕とみなされるのではなく、むしろ当然の支払いとして〔与えられるもの〕とみなされる」のである。また、『ヨハネの黙示録』第二二章一四節には「神の楽園にある生命の木に近づく権利を与えられ、イエスの戒律を行う者は幸いである」とある。アダムの子孫の誰であっても、もし正しいのであれば、アダムの死すべき子孫であることによって、その正しさの報酬である永遠の生命と天上の喜びとを失うことはないであろう。キリストは、彼ら正しい者全員を再び生へと甦らせるであろう。〔ただし〕その際、彼らはすべて個々の裁きにかけられ、義であるとみなされるか、そうではないかの審判を受けることになる。そして、義人たちは、われわれの救世主が『マタイによる福音書』第二五章四六節で語っているように、永遠の生命へと入るのである。『ルカによる福音書』第一〇章二五節にあるように、永遠の生命を受けるためには何をしたらよいかを尋ねた律法学者に対してわれわれの救世主が説いたことを行う者は、その永遠の生命を受け損なうことはないであろう。すなわち、それは、「これを為せ」、すなわち、律法に求められていることを為せ、そうすれば「あなたは生きるであろう」ということである。

他方で、次のことが、神の正義の不変の目的であるように思われる。すなわち、不義の者、律法を侵した罪ある者は誰でも、楽園に入るべきではなく、罪の報いは、アダムにとってと同じように、すべての人間にとっても不死の幸福な状態からの追放であり、死がもたらされることであるというのがそれである。そして、このことは、正・不正に関する永遠で確立された律法にきわめて適合的なので、また〔以下のように〕、あたかもそれ以外ではありえないかのように語られるのである。〔例えば〕聖ヤコブは、〔『ヤコブの手紙』の〕第一章一五節で、まるで死が自然に、そして必然的に生じるかのように、「罪が成熟して死を産み出すのである」と語っている。また、聖パウロは、『ローマ人への手紙』において、その第五章一二節では「罪がこの世界に入り込み、罪によって死が入り込んだ」と述べ、その第六章二三節では「罪の報いは死である」と言っている。つまり、死は誰でもが贖うものであり、あらゆる罪の贖いなのである。さらに、『ガラテア人への手紙』の第三章一〇節には「それらを行うようにと律法の書に書かれているすべてのことがらのうちに留まらない者は、すべて呪われている」とある。そして、これについて、聖ヤコブは、〔『ヤコブの手紙』の〕第二章一〇節、一一節でその理由を挙げている。それは、「律法全体を守っていても、一つ〔の点〕で罪を犯しているなら、そのような人は皆、すべて〔の掟〕について有罪となっているからである。姦淫してはならないと言った方は殺してもならないと言われたからである」というものである。すなわち、何か一つの点で罪を犯す者は、律法を定めた権威に対して罪を犯しているのである。

そうしたわけで、われわれはここに、生と死とを分かつ〔次のような〕永続的で確定された基準を持つ。不死であることと天上の喜びとは義人に帰属し、神の律法に厳密に合致する生を送った者に死が及ぶことはないが、楽園からの追放と不死であることの喪失とは、何らかの形で律法を破った者、ある一つの侵犯の罪によって律法に完全に従わなかった者に対して〔神が〕割り当てたものである。このように、人類は、律法によって、義であるか不義であるか、正しいか正しくないか、つまり、律法の遵守者であるか侵犯者であるかに応じて生か死かの結末を与えられるのである。

しかし、にもかかわらず、『ローマ人への手紙』の第三章二三節にあるように、「すべての者が罪を犯した」から「〔そのゆえに〕神の栄光〔を受けるの〕に不十分」である。すなわち、「ユダヤ人もギリシア人も」（同章九節）、（しばしば神の栄光とも呼ばれる）天上の神の王国を受けるには不十分であり、それゆえ、同章二〇節にあるように、「律法の業によっては」いかなる人も義とされることはなく、そこから、誰も永遠の生命と天上の喜びとを持つことはできないということになる。(5)

おそらくここで、神は、使徒たちの時代に、なぜ、『ローマ人への手紙』の第三章や『ガラテア人への手紙』第三章二一節、二二節に見られるように、アダムの子孫の誰もが守らなかったような困難な律法を人類に与えたのだろうかという質問がなされるであろう。

それへの答えは以下の通りである。その律法は、神の本性の純粋性が要求し、また、人間のような被造物の律法でなければならない。そして、もしも、神が人間を理性的被造物とせず、また、人間に理性の法に従って生きることを要求せずに、人間のうちに、不品行と、人間が持つ光や人間の本性にふさわしい規則に対する不服従とを認めたとすれば、それは、神が、その被造物のうちに無秩序、混乱、邪悪さを許したことになるであろう。それゆえ、この律法が理性の法、あるいは、いわゆる自然法であることがおいおい判明するであろう。そして、もしも、理性的被造物〔である人間〕が自らのその理性に従って生きないとすれば、誰もそれを大目に見てはくれないであろう。もしもあなたが、理性的被造物について、ある一点で理性を捨てることを認めてしまえば、他の一点でもそれを認めることにはならないであろうか。あなたは、どこでそれを止めるというのであろうか。神の命令のいかなる部分にも従わないということは、〔理性が行うことを命じているのは神であるのだから〕神に対する直接的な反逆であって、もしそれがいかなる点でも免除されるなら、〔神の〕支配も秩序も終焉し、拘束をうけることのない人間の無法で法外な欲求に制限を課することはできなくなる。したがって、聖パウロが『ローマ人への手紙』第七章一二節で述べているように、律法とは「聖く、そして義しく、そして善いもの」であり、まさにそうであるべきもの、それ以外ではありえないものにほかならないのである。

このように、真実は、どのような罪にせよ、罪を犯した者は確実に死に、存在しなくなるということにあるので、もしも、神が、ある人々、すなわち、神が与え、新約聖書では、『ローマ人への手紙』の第三章二七節にあるように、「信仰の法」(6)と呼ばれて「行いの法」(7)に対立させられているもう一つの法を守った人々だけを義とする方法を発見しなかったならば、復活においてキリストにより回復された生命という恩恵は〔人間にとって〕決して大きな利益ではなかったであろう〔というのは、〔『ローマ人への手紙』第六章二三節にあるように』[8]罪の報いはどこにおいても、また、復活以前でも以後でも死であり、したがって、ここでもまた、すべての人が罪を犯したので死が全員を捉えたであろうからである)。それゆえ、キリストに従わなかった人々への罰は、その魂を、すなわち、その生命を失うことであった。これは、その点について語られている状況を考えるならば、『マルコによる福音書』第八章の三五節―三八節[9]に明らかである。

（1）　HB版によると、ロックはこの後に加筆して、次のように述べている。「それゆえ、われわれの救世主御自身が、われわれに対して、『ヨハネによる福音書』第五章二一節で、『父が死人たちを起こし生かすように、子も自分の望む人々を生かすからである』と語っておられる」（HB版、一一頁）。

（2）　イエス・キリストを指す。聖書で、イエスは、第二のアダム、あるいは最後のアダムと呼ばれることがある。

（3）　原語は title である。

（4）　この『ヨハネの黙示録』からの引用とされるものは、原文からかなり逸脱したロックの独自の解釈である。委員会版における原文は「生命(いのち)の木に近づく権能(けんのう)を得(え)、門を通って都に入るために、自分たちの衣(ころも)を洗(あら)い浄(きよ)める者たちは幸いである」である。

（5）　初版およびそれに依拠するW版では、同じ引用文が二〇節および二二節からとされている。

この部分は明らかに二〇節が正しいので、それに統一した。ちなみに、HB版でも二〇節に統一されている。

(6)　原語は the law of faith である。委員会版では「信仰の法則」となっている。

(7)　原語は the law of works である。委員会版では「業の法則」となっている。

(8)〔　〕で示した部分はロックによる初版への加筆である(HB版、一六頁)。

(9)　委員会版における全文は以下の通りである。「実に、自分の命を救おうと欲する者はそれを滅ぼすだろう。しかし、自分の命を私と福音とのために滅ぼす者は、それを救うだろう。いったい、人が全世界を儲けても、その命が害をこうむっては何の益があろう。いったい、人は自分の命の代価として何を与えることができようか。たしかに、この不貞で罪深い世代において私と私の言葉とを恥じる者を、〈人の子〉も、彼の父の栄光のうちに聖なる御使いたちと共に来る時、恥じるだろう」。

第三章

「信仰の法」をよりよく理解するためには、まず「行いの法」について考察することが役に立つ。「行いの法」とは、端的に言って、容赦することも斟酌することもまったくなしに完全な服従を要求する法のことである。したがって、その「行いの法」では、どんなに小さな点をも完全に履行しなければ何人も正しくありえず、また、正しいとされることもありえない。新約聖書において、そうした完全な服従は、〔ギリシア語では〕δικαιοσύνη〔正義〕と称され、それをわれわれは rightousness〔義〕と訳している。

この「行いの法」の文体は「これを行うならば生き、犯せば死ぬであろう」というものである。〔まず〕『レビ記』第一八章五節には「あなたたちは、わたしの掟と定めを守りなさい。人はそれらを〔守り〕行い、それらによって生きるのである」とある。『エゼキエル書』第二〇章一一節でも「わが掟を彼らに与え、わが公正を彼らに知らせた。人がこれを行い、これらによって生きるためである」とされている。〔また〕聖パウロは、

『ローマ人への手紙』の第一〇章五節で、「モーセは〔その〕律法による義について、それら〔の誡め〕を行う人は、それらによって生きるであろう、と書いている」と語っている。〔さらに〕『ガラテア人への手紙』第三章一二節には「律法は信仰によるものではない。むしろ、それら〔の誡め〕を行う人は、それによって生きるであろう」とある。反対に、〔「行いの法」を〕犯せば死に、そこでは、いかなる斟酌もいかなる贖罪もない。『ガラテア人への手紙』の第三章[1]一〇節に「それらを行うようにと律法の書に書かれているすべてのことがらのうちに留まらない者は、すべて呪われている」とある通りである。

　こうした「行いの法」がどこに見いだされるかについて、新約聖書は、それはモーセによって伝えられた律法のなかにであるとわれわれに語っている。『ヨハネによる福音書』第一章一七節の「律法はモーセを介して与えられ、恵みと真理はイエス・キリストを介して来た」がそれを示す。〔また〕同書第七章一九節において、われわれの救世主は「モーセがあなたがたに律法を与えた〔そしてあなたがたはそれを持っている〕ではないか。だが、あなたがたのうちにその律法を行おうとする人は誰もいない」と語っている。そして、この律法は、『ルカによる福音書』の第一〇章二六節で、われわれの救世主が、律法学者に対して「律法には何と書かれているか。あなたはどのように読んでおられるか」と尋ねられたときに語ったその律法のことであり、〔彼はまた、その律法について、同章二八節で「それを行いなさい。そうすれば生きられるだろう」と語っている。これは、聖パウロが、他のいかなる特徴づけをも行うことなくきわめて頻繁に律法とだけ呼んだものであって、『ローマ人への手紙』第二章一三節の「律法を〔ただ〕聞く〔だけの〕者たちが神のもとで義なる者たちなのではなく、むしろ律法を行う者たちが義とされるであろう」はその例である。他の箇所をこれ以上引用することは必要ではない。彼の手紙では律法について数多くふれられており、とりわけ、ローマ人に宛てたこの手紙ではそうである。

しかし、モーセによって与えられた律法は人類全体に対して与えられたものではなく、律法がなければ律法違反もないのに、なぜすべての人間が罪人になるのだろうか。それに対する答えは、『ローマ人への手紙』の第二章一四節〔および一五節〕にある。すなわち、〔そこには〕「律法をもたない異邦人たちが、自然のままで律法の〔命ずる〕ことがらを行う（すなわち、行うことが合理的なことだと考える）時には、それらの者たちは、律法をもたないながらも、自分たち自身が己れにとっての律法なのである。これらの者たちは、自分たちの心に書かれた律法の業を示しているのであり、彼らの良心は〔そのことを〕共に証ししている。そして〔彼らの〕心の思いが互いに訴え〔合っ〕たり、あるいは弁明し〔合っ〕たりするのである」とある。これによって、またそれに続く章のいくつかの箇所によって、「行いの法」のうちには、モーセによって与えられた律法とともに、理性によって知ることができる自然法も含まれていることは明らかである。というのは、聖パウロは、『ローマ人への手紙』第三章九節において、「私たちは、ユダヤ人もギリシア人もすべて罪のもとにあるという告発をした」とし、二三節において「すべての者が罪を犯したからであり、〔そのゆえに〕神の栄光〔を受けるの〕に不十分だからである」としているからである。彼ら〔ユダヤ人とギリシア人と〕は、〔モーセの律法と自然法とから成る「行いの法」という〕一つの法がなければ、神の栄光を受けることはできなかったであろう。

いや、神が、信仰に酌量を加えることなく、いかなる場所においても為されるべきであるとして要求するものは、いかなるものであっても「行いの法」の一部である。したがって、知恵の木から食べることをアダムに禁じたことは、「行いの法」の一部であった。ただ、ここで、われわれが注意しなければならないことが一つある。それは、神の実定的な命令のうちの若干のものは、特定の目的のためのものであり、また、時間、場所、人物をめぐる個別的な状況に適応させたものなので、神の実定的な指令によって、限られた、そしてただ一時的な拘束力を持たされたものにすぎないということである。そうしたものとしては、例えば、モーセの律法のうちの外面的な礼拝やユダヤ人の政治体制(3)に関する部分があり、これは、モーセの律法の道徳的な部分と対比されて、儀礼的なユダヤの法(4)と呼ばれるものである。ただし、モーセの律法の道徳的な部分は、正義に関する永遠の法に一致するものなので、永遠の義務を課し、したがって、福音の下においても依然として効力を持っている。また、その道徳的な部分は、「信仰の法」によって廃棄されるものではなく、その点については、聖パウロが、『ローマ人への手紙』の第三章三一節で次のように述べて、いつでも推論できるようにしてくれている。「それでは私たちは、その信仰のゆえに律法を破壊するのであろうか。神はそれを禁じている。むしろ私たちは、律法を確立するのである(5)」。

たしかに、それ以外ではありえない。なぜならば、「行いの法」がなければ「信仰の法」もありえないであろうからである。というのは、人々がそれに十分には服従しなかったとはいえ、正義の規則と基準とであるべき律法というものが存在しなければ、人々を義にするものとみなされるべき信仰も必要ではなくなるからである。律法がないところ罪もなく、信仰の有無にかかわらず、〔律法を守ることで〕すべての人はひとしく義とされるのである。

したがって、正義の規則も、それに服すべき義務も旧来からずっと同じである。「行いの法」と「信仰の法」との違いは、ただ次の点だけにある。それは、「行いの法」がいかなる場合であっても怠ることを許さないということである。「行いの法」に服従する者は義とされ、いかなる点についてであっても服従しない者は義とはされず、義であることの報酬である生命を期待してはならないのである。しかし、「信仰の法」によれば、信仰は、〔「行いの法」への〕完全な服従の欠如を補うものと認められており、したがって、信ずる人は、あたかも義であるかのように、生命と不死性とを許されることになる。ただ、ここにおいてわれわれが注意しなければならないのは、福音が律法を確立すると聖パウロが語るとき、彼が意味しているのはモーセの律法の道徳的な部分であるということである。なぜならば、彼が律法の儀礼的あるいは政治的な部分を意味することがありえなかったことは、私が先に引用した「異邦人たちは律法に含まれていることを自然のままで行い、彼らの良心がそれを証しする」という聖パウロの言葉から明らかであるからである。というのは、異邦人たちは、モーセのユダヤ的な、あるいは儀礼的な諸規則を実践したことも、考えたこともなく、彼らの良心が関心を寄せたのはただ〔モーセの律法の〕道徳的な部分だけだったからである。他の〔道徳的な部分以外の〕部分に関しては、聖パウロは、『ガラテア人への手紙』第四章で、ガラテア人たちが律法のその部分の拘束の下にはないことを告げ、その部分を、三節では「宇宙の諸力」と呼び、九節では「弱々しくて貧しい諸力」と呼んでいる。[6]

そして、われわれの救世主御自身が、『マタイによる福音書』第五章一七節にあるように、山上の垂訓において、彼ら弟子たちに対して、彼らがいかに考えようとも、自分は律法を廃棄するためにではなく、それをより完全で厳格なものにするために来たと告げておられる。[7] それが、〔ギリシア語聖書にある〕*πληρῶσαι*[8] という言葉によって意味されていることは、彼が、それまで受けとめられて来たよりもさらに厳格な意味で教訓を与えた同じ〔第五〕章〔一七節〕以下の部分に照らして明らかである。しかし、彼が強調しているのはすべて道徳的な律法をめぐる教訓である。儀礼的な律法についてはどうかと言えば、彼は、『ヨハネによる福音書』第四章二一節および二三節でサマリア人の女に次のように語っている。「あなたがたがこの山でもなく、エルサレムでもなく、父を礼拝するようになる時が来ようとしている。しかし、本物の礼拝者たちが霊と真理のうちに〔あって〕父を礼拝するようになる時が来ようとしている。父は自分を礼拝する人々としてこのような人々を求めているのである」。

こうして、律法については次のように要約できるであろう。モーセによって示された律法の政治的で儀礼的な部分は、ユダヤ教徒にとっては行いの法の一部ではあっても、キリスト教徒に義務を課するものではない。ただし、それは、神が自然法に何かそのようなものを付加しようとされた場合には、人は神が定めたすべての法に従わなければならないので、常に自然法の一部となる。しかし、モーセの律法の道徳的な部分、すなわち道徳法(それは、あらゆる場所で同一であり、正義の永遠の規則である)は、キリスト教徒に、そして、あらゆる場所のすべての人に義務を負わせるものであり、すべての人にとって永続的な「行いの法」である。

しかし、キリスト教を信じる者は、「信仰の法」の下にもあるという特典を持っている。それは、行いにおいて、たとえ正しくもなく、義でもないとしても、つまり、たとえ「行いの法」への完全な服従に欠けるところがあっても、神を信じるということによって人を義とする法である。神のみが、たとえ「行いの法」によってはそうではない人をも義とし、また義とすることができるのであり、神は、それを、人の信仰が義にかなうものであるとみなすことによって、つまり、信仰を律法の完全な実践とみなすことによって行うのである。〔例えば〕『ローマ人への手紙』第四章三節には「アブラハムは神を信じた。そして〔そのことが〕彼にとって義とみなされた」とあり、五節には「不信心〔で神なき〕者を義とする方(かた)を信じる者にとっては、業を為すことのないままで、その人のその信仰が義とみなされるのである」とされている。また、同章六節では「ダビデもまた、神が業によらずに」、すなわち、厳密な服従という行いの十全な程度を欠いていても、「義とみなした人の幸いを〔次のように〕言っている」とあり、七節には「幸いである、その不法がゆるされ、その罪が覆い隠された人たちは」とあり、さらに八節では「幸いである、その罪を主が認めない人は」と述べられている。

では、神がそれゆえにアブラハムを義とした信仰とは、どのようなものだったのだろうか。それは、神が彼と交わした契約のなかの約束を果たしたときに、神を信じたことであった。このことは、以下の箇所を併せて考察する人には誰にでも明らかであろう。まず、『創世記』第一五章六節には「彼は主の存在を信じた」(9)、すなわち、神を信じたとある。というのは、ヘブライ語の言葉づかいで、「存在を信じること」が信じること以上のことを意味しないことは、『ローマ人への手紙』の第四章三節で聖パウロが同じ箇所を引用して次のように、すなわち「アブラハムは神を信じた」と繰り返していることから明らかである。その点について聖パウロは、同章一八節から二二節で、次のように説明している。すなわち、「アブラハムは、希望に抗いつつ、〔しかもなお〕希望に基づいて信じた。そして〔聖書に〕あなたの子孫はこのようになるであろうと言われているように、彼は多くの民の父となったのである。そして彼は、信仰において弱くなることはなかったが、百歳ほどになっていて〔すでに〕〔性的に〕死んだ状態になってしまっていた彼自身のからだと、〔妻〕サラの胎の死んだ状態とを、〔つぶさに〕見据えた。しかし彼は、神の約束を不信仰をもって疑うことはせず、むしろ神に栄光を帰し、信仰において強められたのである。また彼は、〔神は〕約束したこと〔は、これ〕を成就することもできる、ということを確信していた。それゆえに、そのことは彼にとって「まさに」義とみなされたのである」。これによって明確なのは、神がアブラハムに対して義と認めた信仰とは、神が彼に告知したことを堅く信じること、そして、神による約束の成就を揺るぎなく信頼することにほかならなかったことである。

聖パウロは、〔さらに〕『ローマ人への手紙』の第四章二三節および二四節において、「ところで、彼にとって〔義と〕みなされたということは、ただアブラハムのためにだけ書かれたのではなく、私たちのためにも書かれたのである」として、アブラハムが信仰によって義とされたように、われわれもアブラハムが神を信じたように神を信じれば、われわれのその信仰もわれわれを義とするものとみなされるだろうということを教えている。これによって明らかに意味されていることは、われわれの信仰の揺らぐことのない堅固さであって、アブラハムが信じたのと同じ計画を信じることではない。その計画とは、アブラハムとサラとは年老いて、子供を得られる時期も希望も過ぎ去ったにもかかわらず、なお、アブラハムはサラによって一人の息子を授かり、その息子によってカナーンの地を所有する偉大な民の父となるであろうというものであった。これがアブラハムが信じたことであり、そのために彼は義とみなされたのである。しかし、思うに、現在、このことを信じる人に義が帰せられるなどと言う人はいないであろう。したがって、「信仰の法」を要約すれば、それは、誰にとっても、神がその人と結んだ契約の条件として神が信じるように求めることを信じることであり、神が約束を履行することを疑わないことである。使徒〔パウロ〕は、〔『ローマ人への手紙』第四章の〕終わり近くの二四節で「私たちにとっても、〔すなわち〕私たちの主なるイエスを死者たち〔の中〕から起こした方を信じる者たちにとっても、〔義と〕みなされることは〔たしかに〕起こる」と告知している。それゆえ、われわれは、福音の啓示の下で、神が今われわれに何を信じるように求めているかを検討し、理解しなければならない。ただ一人の不可視で永遠で全能の神、天と地との創造者を信じることが、現在と同じようにかつても求められていたからである。

（1） W版でもHB版でもこの部分は第五章とされているが、第三章が正確なので修正した。

（2） 「合理的な」に対応する原語は reasonable である。この言葉の意味については、本書の表題ともなっているその名詞形 reasonableness とともに「訳者解説」を参照されたい。

（3） 原語は political constitution である。

（4） ここで「ユダヤの」と訳した原語はW版では judicial となっているが、前後の文脈から

Judaical の誤りだと考えられるので、HB版に合わせて修正した。
(5) 聖書からのこの引用文中の「神はそれを禁じている」は、ロックが依拠したKJ版の訳であって、委員会版では「断じてそんなことはあってはならない」となっている。
(6) ここも上記註(4)で述べたのと同じ修正である。
(7) 委員会版では「私が律法や預言者たちを廃棄するために来た、と思ってはならない。廃棄するためではなく、満たすために来たのである」とある。
(8) このギリシア語は、ロックが依拠したKJ版では to fulfill と訳されている。
(9) 委員会版では「彼はヤハウェを信じた」となっている。
(10) イサクを指す。

第四章

われわれが永遠の生命を得るために、今、何を信じるように求められているかについては、福音書の中に明確に示されている。〔例えば〕聖ヨハネは、『ヨハネによる福音書』の第三章三六節で、「子を信じる人は永遠の生命を持っている。だが、子に従おうとしない人は〔将来も〕生命を見ることがない」と語っている。この「子を信じる」が何を意味するかは、次の〔第四〕章〔のいくつかの節〕で以下のように述べられている。「女が彼に言う、キリストと呼ばれるメシアの来ることが私にはわかっています。その方が来る時、私たちに一切のことを告げて下さるでしょう。イエスが彼女に言う、あなたに語っている私が〔それ〕だ。そこで女は町に去って行った。そして人々に言う。来て見て下さい。私のしたことをすべて言った人がいます。もしかしたらこの人がキリストではないでしょうか。さて、その町のサマリア人の多くが、私のしたことをすべて私に言ったと女が証ししたそのことばのゆえに、彼を信じた。さて、そのサマリア人たちは彼のところに来ると、彼のことばのゆえに、ずっと多くの人々が信じるようになった。彼らは、あの女に言っていた、もう、俺たちはお前が言ったから信じているんじゃない。つまり自分〔の耳〕で聞いて、この方こそ本当に世の救い主〔メシア〕だとわかったんだ」(『ヨハネによる福音書』第四章二五節、二六節、〔二八節、〕二九節、三九節、四〇節、四一節、四二節)。

こうした箇所から明らかなことは、「子を信じる」とは、イエスが行った奇跡と、イエスが自ら行った告白とを信用して、イエスがメシアであったと信じることだということである。女の言ったことによって「彼を信じる」と言ったとされた人々も、三九節にあるように、その女に対して、自分たちはもはや彼女が語ったことのために信じたのではなく、自分たちで自ら彼の言うことを聞いて彼が疑いもなくメシアであることを知った、すなわち、信じたと語っているからである。

これは、ナザレのイエスをめぐって、彼はメシアであったか否かが論争されていた当時の重大な主題であった。そして、それを肯定〔しイエスをメシアと〕することが、信仰者を不信仰者から区別するものとなった。イエスが、自分は天から降りてきた生命のパンであると宣言したのを聞いて彼の弟子の多くの者たちが彼を見捨てたとき、『ヨハネによる福音書』第六章〔六七節、六八節、〕六九節にあるように、「イエスは〔例の〕十二人に言った、あなたがたも〔去って〕往こうというのか。シモン・ペトロが彼に答えた、主よ、私たちは誰のところへ行きましょうか。あなたは永遠の生命の言葉を持っておられます。私たちは、あなたがメシアであり、活ける神の子であることを信じ、また確信しています」(1)。これが、彼ら使徒たちを背教者、不信仰者から別つ信仰であり、また、彼らを使徒の地位に留め置くのにはそれで十分であった。そして、『マタイによる福音書』第一六章一六節、一八節に述べられているように、われわれの救世主が自分の教会を建てようと言われたのも、聖ペトロが認めたのと同じ「イエスはメシアであり、活ける神の子である」という命題にもとづいてのことであった。

イエスが奇跡を行ったのはこの〔イエスはメシアであるという〕ことを人々に確信させるためであり、そのことに同意するか同意しないかが、人々を、イエスの教会に属する者か属さない者か、信仰を持つ者か信仰を持たない者かにしたのである。『ヨハネによる福音書』第一〇章二四節から二六節にかけて、次のように述べられている。「するとユダヤ人たちが彼を取り囲んだ。そして彼に言い始めた、いつまでわれわれを疑念を抱かせたままにしておかれるのか。あなたがメシアなら、われわれにははっきり言ってほしい。イエスが彼らに答えた、あなたがたに言ったのに、信じようとしない。私が父の名において行っている業、それが私について証ししている。しかし、あなたがたは信じようとしない。あなたがたは私の羊たちに属さないからである」[2]。この部分に従って、聖ヨハネは、『ヨハネの第二の手紙』の七節と九節とにおいて、われわれに、「多くの惑わす者たちが世に出てきている。彼らは、メシアであるイエスが肉体において到来することを告白しない。こういう者こそ惑わす者、反キリストである。誰であれ、メシアの教えに留まらない者は神を持たない。(イエスがその人である)メシアの教えに留まる者は父と御子とを持つ」[3]と語っている。

この箇所の意味するところは、聖ヨハネが、それに先立つ手紙、すなわち『ヨハネの第一の手紙』の第五章一節で「イエスがメシアであることを信じるものは誰でも神から生まれた者である」としていることから明らかである。それゆえ、ヨハネはその福音書を閉じるにあたって、それを書いた目的を示し、『ヨハネの福音書』第二〇章三〇節、三一節で次の言葉を述べている。「この書には記されていない徴を、イエスは[自分の]弟子たちの前でほかにも数多く行った。以上のことが書き記されているのは、あなたがたが、イエスが神の子メシアであることを信じる[ようになる]ためであり、信じていることにより、その名のうちにあって生命を持ち続けるためである」[4]。これによって明らかなことは、福音書は、「ナザレのイエスはメシアである」という命題の信仰へと人々を導くために書かれたということであり、もしこの命題を信じるならば、彼らは生命を与えられるはずである。

このように、ユダヤ人の間における大問題はイエスがメシアであるかどうかであり、福音書において力説され、公言されている重要な点は、イエスがメシアであるということであった。天使によって羊飼いたちにもたらされたイエスの誕生に関する最初の福音は、『ルカによる福音書』第二章〔一〇節、〕一一節に述べられているように、「〔そのように〕恐れることはない。なぜならば、見よ、私はお前たちに大いなる喜び〔の福音〕を告げ知らせる。この喜びは、民(たみ)全体のものとなるであろう。すなわち、今日(こんにち)、お前たちのために、一人の救い主つまり主メシアがダビデの町に生まれた[5]」というものであった。『ヨハネによる福音書』第一一章〔二六節、〕二七節にあるように、われわれの救世主は、永遠の生命に至る手段についてマルタと話した際に、次のように語った。「生きて私を信じている人は皆いつまでも決して死ぬようなことはない。あなたはこれを信じるか。彼に言う、はい、主よ、あなたが〔この〕世に来るはずの神の子メシアであることを、私は信じきっています[6]」。彼女マルタのこの回答は、永遠の生命を得るためにイエス・キリストを信じるということが、イエスが預言者によってその来臨(らいりん)が予言されていた神の子メシアであると信じるということであることを示している。そして、『ヨハネによる福音書』第一章四一節および四五節において、アンドレアスとフィリッポスとがそのことを次のように語っている。「アンドレアスが自分の兄弟シモンに言う、俺たちはメシア、訳すればキリストを見つけたぞ。フィリッポスがナタナエルに言う、モーセが律法に書き記し、また預言者たちが書き記した人、ナザレのイエス、ヨセフの子を俺たちは見つけたぞ[7]」。私が最初からキリストの代わりにメシアと言ってきたのは、福音書記述者たちがこの場所で言っていることに従って聖書をより明確に理解するためであった[8]。キリストとは単にヘブライ語のメシアに代わるギリシア語の名称であり、ともに油を注がれた者を意味している。

イエスがメシアであるということは、彼が弟子たちや使徒たちに力を尽くして信じさせようと努め、彼らには〔イエスの〕復活の後に明らかになった偉大な真理であった。この点は『ルカによる福音書』の第二四章に見られるが、われわれは、それを、後に、異なった場所でさらに立ち入って考察することになるであろう[9]。そこにおいて、われわれは、われわれの救世主が、弟子たちと使徒たちとに対して宣べ伝えた福音、しかも、死の状態から復活するやいなや、その復活のその日に二度にわたって宣べ伝えた福音がどんなものであったかを読むことになる。

（1）この最後の部分は、ロックが引用したKJ版に忠実に訳した。委員会版では「私たちはあなたが神の聖者(せいじゃ)であることを信じきっており、そして〔すでに〕知っています」となっている。

(2)(3) この部分は、基本的にロックが依拠したKJ版の訳である。ただし、ロックは、聖書にあるキリストをメシアと言い換えている。

(4)(5) ここでもロックは聖書にあるキリストをメシアと言い換えている。

(6) この文中のメシアもロックが依拠したKJ版ではキリストとなっている。

(7) これが、上記註(2)(3)(4)(5)で述べたように、ロックが自ら依拠したKJ版からの引用にあたってキリストをメシアとした理由である。

(8) この引用文は、KJ版にロック自身が若干の変更を加えたものである。

(9) 異なった場所とは、本書第一〇章を指す。

第五章

もし、すべての民[1]によって信じられるべきことが何であったかを使徒たちに対して〔イエスが〕宣べ伝えたことから集約することができるとすれば、われわれは、たしかに、使徒たちがすべての民に実際に教えたことから、『マタイによる福音書』の最終章において〔イエスが〕彼らに、すべての民に何を教えるように命じたかを知ることができるであろう。[2]われわれは、『使徒行伝』のいずれの箇所においても、使徒たちの伝道がイエスはメシアであるということを証しするという一点に向かっていることに気づく。[3]実際、イエスの死後すぐに、彼の復活もまた一つの必要な信仰箇条として信じられることが一般に求められるようになり、ときには、それのみが強調されもした。というのは、〔イエスの〕復活は彼がメシアであることの印、疑うことのできない証拠であり、彼をメシアとして受け入れようとする人々によって直ちに信じられる必要性があったからである。なぜならば、われわれがやがて見るように、メシアは救世主にして王たるべき者であり、彼を受け入れる人々に生命と王国とを与えるはずであったので、〔それ以外に〕イエスがメシアであることを告示し、イエスが死の力、墓の腐敗の下にあると考える人々に彼をメシアとして信じるように求める口実がなかったからである。したがって、イエスはメシアだと信じる人々はイエスが死の状態から甦ったと信じるほかはなく、また、イエスが死の状態から甦ったことを信じる人々は、イエスがメシアであることに疑いをさしはさむことができなかったのである。しかし、この点については別の場所でさらに論じることにしたい。

次に、使徒たちがキリストについてどのように説教し、彼らが聴衆に何を信じるように語ったかを見ることにしよう。『使徒行伝』第二章〔四一節〕にあるように、聖ペトロは、エルサレムにおける最初の宣教によって、三千人の魂を回心させた。〔その際の〕彼の言葉はどのようなものだったのだろうか。それは、われわれが四一節で告げられているように、「人々が受け入れ、直ちに洗礼を受けた」といったものだったのだろうか。聖ペトロの言葉は、〔同章〕二二節から三六節までに見てとることができるであろう。つまり、こういうことである。〔四一節にあるのは〕聖ペトロが語ったことのすべてから導かれた結論であり、また、聴衆が信ずべきこととして聖ペトロが強調したことであった。すなわち、それは、〔同章〕三六節にあるように、「だから、イスラエルの全家は、はっきりと知っておくがよい。神は、この方を主ともメシアともされた、あなたたちが十字架につけた、このイエスを」[4]。

『使徒行伝』第三章によると、聖ペトロがユダヤ人たちに神殿で語ったのも同じ目的のためであり、その計画については〔同章〕一八節で次のように述べられている。「しかし神は、すべての預言者の口を通して予告されたことを、すなわち、神のメシアが苦しみを受けることを、このようにして成就されたのです」[5]。

次の章である『使徒行伝』第四章一〇節―一二節によると、ペトロとヨハネとは、足の不自由な男の上に起こった奇跡について尋問を受けたときに、その奇跡が、メシアであり、その人によってのみ救済があるナザレのイエスの名において為されたことを告白したのである。また、彼らは、『使徒行伝』第五章二九節―三二節にあるように、同じことを彼ら〔審問者たち〕に対して再び確言し、〔同章〕四二節にあるように「そして毎日、神殿〔境内〕や家々で、教えることとメシア・イエス〔の福音〕を告げ知らせることを止めなかったのである」[6]。

『使徒行伝』第七章に述べられている最高法院[7]に向けたステパノの演説は、彼らが「義なる方」を裏切り、殺した者たちであるという非難のほかにはどんなものだったのだろうか。同章五二節[8]によると、この「義なる方」というのは、それによって、ステパノが、その来臨を預言者たちが予告していたメシアをはっきりと指し示そうとした敬称である。そして、メシアには罪がないはずである(それが、義という言葉の意味である)というのが、ユダヤ人たちの意見であった。これは、『ヨハネによる福音書』第九章の二二節を二四節とつきあわせてみるとわかることである。

『使徒行伝』第八章〔五節〕に「それからフィリッポスはサマリアの町にくだり、人々にキリストを宣べ伝えた」とあるように、フィリッポスは、サマリアに福音をもたらしている。ではフィリッポスは何を宣べ伝えたのだろうか。それは、〔同じ〕五節にあるように「メシア」という一言で説明できる。これは、人々が、イエスがメシアであることを信じるために求められるただ一つのことであって、それを信じたとき、人々は洗礼を受けたのである。それは、〔同章〕一二節に、「フィリッポスが、神の王国とイエス・メシアの名〔について福音〕を告げ知らせると、男も女も彼を信じて、洗礼(バプテスマ)を受けたのである[9]」とある通りである。

そこから、フィリッポスは聖霊の特別な召命[10]によって送られて、有名な回心を〔エチオピア人の宦官(かんがん)に〕行わせるため、同章三五節[11]にあるように、イザヤの書から始めてイエスのことを宣べ伝えたのである。そして、われわれは、フィリッポスがイエスについて何を宣教したかは、その宦官が、同章三七節にあるように[12]、それによって洗礼を許された彼の信仰告白から知ることができる。その告白は、「私はイエス・キリストが神の子であることを信じます」というものであったが、これは、私は、あなた〔フィリッポス〕がイエス・キリストと呼ばれる方が、実際に、そして疑いもなく約束されたメシアであることを信じますと言うのと等しい。イエスは神の子であると信じることと、彼がメシアであると信じることとが同一のことであったことは、『ヨハネによる福音書』第一章四五節を、同章四九節とつきあわせて考えてみると明らかである。その四九節には、ナタナエルが「あなたは神の子です。あなたはイスラエルの王です」という言葉でイエスがメシアであることを認めたことが記されているからである。

したがって、『ルカによる福音書』第二二章七〇節にあるように、ユダヤ人たちがキリストに向かって彼が神の子であるかと問いかけたとき、それは、彼がメシアであるかどうかをはっきりと言えと強要するものであった。この点は、それに先立つ三つの節と比較すれば明らかである。六七節によれば、彼らがイエスにメシアであるかどうかを尋ねたのに対して、イエスは「もし私があなたたちに言っても、あなたたちは決して信じまい」と答えた。しかし、イエスは、それに加えて、彼らに、今後、自分はメシアの王国を所有するだろうと語っている。それは、六九節にあるように、「しかし今後、〈人の子〉は神の力の右に座(ざ)しているだろう」という言葉によってであった。〔七〇節に述べられているように〕この言葉に、彼らは、皆、「それでは、お前は神の子か」、すなわち、お前はメシアであることを自ら認めるのかと大声で叫び、それに対して、イエスは、「私がそうだとは、あなたたちの言うことだ」と答えたのである。神の子というのが当時のユダヤ人の間ではメシアの名として知られたものであったことは、『ヨハネによる福音書』第一九章七節で、〔イエスについて〕ユダヤ人たちがポンティウス・ピラトゥスに「われわれには律法がある。その律法によれば、死ななければならない。自分を神の子としたのだから」と、すなわち、偽(いつわ)って自らを、メシア、来るべき預言者としたのだから、『申命記』第一八章二〇節[13]にあるように律法によって死に値すると語っていることから明らかである。

これが神の子の普通の意味であったことは、イエスが十字架上につけられたときに、祭司長たちが彼を嘲笑(あざわら)って言ったことからもさらに明らかであろう。すなわち、彼らは、『マタイによる福音書』第二七章四一節〔および四三節〕にあるように、「ほかの者たちを救ったが、自分自身を救うことはできない〔ざまだ〕。こいつはイスラエルの王なのだ、さあ、十字架から降りてみるがよい。そうすればわれわれもこいつのことを信じてやろう。彼は神に信をおいた。さあ、もし彼を〔神が〕お望みなら、救ってもらうがいい。私は神の子である、とこいつは言ったのだから」と言ったのである。つまり、彼らは、イエスは自分をメシアだと言ったが、それは明らかに偽りである、なぜなら、もし彼がメシアであるならば神が彼を救うであろうし、メシアはイスラエルの王、他人の救い主たるべき者なのに彼は自分を救うこともできないのだからと言ったのである。ここで、祭司長たちは、ユダヤ人たちが当時メシアを指す際に普通に使っていた称号として、「神の子」と「イスラエルの王」との二つを挙げている。このうち神の子は、〔ユダヤ人の間で〕当時強く期待され、よく口にされていたメシアのきわめて耳慣れた呼び名であったので、彼らに囲まれて暮らしていたローマ人たちもそのことを知っていたように思われる。それは、「また、百人隊長(14)と、彼と共にイエスを見張っていた者たちとは、地震と〔さまざまの〕出来事とを見てはなはだしく恐れ、言った、ほんとうに、この者は神の子だった」、これはあの待ち望まれていた尋常(じんじょう)ではない人物であったという〔『マタイによる福音書』第二七章〕五四節〔の記述〕からうかがうことができるであろう。

『使徒行伝』第九章二〇節にあるように、聖パウロは、奇跡的な方法で受け取った福音を宣教するという任務を果たすなかで、「ただちに諸会堂で、キリストのことを、この方こそ神の子である、と宣べ伝えた(15)」、すなわち、イエスはメシアであったと宣べ伝えた。なぜなら、ここでは、キリストは明らかに固有名〔のイエス〕を指しているからである。これが、聖パウロが伝道したことであったことは、同章二二節で「サウロ(16)はますます力づけられ、イエスがキリストであることを」、すなわちメシアであることを「論証して、ダマスコスに住むユダヤ人たちを狼狽させた」と述べられていることからうかがうことができるであろう。

ペトロが、幻[17]によってペトロを招くようにと命じられたカイサリアのコルネリオの所に来たとき、反対に聖ペトロも幻によってコルネリオの所に行くように命じられていたのだが、〔その際に〕ペトロはコルネリオに何を教えただろうか。『使徒行伝』第一〇章にあるように、ペトロの説話全体は、神が使徒たちに何を命じたかについてペトロが語ったことを示すものになっている。すなわち、同章四二節および四三節には、「イエスは、ご自分が生きている者と死んだ者との裁き人として神から定められた者であることを、民に宣べ伝え、また証言するようにと、私たちに命じられたのです。預言者も皆、このイエスを信じる者はことごとくその名によって罪の赦しが得られることを、証言しております」とある。また、同章三六節および三七節には、「これが、神がイスラエルの子たちに遣わした御言葉です。それは、ヨハネが洗礼を宣べ伝えた後、ガリラヤから始まってユダヤ全土に広まった御言葉なのです[18]」とある。そして、この御言葉とは、コルネリオに約束されたもので、『使徒行伝』第一一章一四節にあるように、「それによって、彼と彼の家族とが救われる[19]』ものであり、帰するところ、イエスはメシアであり、約束された救世主であったということを示す御言葉であった。彼らがその御言葉を受け入れると同時に（というのは、それが彼らに教えられたことのすべてであったからである）、彼らの上に聖霊が降り[20]、そして彼らは洗礼を受けたのである。

ここで注目すべきことは、聖霊が、彼らが洗礼を受ける前に彼らの上に降ったということであり、他の場所では、回心者は聖霊を受けてからようやく洗礼を受けたとされている。その理由はこうだと思われる。すなわち、それは、聖霊を彼らに授けることにより、神は、天上から、イエスをメシアと信じることで、ユダヤ人と同じように異邦人も洗礼によって教会に入ることを認められるべきであると宣言したということである。割礼を受けた人々から、割礼を受けていない人々に対して取るべき距離を保たなかったと非難された際にペトロが行った『使徒行伝』第一一章にあるような弁明を読む人は誰しも、このような意見になるであろうし、また、同章の一五節、一六節、一七節にあるペトロの言葉から、この〔ように異邦人の上にも聖霊が降った〕ことが、ペトロが、異邦人をも信仰にもとづいて仲間に入れるといったユダヤ人（彼らのみがまだキリストの教会のメンバーであった）には奇異に映ることを行った理由であり、またそうせざるをえなかった根拠であったことが理解できるであろう。それゆえ、聖ペトロは、『使徒行伝』の前の〔第一〇〕章で述べられているように、彼ら〔異邦人たち〕に洗礼を与えるよりも前に、〔四五節で〕「割礼を受けている信者で、ペトロと共に来た人は皆、異邦人たちにも聖霊の賜物(たまもの)が注がれるのを見て、驚いた」〔とされた人々〕に対して、四七節にある次のような問いを発したのである。「私たちとおなじように、聖霊を受けたのだから、水で洗礼を受けるのを、誰が拒(こば)むことができようか」。

また、『使徒行伝』の第一五章〔五節〕にあるように、入信したファリサイ派のある人が、回心した異邦人たちにも割礼を受けさせ、モーセの律法を守らせるべきだと考えたとき、「ペトロが立って言った、兄弟たちよ、ご存知の通り、はるか以前に、神はあなたたちの中から私をお選びになりました。それは、異邦人が私の口から福音の言葉を聞いて信じるようになるためでした。人の心を知っておられる神は、私たちに与えられたと同じように異邦人にも聖霊を与えることによって、彼らに対して証(あか)しをされたのです。また神は、信仰によって彼らの心を清め、私たちと彼らとの間になんの差別もされませんでした」。〔ペトロのこの言葉は〕『使徒行伝』第一五章七節―九節に記されているものである。したがって、ユダヤ人であれ異邦人であれ、イエスをメシアであると信じた者はその上に洗礼の印を受けたのであり、それによって、彼らはイエスに属する者と認められ、不信心者とは区別されることになったのである。

上述したことから、われわれは次のことを看取することができよう。すなわち、『使徒行伝』第一〇章三六節および三七節、第一一章一節、一九節、二〇節からは、イエスはメシアであると宣べ伝えることが御言葉、神の御言葉と呼ばれ、それを信じることが神の御言葉を受け入れることであるということを、そして、同書第一五章七節からは、それが福音の言葉を受け入れることであるということを、同時に、福音の歴史の中で、『マルコによる福音書』第四章一四節、一五節では単に御言葉と呼ばれているものを、〔後に〕聖ルカは、『ルカによる福音書』の第八章一一節で神の御言葉と呼んでいることを、それぞれ読み取ることができる。また、聖マタイが、『マタイによる福音書』の第一三章一九節で王国の言葉と呼ぶものは、福音書記者の間では〔神の御言葉と〕同義語だと思われるので、そのようにわれわれも解すべきであろう。

しかし、さらに続けるとしよう。『使徒行伝』第一三章によると、パウロはアンテオケの会堂で説教を行ったが、その際、彼は、ユダヤ人たちに次のことを信じさせることを自分の任務とした[21]。すなわち、同章二三節にあるように「神は約束に従って、このダビデの子孫からイスラエルに救い主イエスを送って下さった」こと、また、同章二五節―二九節にあるように、その人は預言者たちが記した人、すなわちメシアであったこと、そして、同章第三〇節にあるように、その人がメシアであったことの証しとして、神は彼を死者のなかから甦らせたことがそれであった。そこから、パウロは、同章三二節および三三節において次のように論じている。「私たちも、父祖たちに与えられた約束〔の福音〕を告げ知らせています。すなわち、神はイエスを甦らせて、〔彼らの〕子孫である私たちのためにこの約束を果たして下さったのです。それは詩篇の第二篇にも、お前は私の子、私は今日、お前を生んだ、と書かれている通りです」。そして、パウロは、さらに続けて、イエスが死人の中から復活したことによってメシアであったことを証しした後、同章三八節、三九節で「だから、兄弟たちよ、私はあなたたちに知ってもらいたい。――この方による罪の赦しがあなたたちに告げ知らされ、〔また〕モーセの律法では義とされることができなかったあらゆることから、信ずる者はすべてこの方によって義とされるのです」と結論するのである。これは、本〔一三〕章で繰り返し「神の御言葉」と呼ばれているものである。本章の四二節を、四四節、四六節、四八節、四九節および第一二章の二四節と比較されたい。

『使徒行伝』第一七章二節―四節には、テサロニケで「パウロは、自分の慣習に従って、会堂に入って行き、三度の安息日にわたって、聖書に基づいてユダヤ人たちと論じ合い、メシアは苦しみを受けて死人の中から甦らなければならなかったこと、また、私があなたたちに伝えているイエスこそメシアであることを説き明かし、かつ論証した。すると、彼らの中の幾人かが信じて、パウロとシラスとに従った。しかし、それを信じないユダヤ人たちは町を騒乱におとしいれた」[22]とある。イエスはメシアであるということ以上にの命題に同意すること、これが信仰者を不信仰者から別つものであるということ以上に明白なことがあるであろうか。というのは、聖書がわれわれに直接的な言葉で語っているように、それが、三つの安息日にわたってパウロが彼ら〔ユダヤ人たち〕に悟らせようと努めたただ一つのことだったからである。

そこ〔テサロニケ〕からパウロはベレヤに行き、同じことを宣べ伝えた。そして、ベレヤの人々は、本章一一節にあるように、本章二節と三節とでパウロがイエスはメシアであることについて語ったことが真であるか否かを聖書に即して調べることを〔パウロたちから〕託されたのである。

われわれは、パウロがコリントでも同じ教義を述べていることを『使徒行伝』の第一八章四節―六節に見ることができる。そこでは、「パウロは安息日の度ごとに会堂で論じ、ユダヤ人やギリシア人を説得しようとしていた。シラスとテモテがマケドニア〔州〕からくだって来ると、パウロは御言葉〔を語ること〕に専念し、ユダヤ人に対してはイエスがメシアであることを力を込めて証言した。しかし、彼らが反抗し、〔イエスを〕冒瀆したので、パウロは衣の塵を払って言った、お前たちの〔流した〕血は、お前たちの頭に〔ふりかかれ〕。私に責任はない。今から後、私はギリシア人のもとへ行く」[23]とされているからである。

『使徒行伝』第一三章四六節によると、同じような状況で、パウロはアンテオケのユダヤ人たちに次のように語っている。「神の言葉は、まずあなたたちに語られるはずでした。ところが、あなたたちがそれを拒んだのを知ったので、さあ、私たちは異邦人たちの方(ほう)に向きを変えて行く(24)」。ここで明らかなのは、聖パウロが、彼らの血の責任を彼らの頭に帰したのは、彼らが、イエスがメシアであること、救済か破滅かがこの命題を信じるか拒絶するかにかかっているというただ一つの真理に反対したためであったということである。私が意味するのは、これが、天地の創造者たる唯一の永遠、不可視の神をユダヤ人同様に認める人々が信じることを求められていることのすべてだということである。その点については、信じること以外に救済には求められるものがさらにあるのであり、われわれはそれをこれから先に見ることになるであろう。当面は、この機会に次のことに注意するのが適当である。すなわち、それは、使徒たちは、ユダヤ人たちや神を畏(おそ)れる者たち(25)(われわれは〔ギリシア語の〕Σεβόμενοι をこう訳すのだが、この人たちは改宗者(26)であり、唯一の永遠、不可視の神の崇拝者であった)に説教したにもかかわらず、天地の創造者であるこの唯一の真なる神の存在を信じることについては何も語らなかったことである。その点を強調することは、そうした神の存在を信じており、またすでにそのことを告白している人々には不必要だったことがその理由であった〔使徒たちのこれまでの説教のほとんどのものは、明らかに、そうした人々に対するものだったからである〕。しかし、彼ら使徒たちが、唯一の真の神を知るに至っていない偶像崇拝者の異邦人と関わりを持たなければならなかった場合には、彼らは、信じることが必須なものとして、その〔唯一の真の神の存在という〕ことから〔説教を〕始めたのである。それが〔信仰の〕他のものがその上に築かれるべき基礎であり、それなくしては他のものがすべて無意味になってしまうからである。

それゆえ、『使徒行伝』第一四章一五節〔、一六節、一七節〕にあるように、パウロは、彼とバルナバとに対して犠牲として献げようとした偶像〔である牛と花輪と〕を崇拝するリュステラ人たちに、次のように語ったのである。「私たちは、あなたたちがこのように空しいことから離れて、天と地と海と、その中のすべてのものを造られた生ける神に立ち帰るように、福音を告げ知らせているのです。神は、過ぎ去った時代には、すべての国の人々がそれぞれ自分の〔好む〕道を歩むままにしておかれました。しかし、神はご自分のことを証しされなかったのではありません。あなたたちのために天から雨を降らせ、実りの季節を与え、食物と楽しみであなたたちの心を満たすなど、数々の恵みを垂れておられるのです」。

したがって、また、『使徒行伝』第一七章〔二三節、二四節、二九節―三一節〕に述べられているように、パウロは、偶像崇拝者であるアテネの人々とともに赴いて知られざる神に捧げられた祭壇を発見した際に、以下のように彼らに告げたのである。「私は今、あなたたちが知らずに崇拝しているもの、それをあなたたちに告げ知らせましょう。世界とその中の万物とを造られた神は、天地の主なのですから、手で造られた神殿などには住まれません。このように、私たちは神の子孫なのですから、神的なるものを、人間の技術や思惑の産物である金や銀や石などの像と同じものと思ってはいけないのです。ところで、神は無知の時代を見逃してこられましたが、今やどこにいる人でも皆悔い改めるようにと命じておられます。神は、自らお定めになった一人の方によって、この世を正しくさばくために、日をお決めになったからです。そして、この方を死人の中から甦らせることによって、このことの確証をすべての人に与えられたのです」。このように、われわれは、異邦人の偶像崇拝者たちに対してそうであったように、信仰の対象としてさらに何かを提示する必要があった場合には、使徒たちは、注意深くそれを漏らさないようにしていたことを理解するのである。

『使徒行伝』第一八章四節〔および五節〕にあるように、パウロは、〔その後〕コリントにおいて「安息日の度ごとに会堂で論じ、ユダヤ人に対してイエスがメシアであることを証言した」[27]。また、同章一一節には、「そしてパウロは一年六ヶ月の間ここに留まって、人々の間で神の言葉を教え続けた」、すなわち、われわれがすでに知っているように、「神の言葉」が意味するイエスはメシアであるという福音を教え続けたのである。

福音のもう一人の伝道者であるアポロは、彼が神の道により完全に通じたときに、この〔イエスはメシアであるという〕教義以外のものをはたして教えただろうか。われわれは、それを、『使徒行伝』第一八章二七節〔および二八節〕における彼についての次のような記述から知ることができる。「彼がアカイアに着くと、すでに恵みによって信じていた人々を大いに助けた。彼は聖書によって、イエスがメシアであることを明示し、公然と痛烈にユダヤ人を論破したからである[28]」。

聖パウロは、フェストとアグリッパとの前で行った自分自身についての説明の中で、次のことが自身の回心の後に教えてきた唯一の教義であることを告白している。というのは、パウロは、『使徒行伝』第二六章二二節〔および二三節〕で次のように語っているからである。「私は神からの助けを得て、小さい者にも大きい者にも、今日まで証人として立って来ました。そして、預言者たちやモーセが、将来必ず起こると語ったこと以外は、何一つ述べませんでした。すなわち、メシアが苦しみを受け、また死人の中から最初に甦って、民にも異邦人にも光を告げ知らせることになる、ということです[29]」。これは、イエスがメシアであることを証明することにほかならない。われわれが上で見てきたように、それは神の言葉と呼ばれるものである。〔この点については〕『使徒行伝』第一一章一節を前の第一〇章三四節から最終節までと、また、第一三章四二節を、四四節、四六節、四八節、四九節と、さらに、第一七章一三節を三節、一一節と比較していただきたい。[30] それはまた、『使徒行伝』第一五章七節にあるように、「福音の言葉」とも呼ばれている。これは、使徒たちの説話が行われている所ではどこでも宣べ伝えられている神の言葉、すなわち福音であり、ユダヤ人と異邦人とをともに信仰者、キリストの教会のメンバーたらしめたあの信仰であった。そして、その信仰は、『使徒行伝』第一五章九節にあるように、罪の赦しを伴うものであったのである。したがって、「ナザレのイエスはキリストすなわちメシアであった」というただ一つの命題が義とされるために信じなくてはならないことのすべてであった。私が、義とされるために信じなければならないことのすべてという理由は、後に見るように、それが、義とされるために行うことを求められることのすべてではなかったということにある。

（1）原語は nations である。

（2）　HB版では、この一文中の「われわれは……できるであろう」が削除されているが、ここでは、W版に忠実に訳出した。
（3）　HB版では、この文章の後に次の文章が挿入されている。「キリストのすべての命令の確実な目撃者〔である使徒〕たちが、イエスが別れに際して彼らに残したこの重大な教えのいいかげんな遂行者であったとも、その最後の指図を中途半端に行ったとも到底考えられない。したがって、われわれは、彼らが宣教した場所ですべての民に実際に教えたその歴史のうちに見いだすものによって、彼らがすべての民に何を教えようとしたかを知ることができるのである」（HB版、一二五頁）。
（4）（5）　ここでもロックは、聖書中のキリストをメシアと言い換えている。
（6）　KJ版でも委員会版でも、この一文中のメシア・イエスはキリスト・イエスである。
（7）　KJ版でCouncilと訳されている紀元後七〇年以前のユダヤ教の最高自治機関。七一名から構成され、議長は「大祭司」、議員は「祭司長たち」「長老たち」「律法学者たち」であった（委員会版、付録一八頁）。聖書によっては議会と邦訳されることもある。
（8）　W版でもHB版でも五一節も挙げられているが、直接関係のない節なので省略した。
（9）　ここでもロックは、キリストをメシアとしている。
（10）　原語はcallである。
（11）　そこには、「そこでフィリッポスは口を開き、聖書のこの箇所〔『イザヤ書』第五三章七節―八節〕から始めて、彼にイエスの〔福音〕を告げ知らせた」とある。
（12）　この三七節は、三九七年のカルタゴ教会会議で正典の一つとして承認された『使徒行伝』

では欠落しており、その後、異本から復元されて挿入されたものである。それを受けて、ロックが依拠したＫＪ版では三七節として記されているが、委員会版ではもともとのギリシア語定本を訳したものであることから、この三七節は割愛されている。

(13) そこには、次のように記されている。「ただ、その預言者が、私〔ヤハウェ〕が彼に語れと命じもしなかったことを、不遜(ふそん)にもわたしの名において語ったり、あるいは他の神々の名において語るならば、その預言者は死に至らしめなければならない」。

(14) 原語は centurion である。聖書によっては百卒長とも訳される。

(15) これはＫＪ版の訳であり、委員会版では「すぐに諸会堂で、イエスのことを、この方こそ神の子である、と宣べ伝えた」とされている。

(16) サウロとはペテロのユダヤ名である。

(17) 原語は vision である。

(18) ロックはこの部分をかなり省略して引用している。ＫＪ版の全文は以下の通りである。「これが、神がイエス・キリストによって――この方こそすべての者の主(しゅ)です――平和を告げ知らせて、イスラエルの子らに遣わした御言葉です。私の言うその御言葉は、あなたたちが知っているように、ヨハネが洗礼を宣べ伝えた後、ガリラヤから始まってユダヤ全土に広まったものです」。

(19) 聖書では「あなたとあなたの家族と」となっている部分を、ロックは、文脈上「彼と彼の家族と」と言い換えている。

(20) 原語は Holy Ghost である。

(21) W版では二四節となっているが二三節が正しいので修正した。
(22) この部分は、KJ版の原文に、ロックが、「キリスト」を「メシア」に、「彼ら」を「会堂」や「ユダヤ人たち」に変更するといった修正や、最後の部分を意訳して短縮するといった処置を加えたものになっている。
(23) ここでもロックはKJ版にある「異邦人」を「ギリシア人」に変えている。
(24) この一文にはロックによる省略が認められる。KJ版の該当箇所の全文は次の通りである。「神の言葉は、まずあなたたちに語られるはずでした。ところが、あなたたちがそれを拒み、自分自身を永遠の生命にふさわしからぬ者にしてしまっていることを知ったので、さあ、私たちは異邦人の方に向きを変えて行く」。
(25) 原語は the devout である。ロックによるこの解釈は、ロックが依拠したKJ版の『使徒行伝』第一〇章において、例えば、同じコルネリオという人物が、その二節では a devout man と呼ばれ、二二節では one that feareth と呼ばれていることにもとづいていると思われる。なお、委員会版では、両節ともコルネリオは神を畏れる者と訳されている。
(26) 原語は proselytes of the gate である。これは、ユダヤ教に改宗した異邦人を指して使われるようになった言葉である。彼らは、モーセの律法やユダヤ教の慣習を比較的厳格に守ったとされているが、割礼は受けなかったという。
(27)(28)(29) ここでもロックは、キリストをメシアと言い換えている。
(30) W版では一三節となっているが、三節が正しいと思われるので修正した。HB版でも三節になっている。

第六章

われわれは、先に、[1]『ヨハネによる福音書』第三章三六節においてわれわれの救世主御自身が述べられたことから、「子を信じる人は永遠の生命を持っている。だが、子に従おうとしない人は〔将来も〕生命を見ることがなく、神の怒りがその上に留まっている」ことを見た。また、われわれは、同書第四章三九節を四二節と比較した上で、三九節から、イエスを信じるということは、彼がメシア、世界の救世主であることを信じることであるということを、また、『マタイによる福音書』第一六章一六節から、聖ペトロによる「あなたこそメシアであり、活ける神の子である」[2]という告白が、われわれの救世主がその上に自らの教会を建てることを約束された岩であることを教えられている。そして、こうしたことや、その他われわれがすでに注意したことは、われわれが使徒たちの説教から看取したことをさらに付け加えなくても、福音書において永遠の生命に至るために信じることを求められているものが何かを、われわれに十分に得心させるものである。しかし、この問題をより明らかにするために、福音書記者たちが、たとえ異なった言葉によってであるとしても、同一のことについて述べていることを知るのは不都合ではあるまい。そうした言葉は、異なった言葉であることで、おそらく、この目的のために顧みられることは普通ないものである。

われわれは、先に、アンドレアスとフィリッポスとの言葉の比較から、[3]メシアと、「モーセが律法に書き記し、預言者たちが〔書き記した〕人」とが同一人を意味することを見た。われわれは、ここで、その箇所、つまり『ヨハネによる福音書』第一章をもう少し考察することにしよう。その四一節によると、アンドレアスがシモンに「俺たちはメシアを見つけたぞ」と言っている。四五節にあるように、フィリッポスも同じ状況で、ナタナエルに「モーセが律法に書き記し、また預言者たちが〔書き記した〕人を、俺たちは見つけたぞ。ナザレの人、ヨセフの子イエスだ」と言っている。ナタナエルはそれを信じなかったが、キリストが彼に話しかけるのを聞いて信じるようになり、その同意を次のような言葉で明言したのである。「ラビ、あなたは神の子です。あなたはイスラエルの王です」[4]。ここから明らかなことは、イエスを、「モーセと預言者たちとが書き記した人」であり、「神の子」であり、「イスラエルの王」であると信じることは、結局は、イエスがメシアであると信じることと同一であり、それに対して同意することがわれわれの救世主によって信仰として認められることであったということである。というのは、同章五〇節には、[5] ナタナエルが「あなたは神の子です。イスラエルの王です」という言葉で告白したとき、「イエスは答えて彼に言った、あのいちじくの木の下であなたを見たとあなたに言ったから信じるのか。これらのことよりももっと大いなることをあなたは見ることになる」とあるからである。ここで私は、誰であっても、『ヨハネによる福音書』第一章の後半、二五節からを注意深く読み、神の子という言い方がメシアを表すために用いられた表現であることが明らかでないか否かを教えてもらいたいものだと思う。それに加えて、その人には、『ヨハネによる福音書』第一一章二七節にある「あなたが〔この〕世に来るはずの神の子メシアであることを、私は信じきっております」という言葉によるマルタの信仰の表明を、また、同書第二〇章三一節にある一節「あなたがたが、イエスが神の子メシアであることを信じる〔ようになる〕ためであり、信じていることにより、その名のうちにあって生命を持ち続けるためである」をさらに読んでもらって、当時のユダヤ人たちの間では、メシアと神の子とが同義語であったことに疑いをさしはさめるかどうかを語ってほしいものである。

メシアが「メシアたる君」と呼ばれている『ダニエル書』第九章〔二五節〕の預言、また、『イザヤ書』、『ダニエル書』およびその他の預言書に見られるメシアの支配や王国、メシアによる解放についての言及といったメシアに関するものと解されることは、ユダヤ人たちには非常によく知られていたことであり、また、彼らの説明によれば、メシアがイスラエルの王国を建て直すために来臨するその時期への彼らの希望を大いに鼓舞するものであった。それゆえ、『マタイによる福音書』第二章〔二節〕にあるように、ヘロデ王は、〔東方の〕博士たちが「ユダヤ人たちの王としてお生まれになった方はどこか」と問うのを聞くと、同章四節に記されているように、直ちに、祭司長たちや律法学者たちに「メシアはどこに生まれるのか」と問い質したのである。しかし、もしもユダヤ人にとって生まれる王があるとすれば、それはメシアであるということについては誰も疑いを持っておらず、その来臨が今や一般的な期待であったことは『ルカによる福音書』第三章一五節の「民は待ち望んでおり、皆がその心の内で、ヨハネに関して思いめぐらしていた、ひょっとして、この彼こそメシアではないだろうか」に見られる通りである。そして、祭司たちやレビ人たちが、ヨハネが何者かを尋ねるためにヨハネの許に遣わされたとき、彼らの言わんとする意味を悟ったヨハネは、『ヨハネによる福音書』第一章二〇節にあるように「私はメシアではない」と答えた上で、同章三四節に述べられているように、イエスが「神の子」すなわちメシアであることを「見た」と証ししたのである。

また、この時代におけるメシア待望を、『ルカによる福音書』第二章二五節(6)に記されているように、「イスラエルの慰め〔られること〕を待ち望んでいた」シメオンのうちに見ることができる。そして、同章三〇節によると、シメオンは、幼子(おさなご)イエスを腕に抱いて「主の救いを見た」と言った。また、同章三八節には、「アンナは、まさにその時、神殿〔境内〕にやって来て主への賛美を〔人前で〕唱(とな)えだし、また、エルサレムの贖(あがな)いを待ち望んでいる者たちすべてに、幼子のことを語るのであった」とある。そして、『マルコによる福音書』第一五章四三節では、アリマタヤのヨセフについて、「彼もまた神の王国を待ち望んでいた」と語られている。これらすべてによって意味されていることは、メシアの来臨ということであった。そして、『ルカによる福音書』第一九章一一節では、「彼らは神の王国はたちどころに現れると考えていた」と言われている。

以上のことを前提として洗礼者ヨハネ(7)が初めてその聖なる任務を始めたとき(8)に何を宣べ伝えたかを見てみよう。それについて、聖マタイは、『マタイによる福音書』第三章一節、二節において、「その頃、洗礼者(バプテスマの)ヨハネが現れ、ユダヤの荒野(あらの)で宣教して〔そして〕言う、悔い改めよ、天の王国が近づいたから(9)」とわれわれに語っている。これは、メシアの来臨の告知であった。福音宣教者たちに関するいくつかの箇所から明らかなように、天の王国と神の王国とは同一のものであり、それらは、ともにメシアの王国を意味している。『ヨハネによる福音書』第一章一九節によると、ユダヤ人たちの所へ行かされたときに、洗礼者ヨハネが行った告白は、自分はメシアではない、イエスがメシアであるというものであった。これは、同章二六節―三四節を、同書第三章二七節および三〇節と比較する人には、誰にでも明らかなことである。ユダヤ人たちは、ヨハネがメシアであるかどうかを大変に知りたがっていたが、ヨハネはそれをはっきりと否定し、〔『ヨハネによる福音書』第一章二六節―二七節にあるように〕彼らに対して、自分は先駆者にすぎず、自分の後から来る一人の人があなたがたの真ん中に立っており、自分はその人の皮ぞうりの紐を解く資格もないと告げたのである。

その翌日、イエスを見たヨハネは、彼こそがその人であって、自分が水で〔イエスに〕洗礼を与えるのはイエスが世に顕れるためであり、自分は、聖霊がイエスの上に降るのを見るまではその人のことは知らなかったと語っている。また、ヨハネによると、洗礼を授けるようにとヨハネを派遣したその方〔神〕が、霊が降り、その上に留まるのをヨハネが見たその人こそ聖霊で洗礼を授けるべき者だと告げたという。『ヨハネによる福音書』第一章三四節にあるように、それゆえ、それを見たヨハネは「この人こそ神の子だ」、すなわちメシアだと証ししたのである。そして、同書第三章二六節その他によると、ユダヤ人たちが洗礼者ヨハネの所にやって来て、イエスが洗礼を授けており、皆が彼の方にでかけていると言ったのに対して、ヨハネは答えとして次のように告げたのである。すなわち、彼イエスは天から与えられた権威を持っていること、皆が知っているように、自分がメシアであると言ったことはなく、自分は彼よりも先に遣わされたのだと語ったこと、彼は大きくなり、自分は小さくならなければならない、その理由は、神が彼を遣わし、彼は神の言葉を語り、神は万物をその御子の手に委ねたからであること、これがヨハネの答えであった。さらに、ヨハネは、同章の三六節にあるように、「子を信じる人は永遠の生命を持っている」とも告げたが、これは、『使徒行伝』全体を通じてわれわれが見たもの、すなわちイエスはメシアであったというのと同じ教義であり、後に、使徒たちによって宣べ伝えられたものにほかならなかった。このように、ヨハネがわれわれの救世主について証したのであり、それは、イエス自身が『ヨハネによる福音書』第五章三三節[10]で語っている通りである。

これはまた、イエスの洗礼に当たって、『マタイによる福音書』第三章一七節にある「この者は私の愛する子、彼は私の意にかなった」という天からの声によって与えられた告知であった。それは、神の子が(われわれがすでに知っているように)メシアを意味するものと解される以上、イエスはメシアであるというイエスに関する告知であった。これに、われわれは、ヨセフへの天使の言葉でなされたイエスへの受胎後の最初の言及、すなわち、『マタイによる福音書』第一章二一節にあるように、「お前はその子をイエス」すなわち救世主と「名づけるであろう。なぜなら、彼こそが、彼の民をその〔もろもろの〕罪から救うからである」を付け加えることができるであろう。メシアが来臨するとき、すべての者の罪が赦(ゆる)されるというのが、ユダヤの民の間で受け入れられていた教義であった。したがって、〔ヨセフへの〕天使の言葉は、イエスはメシアであるという告知であるとみなすことができる。その中でも、「彼の民」という言葉は、彼が民を持ち、したがって彼が王であることを示唆する点で、さらにそれを示すものである。

(1) 第四章の冒頭部分である。
(2) 『マタイによる福音書』第一六章一八節参照。
(3) 『ヨハネによる福音書』第一章四五節参照。
(4) 『ヨハネによる福音書』第一章四九節。
(5) W版では五一節とされているが、五〇節が正しいので修正した。
(6) W版では二一節とされているが、二五節が正しいので修正した。
(7) 委員会版ではバプテスマのヨハネは浸礼者ヨハネとされているが、ここではより一般的な洗礼者ヨハネとした。
(8) 原語は ministry である。

（9） 委員会版では引用文中の「悔い改め」は「回心」に、「洗礼」は「浸礼」となっているが、より一般的だと思われる訳語に改めた。以下、同様である。

（10） そこには「あなたがたはヨハネのところに人を遣わし、彼は真理のために証しした」とある。

第七章

洗礼を受けた後、イエスは、自身の聖なる任務につく。しかし、われわれは、イエスが、信じるべきものとして何を提示したかを検討する前に、メシアに関する三重の告知があることに注意を払っておかなければならない。

1　奇跡[1]によるもの。預言の霊は、今や、長年にわたってユダヤ人たちを見捨てて来た。そして、彼らの政治的共同体[2]が完全に解体してしまったわけでもなく、また、彼らは自分たちの律法の下で暮らしはしていたが、しかし、彼らは外国人の支配の下にあり、ローマ人たちに服従していた。こうした状態の中で、彼らが計ってきた時が満ち、彼らは、メシアへの期待を、そして、メシアに関する古来からの預言によるとメシアが設立することになっていた王国における救済への期待を抱いたのである。その預言が彼らに与えたのは、やがて並々ならぬ人[3]が神から遣わされてやって来て、途方もない神的な力と奇跡とによって自分の使命を明かし、ユダヤ人の救済を遂行してくれるはずだという希望であった。ユダヤ人たちは、奇跡を行うような力を備えたそうした並々ならぬ人については、自分たちのメシアであるという期待しか持たなかったのである。彼らユダヤ人たちは、一人の偉大な預言者、奇跡を行う人、ただ一人の人こそがメシアであると期待したのである。それゆえ、われわれは、その人が奇跡を行ったことを理由として、人々がその人への信仰、すなわち、その人がメシアであるという信仰を正当化したのを見るのである。

例えば、『ヨハネによる福音書』の第七章三一節には、「多くの人々が彼を信じた。そして、メシアが来る時には、この人が行ったよりも多くの奇跡を行うだろうかと言った[4]」とある。また、『ヨハネによる福音書』第一〇章二四節、二五節では、宮清めの祭り[5]の際に、ユダヤ人たちがイエスを取り囲んで「いつまでわれわれの魂を中途半端にしておかれるのか。あなたがメシアなら、われわれにはっきりと言ってほしい。イエスが彼らに答えた、あなたがたに言ったのに信じようとしない。私が自分の父の名において行っている業、それが私について証ししている[6]」と述べられている。さらに、同書第五章三六節によると、イエスは、「この私にはヨハネのよりも大いなる証しがある。父が私に、成し遂げるようにと与えて下さっている業、私の行いつつあるそれらの業こそが、私について、父が私を遣わしたことを証ししている」と語っている。なお、われわれは、〔この引用の中で〕イエスが「父により遣わされた」と言われる場合、それはメシアをただ別の仕方で表現しているにすぎないということに気づくであろう。それは、ここで引用した『ヨハネによる福音書』第五章〔三六節〕と、先に引用した同書第一〇章〔二四節、二五節〕とを比較すれば明らかである。後者で、イエスは、彼の業が彼を証しすると言っている。その証しとは何であったかといえば、それは、彼がメシアであるということであった。前者で、彼は再び彼の業が彼を証しすると語っている。その証しとは何であるかと言えば、それは「父が彼を遣わしたこと」であった。これによって、われわれは、イエスの自己告知の仕方としては、父によって遣わされたということと、メシアであるということとは同じことであったことを教えられるのである。それゆえ、われわれは、『ヨハネによる福音書』第四章五三節、第一一章四五節その他の至る所で、多くの人々が、彼が行ったことを見て、彼の証言に耳を傾け、同意し、彼を信じたのを見いだすのである。

2　メシアの来臨を告知する第二の方法は、直接的な言葉で人物を指示しているわけではないものの、その来臨を意味するか、暗示するかする字句や遠回しの表現によるものである。それらのうちでもっとも慣用的なものは「神の王国と天の王国と」であったというのは、旧約聖書において、頻繁に、そして、きわめて明白な言葉でメシアが言及されるのはそれらによってであり、また、王国は、ユダヤ人たちがもっとも期待し、待望していたものであったからである。よく知られた箇所である『イザヤ書』第九章〔五節、六節〕[7]には、「主権はその肩にあり、その名を平和の君主と呼ぶ。その主権は増し加わり、その平和は限りなく、ダビデの王座に着いて、その王国を治め、公正と正義をもって、これを強固にし、またこれを発展させ、今より永久に至るであろう」とある。また、『ミカ書』第五章一節[8]では、「ベツレヘム、エフラタよ、あなたはユダの氏族の中で小さき者、あなたから私のためにイスラエルを治める者が出る」と述べられている。さらに、ダニエルは、『ダニエル書』第九章二五節で、同書第七章一三節、一四節にある「人の子」について自分が見た幻に関する説明において、彼〔人の子〕を「メシアなる君」と呼んだのに加えて、〔同章一四節で〕「彼に主権と光栄と王国とを賜い、多くの民、諸族、諸言語の者を彼に仕えさせた。その主権は永遠の主権であって、なくならず、その王国は滅びることがない」と言っている[9]。このように、神の王国と天の王国とは、ユダヤ人たちの間ではメシアの世を意味する共通の慣用句であった。『ルカによる福音書』第一四章一五節には、ユダヤ人で「一緒に〔食事の席で〕横になっていた者たちのある者が、これを聞いて彼に言った、幸いだ、神の王国でパンを食する者は」とあり、また、同書の第一七章二〇節には、「ファリサイ人たちに、いつ神の王国は到来するのかと問われ、彼は」とある。[10]〔その問いに関連して〕洗礼者の聖ヨハネが〔『マタイによる福音書』第三章二節で〕語っているが、それは「悔い改めよ、天の王国が近づいたから」というものであった。もし、この〔天の王国という〕語句〔の意味〕が〔人々に〕理解されていなかったら、聖ヨハネが宣教の中でそれを使うことはなかったであろう。

メシアとその来臨とを意味する表現はこの他にもあるが、それらについては、おいおい注意を払って行くことにしよう。

3　平明で直接的な言葉によってメシアに関する教義を告知するもので、それは、われわれが、われわれの救世主の復活後に使徒たちが福音を宣教して歩く際にそうしたことを知っているように、イエスがメシアであったと告げるものにほかならない。これは、率直で明晰な方法であって、メシアが、来臨した際に用いたはずだと考えられるものであり、とりわけ、イエスをメシアと信じることに人々の罪の赦しがかかっているような重大な場面では用いたであろうと考えられるものである。しかし、われわれが知っているように、われわれの救世主はそうはせず、反対に、大抵の場合、少なくともユダヤの地では、また、聖なる使命の当初においては、先に挙げたより曖昧な二つの方法によって[11]でしか自己顕現を行わなかった。すなわち、イエスは、自らが行った奇跡、彼に関する旧約聖書の預言と自分の生涯や行動との一致、それと、「神の王国、天の王国」という名の下にメシアの王国が来ていると語る若干の一般的な説話から推測される形以外の形では、自分がメシアであることを告知しなかったのである。否、彼は自分がメシアであることを自ら公に認めるどころか、〔誰かが〕そうすることをも禁じたのである。『マルコによる福音書』第八章二七節―三〇節には次のように書かれている。「彼はその弟子たちにたずねて彼らに言った、人々は私を誰だと言っているか。そこで彼らは彼に言った、洗礼者ヨハネ、またほかの者たちはエリヤ、しかしまたほかの者たちは預言者たちの一人だ〔と言っています〕(したがって、ここから明らかなことは、彼が並々ならぬ人物であることを信じていた人々ですら、まだ、彼が誰であるかということ、すなわち、彼がメシアだと名乗っていることを知らなかったことである。しかも、彼が聖なる任務を始めてから第三年目、彼が死ぬ一年以内のことであったにもかかわらずである)。すると彼は彼らにたずねた、しかしあなたたちは、私を誰だと言うのか。ペトロは答えて彼に言う、あなたこそメシアです。すると彼は、自分のことを誰にも言わないように、彼らを叱った[12]」。また、『ルカによる福音書』第四章四一節には、「また悪霊(あくれい)どもも、叫びつつ、お前こそ神の子だと言いながら多くの者から〔ぞくぞくと〕出て来た。そして彼は、〔彼らを〕叱(しか)りつけ、語ることを承知しなかった。彼らが、彼はメシアであることを知っていたからである[13]」と述べられている。さらに、『マルコによる福音書』第三章一一節、一二節には、「穢(けが)れた霊どもは、彼を目にするたびにそのもとにくずおれ、叫んで言うのであった、お前こそ神の子だ。すると彼は、彼をあらわにしないよう、彼らを厳しく叱るのであった」とある。これら二つの聖書の原句を引き比べてみれば、ここで再びわれわれは、「あなたは神の子である」と「あなたはメシアである」とが、同一のことを指して同等に使われていることに気づくであろう。しかし、当面の問題に戻ることにしよう。[14]

(1) ロックは、次の作品で奇跡に関する詳細な見解を展開している。'A Discourse of Miracles', in *The Works of John Locke*, 1823, Vol. IX, pp. 256–265. なお、ロックの奇跡概念については「訳者解説」を参照されたい。

(2) 原語は commonwealth である。

(3) 原語は extraordinary man である。

(4) これは、ＫＪ版のうち、キリストをメシアに言い換えて訳したものである。委員会版では、奇跡が徴(しるし)となっている。

(5) 原語は the Feast of Dedication である。

(6) ここでもキリストがメシアとされている。

(7) ＫＪ版では六節、七節となっている。また、文中で「主権」となっている言葉（ＫＪ版の原語は government)を「まつりごと」「政事（まつりごと）」と訳す邦語聖書もある。

（8） KJ版では二節となっている。

（9） 原語は time である。

（10） この『ルカによる福音書』からの引用文中にある「彼」とはイエスを指す。したがって、聖ヨハネの答えは、ユダヤ人によるイエスへの問いに対するものではない点に注意しなければならない。イエスの答えは、『ルカによる福音書』第一七章二〇節、二一節によると、次のようなものであった。「ファリサイ人たちに、いつ神の王国は到来するのかと問われ、彼は彼らに答え、また言った、神の王国は、うかがい得るさまで到来することはない。人々が見よ、ここだとか、あそこだなどと言うこともない。なぜならば、見よ、神の王国はあなたたちの〔現実の〕只中（ただなか）にあるのだ」。

（11） もとより、「奇跡」と、「イエスの来臨を意味するか暗示するかする字句や遠回しの表現」との二つである。

（12）（13） ここでもキリストがメシアとされている。

（14） HB版によると、ロックはこの後に加筆して、次のように述べている。「悪霊達は、使徒たちと同様に、彼を知らしめることを彼〔イエス〕によって禁じられている。その理由であるが、悪霊たちが、烏滸（おこ）がましくも彼がメシアであると告知したことが、その教義に好意を持ったり、その教義が受け入れられることを望んだりしたことからであったとは考えられない。それは、イエスがメシアであると打ち明けることによって、それへの世間の反感を引き起こすためか、あるいは、こちらの方が理由としてはよりありうることであるが、彼らは、彼を敵に仕立て上げ、彼の死を早めることによって彼の聖なる任務を妨害するために、喜んで彼がメシアであることを公にしたかのどちらかの理由からであったと考えてよいであろう」(HB版、四〇頁)。しかし、この加筆を行うべき箇所は、『マルコによる福音書』第三章一二節からの引用文の後の方がより適切であると思われる。

第八章

〔前章で見たように〕自分を隠すことは、〔イエスのように〕世に光をもたらすために来臨し、真理の証しのために死を受けようとされている人にあっては奇異なことではないかと思われるであろう。〔また〕イエスのそうした控えめな態度は、あたかも、彼が自らを隠そうという気持ち、世にメシアとして知られたくない、そうした者として信じられたくないという気持ちを持っていたように見えると考えられるかもしれない。しかし、われわれは、彼が、自分の聖なる任務の予告された時間を満たすことになっていたこと、また、奇跡と善き業とにおいて華々しく、謙遜、従順、忍耐、苦痛、そして、あらゆる点で彼に関する預言と一致することとともにあったその生涯を生きた後に、彼には何の罪も落ち度も見られないにもかかわらず、屠殺場へと向かう羊のように引かれて行き、まったく静かに、そして従順に十字架に架けられたことを考えると、われわれは異なった意見になり、彼の身の処し方は、神の叡智に合致し、彼がメシアであったことの完全な顕在化と証明とに適していたと結論することになるであろう。もし彼が公衆の中に現れて宣教を始めるやいなや、直ちに自分がメシアであり、彼自身が間近に迫っていることを公然と告げた王国の王であることを公言していたならば、こうしたことはありえなかったにちがいない。そうなれば、エルサレムの最高法院(1)がその点を捉えて彼を自分たちの権力下に置き、そうすることで彼の生命を奪ったであろうし、少なくとも、彼の聖なる任務を妨害し、彼がやろうとしていた仕事をさせなかったであろうからである。

このことがイエスを注意深くさせ、彼らを怒らせて彼らの手に落ちることをできる限り避けようとさせたことは、『ヨハネによる福音書』第七章一節から明らかである。そこでは、「この後、イエスは」祭司長や支配者への道を離れて「ガリラヤをめぐり歩いていた。つまりユダヤをめぐり歩こうとはしなかったのである。ユダヤ人たちが彼を殺そうと狙っていたからである」と述べられているからである。また、『ヨハネによる福音書』第五章一六節には、イエスが福音を宣教し始めてから最初の過越祭(2)の折に、エルサレムでユダヤ人たちに予言したことを履行してベテスダの池である男の病を癒したのを見て、ユダヤ人たちは彼を殺そうと狙うようになったとある。〔そうしたユダヤ人たちに〕彼は、同章三八節にあるように、「その方のことばをあなたがたは自分のうちに留まるものとして持ってはいない。この方が遣わした者〔の言うこと〕をあなたがたは信じようとしない」[3]と語っている。これは、とりわけ、イエスを殺そうと熱狂する血気盛んなエルサレムのユダヤ人に対して語られたものであった。重要なことは、彼らがイエスを信じようとせず、彼に反対したために、神の御言葉、すなわち、しばしば神の御言葉と呼ばれたメシアの王国の説教が彼らの間に留まらなかったので、彼が、彼らの間に留まって、彼らにメシアの王国について宣教したり説明したりすることができなかったことである。

神の御言葉が、ここでは、イエスがメシアであることを人々に知らしめなければならないとする神の御言葉であることは文脈から明らかであり、この箇所でのその意味は、〔イエスが病人を癒した〕出来事によって立証されるのである。というのは、それ以後、われわれは、イエスが次の過越祭とその他の祭りとの間、隠れる形ではあったとはいえエルサレムにいたことは疑いえないにもかかわらず、一二ヶ月後に五旬節[4]がめぐって来るまで、エルサレムでイエスのことをもう耳にしないからである。そして、一五ヶ月近く後の五旬節の祭りに際して、彼は、今やエルサレムではほとんど何も語らなかったし、天の王国がやって来る、近づいているとも一切言わず、また、そこでは奇跡を行うこともなかった。ここから明らかなことは、五旬節の祭りに当たってエルサレムに戻ったこのときから一年半の間、彼が、エルサレムでユダヤ人たちに教えることはなかったことである。

そう言える第一の理由は、『ヨハネによる福音書』第七章二節、一五節に見られる。そこでは、彼が、仮庵祭(かりいお)(5)の際に、神殿の中で教えたところ、「ユダヤ人たちはこの男は〔誰にも〕師事(しじ)したことがないのに、どうして文字がわかるのかと言って驚いた」とある。これは、彼らが、彼の説教に慣れていなかったことの印にほかならない。彼らがもし慣れていたとすれば、彼らが驚くことはなかったであろうからである。

第二の理由は以下の通りである。同章一九節には、イエスが、彼ら〔ユダヤ人たち〕に「モーセがあなたがたに律法を与えた〔そしてあなたがたはそれを持っている〕ではないか。だが、あなたがたのうちにその律法を行おうとする人は誰もいない。なぜあなたがたは、私を殺そうと狙(ねら)うのか」と語ったとあり、〔二一節には〕「一つの業」つまり奇跡「を私が行い、あなたがたは皆驚いている」と語ったとある。また、〔二二節には〕「このためにこそ、モーセはあなたがたに割礼(かつれい)〔の掟〕を与えたのだ。そして、あなたがたは安息日にも人に割礼を施(ほどこ)している。人がモーセの律法を破らないために安息日に割礼を受けるとすれば、安息日に私が人を全身健(すこ)やかにしたといって、〔なぜ〕私のことを苦々しく思うのか」とある。これは、イエスが、一年半前にエルサレムで行ったことの直接的な弁護にほかならない(6)。〔同書五章〕三八節に「その方のことばをあなたがたは自分のうちに留まるものとして持ってはいない。この方が遣わした者〔の言うこと〕をあなたがたは信じようとしないからである」とあるように、彼は、そのときからこの〔仮庵祭の〕ときまで、ユダヤ人たちにエルサレムでは宣教はせず、自分が彼らに語ったことだけを行ったのである。私が思うに、これによって彼が意味しているのは、エルサレムでは、ユダヤ人の間に留まらなかったこと、そして、彼らの間にしばしば現れて神の王国の福音を告げることをしなかったことである。ユダヤ人たちの彼に対するきわめて強い不信、反対、敵意が、彼にそれを許さなかったからである(7)。

明らかに、事実はそうであった。なぜなら、イエスが、洗礼を受けてから二度目の過越祭の際にエルサレムで行った最初の奇跡が彼に生命の危険をもたらしたからである。そこで、彼は、彼が経験した最後の過越祭の直前の仮庵祭までそこでの伝道を控えたのをわれわれは見いだすのである。それゆえ、彼は、自らの受難の半年までの間、たった一回の奇跡(8)しか行わず、エルサレムでの宣教を公には一度しかしなかったことになる。そうしたことを彼はエルサレムで試みたが、ユダヤ人たちの不信が非常に強いことが判明した。したがって、もしも彼が彼らの間に留まって王国の福音を宣べ続け、奇跡によって自ら〔がメシアであること(9)〕を示していたら、彼は、『ヨハネによる福音書』第五章三六節で自ら語っている業、すなわち、父〔なる神〕が成し遂げるようにと与えた業を行う時間も自由も持つことができなかったであろう[10]。

『マタイによる福音書』第一二章（九節、一三節、一四節、一八節、一九節）、『マルコによる福音書』第三章（一節、三節、六節、七節、八節）には次のように述べられている。安息日に片手の萎(な)えてしまった人を治したので、ファリサイ人たちは、ヘロデ党の者たちと「どのようにしてイエスを亡き者にしようかと、彼に対する方策を練り出した。イエスは、その弟子たちと共に海辺に退いた。するとガリラヤから多くの人の群れが（従って来た）。またユダヤから、エルサレムから、イドゥマヤから、ヨルダン（河）の向こう岸から、そして、テュロスとシドンの周辺から、多くの群れが、彼が行ったことをことごとく聞き、彼のもとにやって来た」ので「彼は彼らすべてを治した。そして、彼をあらわにしないよう、彼らを叱った。これは預言者イザヤを通して語られたことが満たされるためであった、すなわち、見よ、私が選んだわが僕(しもべ)、わが愛する者、わが心にかなった者。私は、わが霊を彼の上に置こう、彼は、異邦人たちにさばきを告げるであろう、彼は争わず、叫ばず、通りで彼の声を聞く者は、一人もいないであろう」。

また、『ヨハネによる福音書』第一一章四七節には、われわれの救世主がラザロを死から生き返らせたという報に接して、「祭司長たちおよびファリサイ派の人々は最高法院を召集して、言い始めた、われわれはいったい何をしているのだ。この人間が多くの徴(しるし)を行っているというのに」[11]とある。同章五三節には「この日以来、彼らは彼を殺そうと協議した」とあり、同章五四節には、「それで、イエスはもはやユダヤ人たちの間を公然と歩むことはせず」と述べられている。彼が行った奇跡は彼がメシアであることをきわめてはっきりと告げるものであったので、ユダヤ人たちはもはや彼に我慢(がまん)することができず、彼も彼らの間にいて安心できなかったのである。そのために、〔同節にあるように、イエスは〕「そこから荒野(あらの)に近い地方、エフライムという町に立ち去り、弟子たちと共にそこに留まった」のである。これは、続く五五節の次の言葉「ユダヤ人たちの過越祭が近かった」からわかるように、彼が迎える最後の過越祭のほんの少し前のことであった。そして、今や彼の行った奇跡が彼を非常に有名にしていたので、もしも彼が、習慣となっており、必要でもあった注意深さをもって身を退けていなかったら、彼の時が完全に満ちるまでの残されたわずかの間、彼は決して安全でいることはできなかったであろう。それで、〔彼は〕彼の時(次の過越祭の時である)が満ちるまで、「ユダヤ人の間を公然と歩むことはせず」、それから再び彼らの間に公然と現れたのである。

　もし、イエスが自分はユダヤ人たちが待望している王であると宣教して廻(まわ)っていたら、ローマ人たちも彼を容赦しなかったであろう。また、もしも、ユダヤ人たちがそれを彼自身の口から聞くことができていれば、ユダヤ人によって、非難が彼に直ちに向けられたであろう。そして、その〔イエスは王であるという〕ことは、彼に従う者たちにとっては周知の教義であり、もはや彼が現れなくなった彼の死後、使徒たちによって公然と宣教されたものであった。使徒たちは、それによって非難されたのであって、『使徒行伝』第一七章五節―九節には次のように記されている。「ところが、ユダヤ人たちは嫉妬に駆られ、市場にたむろしているならず者の中から何人かの男たちを集めて、暴動を起こし、町を混乱におとしいれた。そしてヤソンの家に乗り込み、二人を探して民衆の前に引き出そうとした。しかし、二人が見つからないので、ヤソンと主の兄弟数人とを町の当局者たちのもとに引っ張って行き、こう叫んだ、世界中を騒がせた例の奴らがここにも来ています、彼らをこのヤソンがかくまっているのです。あいつらは、カエサルの勅令に背いてイエスという別の王がいると言っています。これを聞いた群衆や町の当局者たちは、動揺した。町の当局者たちは、ヤソンとほかの者たちから保釈金を取った上で、彼らを釈放したのである(12)」。

現世の為政者たち(13)は、死刑に処され、もはやどこにも現れることのない王の話などに大した注意を払うことなどなかったであろうが、しかし、もしも、われわれの救世主が、生きている間に、至る所で彼こそ自分たちの王であると認め、またほめそやす弟子たちや信徒たちを引き連れて、自ら王であると公然と告げていたら、ユダヤのローマ人総督は、それに注意を払い、彼に対して、容赦なく自分の力を行使したであろう。〔しかし〕その点でユダヤ人たちは間違ってはいなかった。彼らは、その〔イエスが王であるという〕話を、彼の生命を奪うのにもっとも強力な非難として、また、彼に反対してその生命を奪うようにとピラトゥスを説得するのにもっともおあつらえ向きなものとして利用したのである。というのは、自ら王であると告げることは、反逆であり、許されない犯罪であって、ローマの代官による死を免れて自らの命を失わずにすむことなどできないことであったからである。こうして、彼らは、『ルカによる福音書』第二三章二節によると、「われわれは、こいつがわれわれの国民(くにたみ)をさんざ惑(まど)わし、カエサルに税を払うことを禁じ、自らが王である」、否むしろ王なるメシアである「と言っているのを見とどけました」と言って彼をピラトゥスに訴えたのである。

われわれの救世主は、実際に、今やその時が来たので(そして、拘留され、世から見捨てられて、いかなる暴動も騒乱も引き起こす危険もなかったので)、『ヨハネによる福音書』第一八章三六節によると、最初にピラトゥスに「私の王国はこの世界のものではない」と語った後に、彼に対して自分が王であると認めたのである。ピラトゥスは、もう一つの世界の王国ということであれば、ローマにいる自分の上官も気にかけないことを知っていた。しかし、イエスが、カエサルに税を払うことを禁じ、あるいは、王として民衆を後ろに従えてユダヤの国民を惑わしているというユダヤ人たちの申し立てに何か少しでも真実だと思えるものがあったなら、ピラトゥスはあれほど簡単に彼は無実であると申し渡しはしなかったであろう。しかし、われわれは、『ルカによる福音書』第二三章一三節、一四節〔、一五節〕にあるように、ピラトゥスが彼の告発者たちに次のように告げたことを知っている。「そこでピラトゥスは、祭司長たちと指導者たちと民とを招集し、彼らに対して言った、お前たちは、この人物が民を惑わす者だとしてわしのところへ連れて来た。しかし見よ、このわしはお前たちの面前で尋問してみたが、この人物においては、お前たちが訴えているような罪はなんら見いだせなかった。また、ヘロデもそうだ。彼をわしのもとへ送致して来たからだ。そこで見よ、彼は死に価するようなことは何もしておらぬ」。それゆえ、〔イエスのうちに〕みすぼらしい状態で、罪のない生活を送り(決して反乱の主導者でも、公共の平和の騒乱者でもなく)、友もなく、随伴者もいない一人の男を見いだしたピラトゥスとしては、彼を、社会的重要性を持たない王、ユダヤ人たちから誤って、また悪意をもって告訴された無実の者として立ち去らせたかったのであろう。

　われわれは、『ルカによる福音書』第二〇章二〇節から、われわれの救世主にとって、ローマ人の総督を当然に立腹させたり、総督に自分への疑いの目を向けさせるようなことを言ったり、行ったりしないように注意することがどれだけ必要であり、また、ユダヤ人たちにとっては、彼に対してそうした考えを抱くことがどれだけ満足の行くことであったかを知ることができる。そこには、祭司長たちと律法学者たちとが「〔状況を〕うかがいながら、自ら義人であるふりをする間諜どもを遣わした。〔彼の〕言葉尻を捉えて、彼を総督の当局と〔その〕司法権力とに引き渡すためである」と書かれている。ここで、彼らがイエスをわなにかけようとしたことがらはカエサルに税を払うかどうかであり、彼らが後に彼を誤って告発する破目になったものであった。〔こうした状況の中で〕もし、彼が、彼らの前で、自分はメシアであり、彼らの王、彼らの救済者であると公言していたら、彼らは〔彼に対して〕何をしたことだろうか。

　そして、ここにおいてわれわれが看取することができるのは、神の驚くべき摂理にほかならない。神は自分の子がこの世に来臨するときに、ユダヤ人たちの状態を次のように定められていた。たしかに、彼らの政治体制[14]も宗教的礼拝も失われてはいなかったが、生殺与奪の権力は彼らから奪われていた。こうした状態であったことで、イエスには、「メシアの王国」、つまり、「神の王国、天の王国」の名の下に自分自身が王であることを公言する機会があったのである。ユダヤ人たちはこのことをよく理解していたから、自分たちの手に権力があったならば、そのために彼を確かに殺したであろう。しかし、これは、ローマ人にとっては告発に値することではなかったので、彼が行っていた「天の王国」について語ることを禁じなかったのである。彼が「天の王国」について語ったことは、ときには、彼がこの世に現れて特別の人々に信じられるようになることについてであり、ときには、彼の復活に際して父から与えられるはずの力に言及したものであり、そして、ときには、最後の審判の日に彼が王国の全き栄光と完成とのうちに世を裁くために来臨することに関するものであった。イエスが自らを「メシアとして」告知する仕方であったこれらについて、ユダヤ人たちはその核心を把握することができず、ポンティウス・ピラトゥスに彼が危険だとして引き渡し、彼を逮捕させ、死に至らせることができなかったのである。

前の理由と同じように、イエスに明白な言葉で自分がメシアであるとは公言させなかったもう一つの理由があった。それは、当時、ユダヤのすべての民[15]はメシアを待望し、外国の頸木(くびき)への従属からメシアによって解放されることを期待していたので、民衆[16]の大部分は、彼がそのメシアであり彼らの王であると自ら公言するのを聞けば、反乱に起ち上り、彼を自分たちの首長に祭り上げたであろうということである。実際、彼が行った奇跡は、ユダヤ人たちに彼がメシアであると非常に強く思い込ませたので、彼は、みすぼらしい境遇と、まったく人目につかない単純な生活との薄明に覆い隠されていたにもかかわらず、また、彼は、ガリラヤ人として通っており（彼がベツレヘム生まれであることは当時は隠されていた）、自分自身にはいかなる権力も権威もあるとは思わず、ましてやメシアの名に値するなどとは思ってもいなかったにもかかわらず、反乱で祭り上げられて彼らの王と言われることは、ほとんど避けることはできなかったであろう。それについて、ヨハネは、『ヨハネによる福音書』第六章一四節、一五節で次のように語っている。「すると、人々は彼の行った徴を見て、本当にこの人は、世に来るはずのあの預言者だ、と言い始めた。すると、イエスは人々が自分を王にするため、来て連れて行こうとしているのを知って、一人だけでまた山に引き籠もった」。これは、彼が、大麦のパン五つと魚二匹とで五千人の人に食を与えたときのことである。彼にとっては、自身の使命を証しするために必要であり、『マタイによる福音書』第四章二五節にあるように数多くの群衆を彼の後ろにつき従わせることにもなったそれらの奇跡を行いながら、他方で、感情を昂ぶらせた軽率な群衆を、自らを巻き込んで聖なる任務の針路を乱したり、その時間を短縮させたり、彼に騒動を引き起こす反逆的な悪人という悪評と死とをもたらしたりするような無秩序に、しかも、潔白で罪に当たることもしていない子羊を（犠牲として）捧げさせ、また、彼の無実を、すべての世人に、そして、十字架に架けられるようにと彼を引き渡した者にさえも明らかにしようとする彼の来臨の企図に反する無秩序に陥らせないようにすることは、きわめて困難なことであった。

そうしたことは、もしイエスが、伝道の際に至る所でメシアという称号を公然と名乗っていたら、避けることは不可能であったに違いない。人々を燃え上がらせるのに欠けていたのはその称号だけであり、また、人々は、彼が行った奇跡と、その並々ならぬ人物のうちに自分たちの救済者を見いだしたという希望とに引かれ、大群衆となって彼に従っていたからである。群衆については、われわれは〔聖書の〕至る所で読むことができるが、例えば『ルカによる福音書』第一二章一節には、彼の周囲に集まった無数の人々について書かれている。そうした群衆は、気分が昂ぶっていたので、イエスが自分はメシアであると告知すれば、間違いなく暴動を起こし、彼を力ずくで自分たちの王として押し立てたであろう。それゆえ、これら二つの理由から、（福音を説き、世人を回心させて彼がメシアであることを信じさせるために来臨したにもかかわらず、また、神の王国、天の王国の名の下に彼の王国について数多く語っているにもかかわらず）彼が、なぜ、彼自身がメシアであることを世人に信じさせることを自分の任務とはせず、公の説教において自分がメシアであることをなぜ公言しなかったかは明らかである。イエスは、あらゆる機会をとらえて、人々に対して、神の王国が来ていることを説き聞かせ、その王国に入るための方法が悔い改めと洗礼とであることを示し、その王国の法が徳と道徳との厳格な規則に従って善き生を生きることであることを教えている。しかし、誰がその王国の王であるかについては、彼は、彼が行ったことを考察し、それを自分が生きている今正しく活用している人には彼の奇跡が指し示すところに委ねている。また、彼の復活後は、誰が王であるかを平易な言葉で説き、それを信じるようにと呼びかけた使徒たちの言うことに耳を傾けた人々に対しては、〔彼らの〕証言が指し示すところに委ねたのである。このときには、もはや、誰が王であるかということが現世における政治社会(17)や統治体制(18)に騒乱を引き起こすことを恐れる余地はなかったであろう。しかし、〔それ以前の〕イエスは、暴動や反逆が引き起こされる明白な危険があったので、自らがメシアであるとは告知できなかったし、彼が行った奇跡は彼がメシアであることをきわめて明白に告げるものであったので、彼は、しばしば進んで身を隠し、人々の群れから身を引き離したのである。『マルコによる福音書』第一章〔四四節、四五節〕によれば、彼に癒されたらい病人が、何か言うことを禁じられたにもかかわらず、「この出来事を言い広め〔始め〕た。そのためにイエスは公に町に入れなくなり、外の荒涼としたところに留まっていた」のであり、また、『ルカによる福音書』第五章一六節に見られるように、イエスは〔荒涼とした所に〕身を引いたまま生活していたが、〔『マルコによる福音書』第一章四五節にある通り〕「彼のところに、いたるところから人々が〔ぞくぞくと〕やって来た」のである。そして、彼は、こうしたことを一度ならず行ったのである。

以上のことを前提として、次に、われわれの救世主自身がどのように福音を広めたかを考察し、彼が世の人々に何を教え、何を信じるように求めたかを見ることにしよう。

(1) 原語は sanhedrim である。KJ版では council とも訳されている。詳細については、本書第五章註(7)を参照されたい。

(2) 原語は Passover である。これは、もともとは遊牧民の牧草地への感謝を表すものであったとされるが、その後、出エジプトの故事と結びつけられて、神によるイスラエルの民の救済を祝うものへと変化し、ユダヤ人最大の春の祭りとなった。

(3) ここで「その方」「この方」と言われているのはイエスを遣わした神を指す。

(4) 原語は Pentecost である。これは、ユダヤ人が、小麦の収穫を神に感謝する祭りであり、キリスト教徒の間では、聖霊降誕日として祝われた。

(5) 原語は Feast of Tabernacles である。これは、過越祭、五旬節とならぶユダヤ三大祭の一つで、もともとは秋の収穫を祝う祭りであったが、出エジプトの時期の苦難を記念する祭りとなったものである。

(6) HB版によると、ロックはこの後に加筆して次のように述べている。「ここで彼が語っている業については、われわれは『ヨハネによる福音書』第五章一節—一六節に見ることができる」(HB版、四二頁)。これは、イエスがベテスダの池で病人を癒す奇跡を行ったことを記した部分であり、そこでは、その奇跡が行われたのが過越祭で安息日に当たっていたことから、ユダヤ人たちがイエスを非難したとされている。

(7) HB版によると、ロックはこの部分を「彼に、そこに留まり、伝道することを許さなかったからである」と言い換えている。

(8) 上記註(6)で述べたように、安息日に病人を癒したことを指す。

(9) それについてのイエスの言葉は次の通りである。「だが、この私にはヨハネのよりも大いなる証しがある。父が私に、成し遂げるようにと与えて下さっている業、私の行いつつあるその業こそが、私について、父が私を遣わしたことを証ししているからである」。

(10) HB版によると、ロックはこの後に次のような長い加筆を行っている。「私が先に『ヨハネによる福音書』第七章から引いて注目した『この後、イエスはガリラヤをめぐり歩いていた』という言葉もまた、われわれが、イエスの居住地をガリラヤにと命じたことに合致する神の次のような特別の摂理をそこに看取し、またそれを賞賛する根拠となる。イエスは、ユダヤ生まれであったにもかかわらず、時が満ちるまで、〔神が命じたその〕ガリラヤでより多くの伝道と奇跡とを行ったが、そのガリラヤでは、最高法院の監視と勢力範囲とが及ぶことはなく、したがって、エルサレムにおける教義と奇跡とによって、ユダヤ人を怒らせて聖なる任務が妨げられることはなかったからである」(HB版、四三頁)。

(11) KJ版では、「徴」は「奇跡」となっている。

(12) この中で述べられている「二人」とは、テサロニケで伝道していたパウロとシラスとを指す。なお、KJ版では、この一文の最初の部分が「ところが、それを信じないユダヤ人たちは、嫉妬に駆られ、卑しい身分のならず者たちを集め、一団となって町中を騒がせた」となっている。

(13) 原語は magistrates である。

(14) 原語は civil constitution である。

(15) 原語は nation である。

(16) 原語は people である。

(17) 原語は civil societies である。

(18) 原語は governments である。

第九章

イエスが自らを明かすことになったその聖なる任務が最初に始められたのは、洗礼を受けてから間もなくのことで、ガリラヤのカナにおいてであったと言ってよい。そこで彼は水をワインに変えたが、それについては、『ヨハネによる福音書』第二章一一節に次のように述べられている。「これをイエスは〔数多くの〕徴のはじめとしてガリラヤのカナで行い、自分の栄光を顕した。そして彼の弟子たちは彼を信じた[1]」。彼の弟子たちはここで彼を信じたが、しかし、奇跡によって「栄光を顕した」、すなわち[2]、王たるメシアであるという栄光を顕したということ以外に、彼らに対して彼が何かを説教したことをわれわれは聞かない。それゆえに、ナタナエルは、他にどんな説教をも聴いたわけではなかったが、われわれの救世主が驚くべき方法で彼を知ったことを彼に明かしたので、直ちにその人がメシアであることを認めて、「ラビ、あなたは神の子です。あなたはイスラエルの王です[3]」と叫んだのである。

ここ〔カナ〕から下って、カペナウムに数日留まった後、イエスは、過越祭のためにエルサレムに行き、そこで、『ヨハネによる福音書』第二章一三節―一六節[4]にあるように、神殿から商人たちを追いだして次のように言った。「私の父の家を商売の家にするのはやめろ」。ここでわれわれは彼が〔私の父という〕一つの句を使っているのを目にするが、これは、当時は注意が払われることはなかったものの、解釈すれば、彼が「神の子」であることを意味するものであった。同章一八節[5]によると、その〔イエスが商人たちを追いだした〕ことに対して、ユダヤ人たちは「この〔ような〕ことをするからには、どんな徴を見せてもらえるのか」と要求し、それにイエスは「この神殿を壊してみろ。そうすれば三日のうちにそれを起こしてみせよう」と答えたという。これは、イエスが自らを告知するために採った方法の例である。その理由は、ユダヤ人たちの返事から明らかなようにユダヤ人たちが彼を理解せず、弟子たちもまた理解しなかったことにある[6]。〔弟子たちが理解しなかったと言えるのは〕同章二二節に、「それで彼が死人の中から起こされた時、彼の弟子たちは彼がこのことを言っていたのを想い起こした。そして聖書とイエスの話したことばを信じた[7]」とあるからである。

したがって、これが、当初、キリストがユダヤ人たちに伝道し、自らを彼らに示す様式であったとみなすことができるであろう。そして、彼は、後になってもほとんどその様式に従ったのである。すなわち、それは、誰しもが直ちには理解できないものの、〔彼とともにあった〕同時期においては善き心ばえを持っていた人々、また、彼の聖なる任務の全過程が終了してからは、それについて振り返ってみる人々には彼がメシアであることを納得させるに足る証拠を備えた自らの表し方であった。

われわれの救世主がこうした方法を用いた理由を、聖書は、ここで、すなわち、彼が聖なる任務に入り、その全過程を通じてわれわれの規則とも光ともなろうとしたその後に初めて公の場に現れた時点で与えている。というのは、〔『ヨハネによる福音書』第二章二二節に〕続く節で注意されているように、多くの人は「彼が行った奇跡のゆえに[8]」(この奇跡のみが彼らが受けた宣教であった)彼を信じたとあるからである。同章二四節には「が、イエス自身は自分を彼らに任せることはしなかった。彼はすべての人を知っていたからである」と述べられている。つまり、イエスは、彼を告発するために、すぐにでも自分を支配下に置こうとしていることがわかっていたユダヤ人たちの悪意に身をさらしたり、彼らの権力に身を委ねたりすることにならないように、自らがメシアであり、ユダヤ人たちの王であることを公然とは告知しなかったのである。同章二五節にあるように、「彼は人間の中に何があるかを知っていた」からである。ここで、われわれがさらに気づくのは、「彼の名を信じる」ということが彼をメシアだと信じることを意味していることである。同章二三節[9]に、「過越祭の折に多くの人々は、彼の行った奇跡を看て彼の名を信じた[10]」とあるからである。これらの奇跡が、それを見た人々のうちに、彼らの救済者となるべき人だと聖書が語っている人こそがこの〔奇跡を行った〕人であるという信仰以外の信仰を生むことができたであろうか。

『ヨハネによる福音書』第三章一節―二節にあるように、エルサレムに滞在中に、イエスのもとにやって来たユダヤ人の指導者ニコデモに対して、同章一五節、一七節によると、彼はメシアを信じることによって永遠の生命に至るということを説いた。しかし、彼の言説全体は彼がメシアであることを指してはいるものの、一般的な言葉で語られていて、彼自身がメシアであると告げるものとはなっていない。聖なる任務の最初の年のわれわれの救世主については、以上がわれわれの聞いていることのすべてであり、その任務の初期の段階については、彼が洗礼を受け、断食をし、〔悪魔による〕荒野の試みに遭遇したことだけを、そして、過越祭以後の聖なる任務の残りの期間については、彼が、弟子たちとともにユダヤの地で洗礼を授けて過ごしたことをわれわれは聞いている。しかし、『ヨハネによる福音書』第四章一節、三節にあるように、「イエスがヨハネよりも多くの弟子を作り、洗礼を授けているということを、ファリサイ派の人々が耳にした。イエスはこれを知った時……ユダヤを離れ」、またガリラヤへと戻って行ったのである。

その〔ガリラヤへの〕帰途の際に、イエスは、シュカルという町の泉の側でサマリア人の女と話をした。そして、その女に、すぐそこにある真の霊的な礼拝への目を開かせたところ、それが当時待望されていたメシアの〔来臨の〕時のことだと直ちに理解したその女は、〔『ヨハネによる福音書』第四章〕二五節にあるように、「メシアの来ることが私にはわかっています。その方が来る時、私たちに一切のことを告げて下さるでしょう(11)」と答えたのである。そうしたところ、われわれの救世主が、そんなことをエルサレムでもユダヤでも、あるいはニコデモにも語ったことをわれわれは聞いたこともないのに、同章二六節にあるように、ここでは、そのサマリア人の女に対して、はっきりとした直接的な言葉で、彼女が話している自分がそのメシアであることを認め、告知したのである。

このように、イエスがユダヤ人に対してよりもサマリア人に対して、より自由で、より隠し立てをしていないということについて、われわれが上に見たことの中に明白な理由がなかったとしたら、非常に奇妙なことに映るであろう。彼は今やユダヤの地を離れ、同章九節にあるように、ユダヤ人たちとは付き合いがない人々〔であるサマリア人〕の間にいた。彼らは、ユダヤ人たちのように、羨望から彼の生命を狙ったり、ローマ人の総督に告発したり、一人のユダヤ人〔である彼〕を彼らの王として樹立するために暴動を起こしたりすることを考えない人々であった。サマリア人の女との会話がどのような帰結をもたらしたかについて、われわれは一つの説話をもっている。それは、〔『ヨハネによる福音書』第四章〕二八節、〔二九節、〕三九節—四二節に述べられているもので、そこには次のようにある。すなわち、「そこで女は自分の水瓶を残して町に去って行った。そして人々に言う、来て見て下さい。私のしたことをすべて言った人がいます。もしかしたらこの人がメシアではないでしょうか」。すると、「その町のサマリア人たちの多くが私のしたことをすべて私に言ったと女が証ししたそのことばのゆえに、彼を信じた〔三九節〕。さて、そのサマリア人たちは彼のところへやって来ると、自分たちのところに留まるようにと彼に頼んだ。そこで、彼は二日間、そ〔の地〕に留まった。そして彼のことばのゆえに、ずっと多くの人々が信じるようになった〔四一節〕。彼らは、あの女に言っていた、もう俺たちはお前が言ったから信じているんじゃない。つまり自分〔の耳〕で聞いて、この方こそ本当に〔メシア、〕世の救い主だとわかったんだ〔つまり、心から納得したんだ〕〔四二節〕」とあるのである。三九節を、四一節、四二節と引き比べてみれば、「彼を信じること」が、彼はメシアであると信じることを意味することは明白であろう。

イエスは、シカルから自分が育った場所であるナザレに向かい、『ルカによる福音書』第四章二一節にあるように、そこの会堂において、『イザヤ書』第六一章〔一節、二節〕に述べられているメシアに関する預言を読み、彼ら〔会衆〕に「この聖句は、今日あなたたちの耳のうちで満たされた」と語った。

しかし、ナザレでは生命の危険があったので、彼はそこを去ってカフェルナウムに向かい、聖マタイが『マタイによる福音書』第四章一七節で述べているように、「そのときからイエスは宣教し始め、言い〔始め〕た、悔い改めよ、天の王国が近づいたから」と。あるいは、聖マルコが『マルコによる福音書』第一章一四節、一五節で語っているように、〔彼は〕「神の福音を宣べ伝えながら言い〔続け〕た、〔この〕時は満ちた、そして神の王国は近づいた。悔い改めよ、そして福音の中で信ぜよ」、すなわち、この良き知らせ[12]を信ぜよと。〔彼が〕カフェルナウムに移動し、ゼブルンとナフタリとの境界にあるその地に腰を据えたのは、聖マタイが『マタイによる福音書』第四章一三節—一六節で述べているように、イザヤによる預言が成就するためであった。このように、イエスの生涯の行動と境遇とは預言に合致し、彼がメシアであることを告知するものであった。そして、この箇所[13]で聖マルコが語っていることから明らかなように、彼が宣べ伝え、人々が信じることを求められた福音[14]は、時が満ちて、メシアと彼の王国とが来るという良き知らせにほかならなかったのである。

〔『ヨハネによる福音書』第四章〕四七節にあるように、彼がカフェルナウムへ向かう途中、カナへ来たとき、カフェルナウムの一貴族が彼のもとにやって来て「下って来て自分の息子を癒してくれるようにと頼み始めた。今にも死にそうだったのである」[15]。〔同章〕四八節によると「ところが、イエスは彼に向かって言った、あなたがたは徴と不思議を見ないかぎり、決して信じないであろう」。それから、その貴族は家に帰って行ったが、〔同章〕五三節によると、彼の息子が「快方に向かった」のが「イエスが自分にあなたの息子は生きていると言った時刻〔に〕だったことを知った。そして彼自身もその一族郎等も皆、信じた」のである。

ここでは、この貴族は、使徒たちによって信者であると断言されている。では、彼は何を信じたのであろうか。それは、イエスが、〔同章〕四八節で、徴と不思議とを見ないかぎり「彼らは決して信じないであろう」と訴えているまさにそれ、すなわち、サマリア人たちが同章で信じた〔と述べられている〕こと、つまり彼がメシアであるということ以外ではありえないであろう。なぜなら、われわれが、彼らによって信じられるべきものとして提示されているのを聞くのは、福音書のどこにおいてもそれ以外にはないからである。

『マルコによる福音書』の第一章三八節にあるように、カフェルナウムで奇跡を行い、すべての病人を癒してしまってから、イエスは、「この付近の他の町々へ行こうではないか。そこでも私が宣教するためだ。そのためにこそ私は出て来たのだから」と語っている。あるいは、聖ルカが『ルカによる福音書』第四章四三節で述べているように、イエスが自分たちの所から立ち去ってしまわないように彼を引き留めようとする群衆に対して、彼は、「私は福音を説かなければならない[16]」、すなわち、「他の町でも、私は神の王国〔の福音〕を告げ知らせねばならない。それゆえにこそ、私は遣わされたからだ」と言っている。そして、聖マタイは、『マタイによる福音書』第四章二三節で、われわれに、彼がそのために送られた自らの使命をどのように遂行したかについて、「そしてイエスは、ガリラヤ全土をめぐり歩いて、彼らの会堂で教え、王国の福音を宣べ伝え、すべての病気を癒した[17]」と語っている。このように、彼が至る所で宣教するようにと遣わされたものはこれ、すなわち、メシアの王国の福音であった。そして、彼は、彼が行った奇跡と善きことによって、人々に誰がメシアであるかを知らせようとしたのである。

それから、イエスは、聖なる任務の開始から数えて二回目の過越祭のためにエルサレムへと上って行った。そして、そこで、彼は、彼が癒した男に自分の寝床を担ぐようにさせたのが安息日だったことをもって、また、彼が神を自分の父としたことを理由として彼を殺そうと目論んでいたユダヤ人たちに向かって、次のようなことを語った。すなわち、彼はそれらのことを神の力によって行ったこと、彼は死者が彼の召喚によって生き返るといったより偉大なことを為すであろうこと、そして、彼は父から託された力をもって彼ら〔ユダヤ人たち〕に審判を下すであろうこと、彼は父によって遣わされたこと、彼の言葉を聞き、彼を遣わしたその人〔である神〕の存在を信じる人は誰でも永遠の生命を得るであろうことがそれである。これらは、メシアに関する明白な記述であるにもかかわらず、われわれが見るのは次のことである。すなわち、それは、彼が、ここでは、彼を殺そうと狙っている怒れるユダヤ人たちには、彼の王国という言葉を語らず、ましてやメシアの名を挙げることもなく、ただ、洗礼者ヨハネの証し、彼自身の奇跡の証し、天からの声に示された神の証し、聖書とモーセとの証しに託して、彼が神の子であり、神によって遣わされたことを語っているということである。イエスは、それらの証しから、ユダヤ人たちが信じるべき真理、すなわち、彼が神によって遣わされたメシアであることを学ぶことを彼らに任せたのである。この点の詳細については、『ヨハネによる福音書』第五章一節―四七節から読み取ることができるであろう。

イエスが説教しているのをわれわれが見いだす次の場所は、『マタイによる福音書』第五章、『ルカによる福音書』第六章にあるように、山の上であった[18]。これは、われわれがあちこちで行われたことを知っている彼の説教としてはもっとも長いものである。そしてまた、それは、おそらくもっとも多くの聴衆に対して行われた説教であろう。というのは、その説教は、『マルコによる福音書』第三章七節と八節、『ルカによる福音書』第六章一七節に述べられているように、ガリラヤ、ユダヤ、エルサレム、ヨルダン河の向こう岸から彼のもとに集まった人々、また、イドゥマヤ、テュロス、シドンからやって来た人々に対して行われたように思われるからである。しかし、彼のこの全説教の中に、われわれは信仰という言葉を一言も見いださないし、したがって、メシアについて言及したり、それが誰であるかを人々に暗示したりするものも見いださないのである。その理由は、『マタイによる福音書』第一二章一六節にある「そして、彼をあらわにしないよう、彼らを叱った」という言葉から推測できるであろう。これは、彼らが〔山の上の説教のときに〕すでに彼が誰であるかを知っていたことを推定させるものにほかならない。なぜならば、この聖マタイによる『福音書』第一二章を『マルコによる福音書』第二章一三節の始めから同書第三章八節までと比較し、さらに、聖マルコの『福音書』のこれら二つの章と『ルカによる福音書』第六章とを比較して考えてみれば、聖マタイの『福音書』第一二章〔の記事〕が〔上記の〕山の上の説教よりも先のことについてであることは明らかであるからである。そして、ここで私から読者にご注意いただくようはっきりとお願いしたいことがある。それは、私が、われわれの救世主の説教の時間的な順序に注意を払っており、思うに、彼の説話のいかなるものをも見落してはいないことである。その〔山の上の〕説教において、われわれの救世主が〔集まって来た〕彼らに説教したのは、ただ、彼の王国の法とはどのようなものであり、その王国に入ることを認められた者が何を行わなければならないかということだけであった。これらについては、他の場所でより詳細に語る機会を設けることにして、当面は、われわれの救世主が信仰の問題として何を信じるように提示しているかだけを問うにとどめることにしよう。『ルカによる福音書』第七章一九節によると、その後、洗礼者ヨハネはイエスに「あなたが来たるべき者なのか、それともわれわれは別の者を待つべきか」と問う伝言を送った。これが意味するのは、端的に、あなたはメシアかということであり、もしあなたがメシアならば、あなたはどうしてあなたの先行者である私に牢獄での苦しい生活をさせるのかということであり、私は誰か他の人による救済を待ち望まなければならないのかということである。同章二二節、二三節にあるように、それに対してイエスが送った返事は次のようなものであった。「行ってヨハネに、あなたたちの見たことと聞いたこととを告げよ。盲人（もうじん）は見え、足萎（あしな）えらは歩み、らい病人たちは清められ、かつ聾者（ろうしゃ）たちは聞き、死人らは起こされ、乞食（こじき）らは〔福音を〕告げ知らされる。そして、幸いだ、私のことで躓（つまず）かせられることのない者は」。

イエスに「躓く」(19)すなわち「憤慨（ふんがい）する」(20)ということがどういうことかは、『マタイによる福音書』第一三章二一節[21]および『マルコによる福音書』第四章一七節を、『ルカによる福音書』第八章一三節と比べてみると理解できるであろう。前二者が「躓く」[22]と呼んでいるものを、後者は「離れる、あるいは見捨てる」、すなわち、彼をメシアとして受け入れない(『マルコによる福音書』第六章一節—六節を参照)、あるいは、彼に嫌悪(けんお)を感じるとしているからである。ここでイエスは、前にユダヤ人たちにしたように、ヨハネに、彼が誰であるかを知らせるために彼が行った奇跡が証しするものに留意させようとしているのである。そして、それは、一般的に言えば、彼が自らをメシアであると告知した説教、すなわち、ユダヤ人たちがどこかで待ち望みながら、その人以外の誰をも奇跡を行う力を携えて彼らの所に送られて来るとは予期しなかった唯一の現れるべき預言者であると告知した説教であった。彼の洗礼者ヨハネへの回答から理解できるように、彼は、自分の行った奇跡が、ユダヤ人たちの間で、自分がメシアであることを十分に告げるものであると考えていた。それゆえに、『マタイによる福音書』第一二章〔二二節〕にあるように、〔彼が〕悪霊に憑(つ)かれ、口がきけず、目が見えない人を癒した際に、その奇跡を目撃した人々は、同章二三節に記されている通り、「この者はダビデの子ではないだろうか」と言ったのである。これは、この者はメシアではないだろうかと言ったのと同じことである。そこで、ファリサイ人たちが憤慨して[23]、「こいつは悪霊たちをベエルゼブルによって追い出しているのだ[24]」と言った。イエスは、彼ら〔ファリサイ人たち〕の悪口雑言が虚偽であり、空虚であることを示しながら、同章二八節で、彼が悪霊たちを神の霊によって追いだしていることはメシアの王国が到来していることの証拠にほかならないと言って、彼の奇跡から人々が引きだした〔「この者はダビデの子ではないだろうか」という〕結論を正しいものとしたのである。

イエスの弟子たちによって行われ、彼がメシアであることを示す奇跡に関しては、もう一つ、それらが彼の名において行われたということがある。『使徒行伝』第三章六節には、聖ペトロは、神殿で癒した足の不自由な男に「ナザレ人イエスの名において、立ち上がって歩きなさい[25]」と言ったとある。また、イエスの名の力がどこまで及んだかについて弟子たち自身が驚いたように思われるのであって、『ルカによる福音書』第一〇章一七節には、「〔例の〕七十〔二〕人は喜びと共に帰って来て、言った、主よ、悪霊どもですら、あなたの名において私たちに屈服します」と述べられている。

洗礼者ヨハネからのこの伝言から、イエスは、人々に次のことを語る機会を得たのである。すなわち、ヨハネがメシアの先行者であること、洗礼者ヨハネのときからメシアの王国が始まっていること、そのときを、『ルカによる福音書』第七章や『マタイによる福音書』第一一章に述べられているように、すべての預言者たちと律法とが指し示していることがそれである。

『ルカによる福音書』第八章一節にあるように、「それに引き続いて、彼は町や村を通って行きながら、宣教し、神の王国〔の福音〕を告げ知らせていた」。あらゆる箇所で見られるように、ここでも、われわれは、イエスが何を宣べ伝え、したがって、何を信じるべきとしたかを知るのである。

それからしばらくして、イエスは、舟の上から海辺にいる人々に教えを説く。その説教の詳細を、われわれは、『マタイによる福音書』第一三章、『マルコによる福音書』第四章、『ルカによる福音書』第八章で読むことができる。しかし、ここにおいてきわめて注目に値するのは、ここでの彼の第二番目の説教が、山上でのかつての説教とは大変に異なっていることである。なぜならば、後者が、何物もそれ以上にはなりえないほどに明白で理解しやすいものであったのに反して、前者は、すべてが譬え話の中に包み込まれているので、使徒たち自身でさえそれを理解できなかったからである。もしわれわれが、こうなった理由を探ろうとするのであれば、これら二つの説教の主題が異なっていたことから何らかの光明を得ることができるであろう。そこ〔山上〕では、彼は、人々に対して、道徳[26]だけを説いた。すなわち、彼は、律法の戒律から当時受け入れられていた[27]誤った解釈を取り除き、イスラエル人の裁判上の律法が規定し、いかなる国の国法でも定め、また留意しているものを超えて、善き生活の務めにおいて果たすべき義務とその範囲とを詳細に示しながら、そうしたのである。

しかし、ここ海辺での説教においては、彼は、メシアの王国についてだけ、それもすべて譬え話の形で語ったのである。聖マタイが、その一つの理由を彼による『福音書』第一三章三五節で次のように与えている。「こうして、預言者を通して言われたことが満たされたのである、すなわち、私は譬によって、わが口を開こう、〔世の〕開闢以来隠されていた〔さまざまの〕ことを開陳しよう」。われわれの救世主自身が、そのもう一つの理由を、同章の一一節、一二節で次のように述べている。「あなたたちには天の王国の〔もろもろの〕奥義を知ることが〔すでに〕与えられているが、あの者たちには与えられていないからである。たしかに、誰でも持っている者には与えられ、さらに付け加えられるであろう。しかし、誰でも持っていない者」、すなわち、持っている才能を磨かない人「からは、持っているものでも取り去られるであろう[28]」。

注目するのが不適切ではないであろうことが一つある。それは、われわれの救世主が、ここで譬え話のうちの最初のものを使徒たちに説明するに当たって、メシアの王国に関する説話を単に「御言葉」、『ルカによる福音書』第八章一一節によれば「神の御言葉」と呼んでいることであり、そのときから、聖ルカは、『使徒行伝』の至る所で見られるように、それに、「御言葉」や「神の御言葉」の名の下に言及したのである。私は、ここで、それに、『使徒行伝』第八章四節にある「さて、散らされて行った人々は、御言葉〔の福音〕を告げ知らせながら、めぐり歩いた」を付け加えたいと思う。ここでの御言葉とは、彼ら使徒たちがその全閲歴[29]を通じて宣べ伝えたことを検討してみればわかるように、イエスはメシアであるということにほかならなかった。私が考えるに、これが、信じるべきものとして彼らが提示した教義のすべてであった。なぜならば、われわれの救世主と同じように彼らが教えたものにはもっと多くのものが含まれてはいたが、それらは行いに関するものであって、信仰に関するものではなかったからである。それゆえ、われわれの救世主は、前に引用した箇所である『ルカによる福音書』第八章二一節で「私の母、私の兄弟たちとは、神の〈言葉〉を聞き、〔それらを〕行う者たちのことだ」と語ったのである。つまり、王であるメシアの法に従うことが、イエスは彼らに約束された王であり救済者であるメシアであると信じることと同じように求められているのである。

『マタイによる福音書』第九章三五節には、こうした宣教、つまり、それが何であり、どのように為されたかの再度の説明がある。それは、「そこでイエスは、すべての町と村々とをめぐり歩いて、彼らの会堂で教え、王国の福音を宣べ伝え、すべての病とすべての患い（わざわい）を治し続けた」というものであった。彼は、メシアの王国が到来したことを彼らに知らせ、彼がメシアであることを彼らに教え得心させることは、彼が行う奇跡に委ねたのである。

『マタイによる福音書』第一〇章七節、八節によると、イエスが使徒たちをあちこちに派遣した際に彼らに与えた宣教の任務は「行って、宣べ伝えて言え、天の王国は近づいたと。病弱の者たちを治し等々」というものであった。彼らが宣べ伝えなければならなかったことのすべては、メシアの王国が到来したということだったのである。

また、同章一四節、一五節には、福音の伝道者である彼ら使徒たちを受け入れず、彼らの託宣に耳を傾けない者たちは、最後の審判の日に、ソドムおよびゴモラよりも重い凶運に見舞われるであろうとある。しかし、同章三二節には「人々の前で私を告白するであろう者は誰でも、私もまた天におられる私の父の前でその人について告白するであろう」と述べられている。イエスの言うこの「告白する」ということが何であったかは、『ヨハネによる福音書』第一二章四二節の「とはいうものの、指導者たちの中からも多くの人々が彼を信じたのではあった。しかし彼らはファリサイ派の人々のゆえに、会堂から追放されないため、公言しようとはしなかったのである」を、同書第九章二二節と照らし合わせてみればわれわれには理解できるであろう。この第九章二二節には「彼の両親がこれを言ったのは、ユダヤ人たちを恐れていたからである。なぜならユダヤ人たちは彼のことをメシアだと公言する人があれば、会堂から追放された者になると、すでに決定していたからである(30)」と述べられている。これら〔二つの〕箇所から明らかなように、「彼を告白する」ということは、彼はメシアであると告白するということであった。

ここから、また次のように主張することをお許しいただきたい(それは、私が他の箇所からすでに明らかにしたことではあるものの、次の成句には異なった意味が付与されてきたので、そうたびたびは所見を述べることができなかったのである)。すなわち、それは、成句「彼の言うことを信じる、あるいは彼の存在を信じる」(〔ギリシア語の〕成句 εἰς αὐτὸν はそのいずれかに英訳されているからである)は、彼がメシアであると信じることを意味するということである。なぜならば、(聖書にあるように、)指導者たちの多くは「彼の言うことを信じた」にもかかわらず、会堂から追放されることを恐れて、自分たちが信じていることを敢えて告白しなかったからである。つまり、そのために誰であっても会堂から追放されるべきであると決定されていた罪とは、その人が、イエスはメシアであると公言するかどうかということであったのである。ここから、われわれは、聖パウロがローマ人たちに彼が宣べる信仰とは何かを語った『ローマ人への手紙』第一〇章八節、九節の次の一節を明確に理解できるであろう。「これは私たちが宣べ伝えている信仰の言葉〔のこと〕である。なぜならば、もしもあなたがたの口で主イエスを告白し、あなたたの心のうちで、神はイエスを死者たち〔の中〕から起こした、と信じるなら、あなたは救われるであろうから」。また、聖ヨハネの『第一の手紙』第四章一四節、一五節の次の一節、「私たちもまた、父が御子を世の救い主として遣わされたことを観た上で、その証しをしているのである。誰であれイエスが神の御子であることを告白するならば、神はその人の中に留まり、その人もまた神の中に留まる」をも明確に理解することができるであろう。ここでは、イエスが神の御子であることを告白するのは、彼はメシアであると告白するのと同じことであった。すでにわれわれが示したように、これら二つの表現は、ユダヤ人たちの間では同じことを意味していたのである。

イエスを神の御子と呼ぶことが、どのようにして彼がメシアであるということを意味するようになったかを示すことは難しいことではない。当時、ユダヤ人たちの間では、その言葉がそのように使われ、そうした意味を持っていたことは明らかであるように思われるということで十分である。しかし、誰かもっとその証拠がほしいという人がいれば、その人は、これまで折にふれて注目してきた〔聖書の〕箇所に、さらに、『マタイによる福音書』の第二六章六九節、第一一章二七節、第二〇章三一節を付け加えることができるであろう。

使徒たちの使命が以上のようなものだったので、彼らの実際の行動も、われわれが『ルカによる福音書』第九章六節[31]に見る次のようなものであった。「そこで彼らは出て行って、いたるところで〔福音を〕告げ知らせて〔病を〕治しながら、町から町へとめぐって行った[32]」。イエスは、彼らに、〔その際には〕天の王国は近づいたと言って宣教せよと命じた[33]。そして、聖ルカがわれわれに語っているように、彼らは、町々をめぐりながら福音を宣べ伝えたのである。この福音〔Gospel〕という言葉は、ギリシア語の *εὐαγγέλιον* によく当てはまるサクソン語であり、そのギリシア語の意味するものと同じように、良き知らせを意味する。したがって、霊感を受けた福音書記者が福音と呼ぶものは、メシアと彼の王国とが到来したという良き知らせ以外の何ものでもない。それゆえ、新約聖書においてはそのように解されるべきであり、また、『ルカによる福音書』第二章一〇節にあるように、われわれの救世主の生誕を最初にもたらした天使たちも、それを「大いなる喜び〔の福音〕」と呼んだのである。そして、これが、彼の弟子たちがその当時遣わされて宣教したことのすべてであったと言ってよい。

そのようなわけで、『ルカによる福音書』第九章五九節、六〇節には、自分の父親を葬るために〔イエスに〕直ちに同行することを容赦してもらおうとした者に対して、「彼は彼に言った、死人どもに彼らの死人たちを葬らせよ。しかしあなたは行って、神の王国を告げ知らせよ」とあるのである。私が、これが彼ら弟子たちが宣教すべきことのすべてであったと言う場合、それが彼らによって説かれた信仰であったと理解してもらわなければならない。しかし、彼らは、それに、自分たちの王として受け入れたメシアに対する服従を付け加えたのである。それゆえ、『ルカによる福音書』第一〇章九節によると、同じように、七〇人[34]を遣わした際に、イエスは彼らの使命を「病弱の者たちを治せ、そして彼らに言え、神の王国はあなたたちに近づいた」という言葉で示したのである。

〔一二人の〕使徒たちがイエスのもとへ帰還した後、彼は彼らとともにある山の中[35]で座った。すると、多くの群衆が彼らの周りに集まってきた。それについて、『ルカによる福音書』第九章一一節には、「群衆は、〔それを〕知って、彼に従った。そこで彼は彼らを喜んで受け入れ、神の王国について彼らに語り続け、また治してもらわねばならない者たちを癒した」と述べられている。これは、女たちと子供たちとを除いて五千人の男たちから成る集会に向けた彼の宣教であり、『マタイによる福音書』第一四章二一節にあるように、彼は、その大群衆全部に五個のパンと二匹の魚とで食事をさせたのである。そして、この奇跡が彼らに何をもたらしたかについては、『ヨハネによる福音書』第六章一四節[36]に次のように記されている。「すると、人々は彼の行った徴を見て、本当にこの人は、世に来るはずのあの預言者だ」、つまりメシアだと「言い始めた」。なぜなら、メシアは彼らが神に期待していた唯一の人であり、そのときが、彼らがその人を待望していたときであったからである。それゆえ、洗礼者ヨハネは、『マタイによる福音書』第一一章三節にあるように、彼を「来るべき者」と命名したのであった。同じように、〔聖書の〕他の箇所では、メシアを指すのに「神から来る人」あるいは「神から遣わされた人」という句が用いられている。

ここにおいて、われわれは、われわれの救世主が宣教のいつもの仕方を守っていることを知るのである。つまり、彼は、人々に神の王国について語り、奇跡を行うということをしており、それによって、人々は、彼が、自らその王国について話してきたメシアであることを理解するのである。また、ここにおいて、われわれには、彼が、どうして、それほどまでに自らを隠し、自分がメシアであると認めることをなぜ差し控えてきたかの理由が判明する。イエスがメシアであるとしか考えない群衆が集まって一つになったときにどのような結果を引き起こすかについては、聖ヨハネが、〔『ヨハネによる福音書』第六章一五節において〕われわれに次のような端的な言葉で語っている。「すると、イエスは人々が自分を王にするため、来て連れて行こうとしているのを知って、一人だけでまた山に引き籠もった」。彼自身はそのことについて何も言わなかったのに、もしも人々が、彼が行った奇跡から彼がメシアであると考えたという理由だけで彼を性急に自分たちの王として押し立てるつもりであったら、彼らにやってできないことがあっただろうか。また、もしも、彼が、自分はメシアであり、彼らが待望している王であると公然と告白していたとすれば、律法学者やファリサイ派の人々がその機会を捉えて、彼を非難することはなかったであろうか。しかし、こうした点については、われわれはすでに見たところである。

それから、イエスはカファルナウムに行ったが、その彼には、彼が前日に奇跡的な仕方で食事を与えた人々の大部分が従った。彼は、彼らがパンのために自分について来ている機会を捉えて、彼らに永遠の生命をもたらす食事を求めよと命じている。その上で、『ヨハネによる福音書』第六章二二節—六九節にあるように、彼は、彼らに対して、自らが父から遣わされたこと、そして、彼を信じる者は永遠の生命へと至ることを言明するのである。しかし、これらすべては、食べる、パン、天から降って来る生命のパン等の寓意(ぐうい)的な用語の混合物を数多く含んでいるものの、それらは、すべて、同章の四七節にある「まことに、まことにあなたがたに言う、私を信じる者は永遠の生命を持つ」[37]と、五四節にある「私は彼を終わりの日に甦(よみがえ)らせることになる」という簡潔で平易な言葉によって理解され、また、説明される。つまり、その説話全体の概要は、彼は神から遣わされたメシアであるということ、そして、彼がメシアであると信じる者は、最後の日に死者の中から甦らされて永遠の生命に至るであろうということなのである。彼が話しかけたのは、その前日に彼を力ずくで王にしようとした人々であった。したがって、彼が、彼らに向かって、彼自身について、また彼の王国とその臣民とについて、曖昧で神秘的な言葉で語ったことも、また、彼の言葉が、この世における一時的な王国の壮麗さ、その下で約束される保護や繁栄以外のものを求めない人々を躓(つまず)かせるものであったことも、何ら驚くには当たらない。この世における王国へのそうした期待が、今や、奇跡を行い、待望する救済者であると結論づけた人を見いだした彼らを駆って、前日、公然と暴動を起こし、われわれの救世主をそれに巻き込ませかねないようにさせたのである。

イエスは、そうした〔暴動のような〕ことを止めさせるべきだと考えた。彼らは、同じような企図をもって依然として彼についてきたからである。そこで、彼は、彼らに自らの王国について語ったにもかかわらず、それは、明らかに、彼らの期待を裏切り、彼らを憤慨(ふんがい)させるような方法で行われた。そのため、彼らは、期待が空しく破られたことに気づき、また、彼らが生命を得るためには彼の肉を食べ、彼の血を飲まなければならないと彼が語ったとき、〔『ヨハネによる福音書』第六章〕五二節に述べられているように、ユダヤ人たちは「この男はいったいどうやって〔自分の〕肉をわれわれに食べさせることができるのか」と言った。そして、六〇節、六六節にあるように、彼の弟子たちの多くの者さえ、「このことばは歯が立たない。誰がこれを聞いていることができようか」と言って、彼に躓き、彼の下を去って行ったのである。しかし、われわれの救世主によるこの説教の本当の意味が何であったかは、それをよりよく理解しており、他の使徒たちに答えた聖ペトロの告白が示している。六七節〔、六八節、六九節〕に記されているように、イエスが彼に[38]「あなたがたも〔去って〕往こうというのか」と問うたのに対して、シモン・ペトロは、「主よ、私たちは誰のところへ行きましょうか。あなたは永遠の生命のことばを持っておられます」、すなわち、あなたは永遠の生命に至る方法を私たちに説いておられます、それゆえ、「私たちはあなたがメシアであり、生ける神の子であることを信じており、また、知っています[39]」と答えた。これが、そうすることによって人々が永遠の生命を持つことになるとされた彼の肉を食べ、彼の血を飲むということ〔の意味〕なのである。

それからしばらくして、『マルコによる福音書』第八章二七節にあるように、イエスは、弟子たちに、人々が彼のことを誰だと考えているかと尋ねている。それに対して、弟子たちが、洗礼者ヨハネとか死者から甦った預言者の一人とかと思っていると答えると、彼は、では彼ら自身はどう考えているのかと問うた。すると、ここでも再びペトロが、『マルコによる福音書』第八章二九節によると「あなたはメシアである」、『ルカによる福音書』第九章二〇節によると「神のメシア」、そして、『マタイによる福音書』第一六章一六節によると「あなたはメシア、生ける神の子です」といった言葉で答えたのである。こうした表現は、一括すれば結局同じことに帰する。それゆえに、われわれの救世主は、『マタイによる福音書』第一六章一七節、一八節によると、ペトロに対して、あなたに啓示したのは肉や血ではなく、天にいる彼の父であり、それが、彼がその上に彼の教会を建てるべき基礎であるということを真理として語ったのである。そして、上に引いた句のすべての部分によって十二分に考えられるのは、彼が使徒たちに自分がメシアであるとはまだ直接的な言葉では語っておらず、彼らは、それを、彼の生涯と奇跡とから推測したということである。これに対して、ありそうな理由としてわれわれの側で想像できるのは、次のようなものである。すなわち、それは、もしも、彼が、使徒たちに、親しく、また直接的な言葉で、自分は、その王国についてあらゆる場所で、幾度となく公然と説教してきた王でありメシアであるとひそかに語ったとすれば、彼が、不実であり、また自分を裏切る者であることを知っていたユダが、その機会を捉えて、ローマの総督にとっては現に犯罪に当たるようなことがらについて、彼に不利な証言をしたであろうからというものである。これは、『ヨハネによる福音書』第六章七〇節にあるように、使徒たちが彼はメシアであると告白したときに、われわれの救世主が一見唐突な返事をしたことをわれわれが解明する助けになるであろう。それをよりよく説明するために、その節を詳細に記すことにする。そこには、ペトロが「私たちはあなたがメシアであり、生ける神の子であることを信じており、また、知っています」と言ったので、「イエスは彼らに答えた、あなたがた、この十二人を選び出したのは私ではなかったか。しかし、あなたがたの中の一人は悪魔 διάβολος である[40]」と書かれている。これは一見したところ的外れの答えのように見えるが、しかし、たしかに、われわれの救世主の説話は賢明で適切なものであった。それゆえ、私には、〔彼のその〕答えは、彼がユダに裏切られた後になって、一一人の使徒たち（神殿を破壊し、再び三日のうちにそれを再建したのも同じ一一人であった）が、その答えを反省したときに理解した以下のことを含意するものであったと思われる。すなわち、それは、あなたがたは、私についての真理を告白し、また、信じている、私はメシア、あなたがたの王である、しかし、私がそうであることをこれまであなたがたに公然と告げなかったことを怪しんではならない、なぜなら、私が私とともにあるべき者として選んだあなたがた一二人の中には、一人の密告者、すなわち虚偽を述べる告発者（ギリシア語ではそういう意味であり、ここでは、悪魔というよりも、そう訳することができるであろう）がいて、その者は、もし、私が明確な言葉で、自分はメシアであり、イスラエルの王であると自ら認めたならば、私を裏切り、私に不利なことを通告したであろう、ということである。

イエスが、使徒たちに対して自分がメシアであることを積極的に認めることに用心していたことは、彼が、『マタイによる福音書』第一六章一八節にあるように、彼はメシアであるというペトロの告白の上に自分の教会を建てようとペトロに語った次のようなその語り方からも、さらに看て取ることができる。「私もまた、あなたに言う、あなたこそペトロ」すなわち岩「である、そしてこの岩の上に、私は自分の教会を建てよう。そして、黄泉（よみ）の門も、これに勝ることはないであろう(41)」。これらの言葉は、彼がメシアであると告白したことを示す証言としては確実さに欠けるので、彼を捕捉するには十分ではなく、それらに、同章一九節の次の言葉を加えると特にそういうことが言えるであろう。「私はあなたに天の王国の鍵を与えよう。そしてあなたが地上で結ぶものは天上でも結ばれたものとなるであろう。またあなたが地上で解くものは天上でも解かれたものとなるであろう」。ペトロに対して私的に語られたこれらの言葉によって、われわれの救世主は（そこにおいて、彼は、彼をメシアと信じることが自分の教会の根本的な信条であると宣言した）前の〔同章一八節の〕言葉を、より曖昧で、より不明確なものにし、彼を不利にするように利用するにはよりふさわしくないものにしているが、しかし、それは後になるまでは理解されないことであった。そして、同章二〇節にあるように、彼は、〔不利になることを避けるという〕同じ理由から、使徒たちに自分がメシアであったことを話すことを依然として禁じているのである。

『マタイによる福音書』第一六章二一節に述べられているように、そのとき以来（福音書記者たちはそう言うのであるが）、「イエスはその弟子たち（すなわち、しばしば弟子たちと呼ばれる使徒たち）に、彼がエルサレムに行かねばならず、また長老たちや祭司長たちや律法学者たちから多くの苦しみを受け、かつ殺され、そして三日目に起こされねばならないことを示し始めた」。これらはすべて〔イエスが〕メシアであることの印であったが、使徒たちによって理解されることがいかに少なく、また、使徒たちのメシアへの期待にいかにそぐわないものであったかは、イエスの話を聞いたペトロが、続く同章二二節にある文言のなかで彼を叱ったことから明らかである。ペトロは、前に二回、彼がメシアであることを認めていた。しかし、ペトロは、今回は、彼が苦しみを受け、殺され、甦らせられるということに我慢ができなかったのである。これによって、われわれは、イエスが、自分個人に関することを使徒たちに説明することがいかに少なかったかを理解することができるであろう。しかし、彼らはイエスの生涯と奇跡との良き証人であり、それによって、彼はメシアであるという信仰に導かれていたから、彼らは、ある程度は、そうした〔イエスの〕性格を埋め合わせる諸事項を受け入れ、彼に関する諸々の預言に応じる準備はできていた。それ以降、彼は、受難、死、復活においてすべてが成就されるときが近づいていることを使徒たちに(ユダヤ人たちがそこから非難の種を見いだすことができないような仕方によってではあったが)打ち明け始めたのである。というのは、そのときというのは、彼の生涯の最後の年に当たっており、また、彼は、エルサレムで、ユダヤ人たちが自分たちの意図するままに彼を扱うに相違ない過越祭の折に彼らに再び会うことになっていたからである。彼が、ローマ人の総督にとっては正当で、信ずるに足るものに映るような非難が自らに及ばないように振る舞いながらではあったものの、もう少し自分自身を明らかにし始めたのはそのためであったと言ってよい。

『マルコによる福音書』第八章三三節(42)にあるように、イエスは、「お前は神のことがらを思わず、人間のことがらを思っているのだ」と言ってペトロを叱った後、人々を自分の許(もと)へ呼び寄せ、自分の弟子になろうとする者たちに自らの受難への心構えをさせた上で、同章三八節によると、彼らに向けて次のように語っている。「この不貞で罪深い世代において私と私の言葉とを恥じる者を、〈人の子〉も、彼の父の栄光のうちに聖なる御(み)使(つか)いたちと共に来る時、恥じるだろう」。そして、『マタイによる福音書』第一六章二七節[43]に記されているように、彼は、それから、「〈人の子〉は、彼の父の栄光のうちに、彼の御使いたちと共にやって来るであろう。そしてそのとき彼は各人にその行いに従って報いるであろう」と語って、自身が王なるメシアであることを示す二つの偉大で厳粛な行為を付け加えている。これは、明らかに、彼が最後の日に世界を審(さば)くために来臨するときに、彼の王国が栄光のうちに出現することを意味する。それは、『マタイによる福音書』第二五章〔三一節および三四節〕でより詳細に次のように述べられている。「〈人の子〉がその栄光のうちに到来(とうらい)し、そしてすべての御使いたちが彼と共に〔やって来る〕時、彼はその栄光の座につくであろう。その時王は、その右側にいる者たちに言うであろう等々[44]」。

上で引用された箇所に続く『マタイによる福音書』第一六章二八節にある「アーメン、私はあなたたちに言う、ここに立っている者たちの中には、決して死を味わうことのない者が幾人かいる、〈人の子〉がその王国のうちにやって来るのを見るまでは」は、そこにいる何人かはイエスがユダヤ民族[45]の上に行使するのを見るであろう支配ということを意味しているが、実は（彼が審判の日における彼の王国の出現と栄光とについて語った）前の二七節のすぐ近くにあることで、意味が覆い隠されている。そのため、この二八節において、彼は、明らかに、王国における彼の王的な権力の出現とその眼に見える行使とがきわめて近いので、ある人々はそれを生きて見ることになるであろうということを意味していたのだから、もしも、その上を前節の言葉の影が覆うことなく、それが、彼は間違いなく王であり、また、その王国は非常に近いので、ある人々はそれを目撃することになるであろうというふうに端的に理解され、意味づけられるままにされていたならば、次のようなことが起こったであろう。すなわち、それは、〔二八節の彼の〕言葉が、ユダヤ人たちによって、ピラトゥスの前で取り上げられ、彼に対するまことしやかで、正当であるかに見える告発の対象にされたであろうということである。

思うに、これが、われわれの救世王が、ここで、世に対して規則と権力との二つを厳かに顕示するに当たって順序を逆にした理由であった。それによって、彼は、当面の間、自らが意味するところを人を困惑させるものにし、また、必要上、彼をわなにかけて、ローマ人の総督に告発しようと常に待ち受けていたユダヤ人たちの悪意から身を守ったのである。そして、〔二八節の〕「ここに立っている者たちの中には、決して死を味わうことのない者が幾人かいる、〈人の子〉がその王国のうちにやって来るのを見るまでは」という言葉は、前の〔二七〕節によって、もしも、その意味するところが人を困惑させるもの、当時においてはその意味が理解されず、彼の聴衆の誰かにポンティウス・ピラトゥスの前で彼に不利になるような意味に受け取られないものにされていなかったならば、疑いもなく、彼の意に反して直ちに罪に当たるものと言い立てられたことであろう。なぜならば、ユダヤ人たちの主だった人々が、どのようにうまく彼を片づけようとしていたかは、聖ルカが、『ルカによる福音書』第一一章五四節で、「律法学者たちとファリサイ人たちは」「彼の言葉尻をとらえようとして彼をつけ狙い続けた」と述べている通りであるからである。これは、われわれの救世主が、他の箇所で一見したところ疑わしく、曖昧な話し方をなぜ用いているかについて、われわれを満足させる理由となるであろう。それは、彼が置かれた状況が次のようなものであったことにほかならない。すなわち、そうした思慮深い態度と控えめな振る舞いとを欠く限り、彼は、それを行うために来臨した仕事をやり遂げることもできず、メシアについて与えられている記述に符合する仕方では、彼が世を去った後に彼に属することが完全に理解されるようになった仕事のあらゆる部分を遂行することもできなかったことがそれである。

この後、『マタイによる福音書』第一七章一〇節等にあるように、イエスは、直接的な言葉によってではなかったものの、使徒たちに対して、自身がメシアであると自ら認めるかのように語り始めるのである。それは、彼らに、『マラキ書』第四章五節にある預言[46]に従って律法学者たちが正確に語っているように、エリアはメシアの先導者たるべき者だと確信させることによってであった。たしかに、ユダヤ人たちはエリアを知らず、また彼を悪しざまに扱ったが、エリアは、すでにやって来ていたのである。それによって、使徒たちは、『マタイによる福音書』第一七章一三節にあるように、「彼が洗礼者ヨハネについて彼らに語っ〔てい〕たことを悟った」のである。そして、『マルコによる福音書』第九章四一節で述べられているように、イエスは、そのすぐ後に、次のような言葉で自分がメシアであることをもう少し明確に公にするのである。「あなたたちがメシアの者であるということを顧みて、あなたたちに水一杯を飲ませてくれる者は(47)」。私の記憶によれば、これは、われわれの救世主が、メシアの名に言及した最初の箇所であり、また、彼が、ユダヤ民族の誰かに対して、自分がメシアであることを進んで認めるに至った最初の箇所である。

『ルカによる福音書』第九章五九節によると、イエスは、エルサレムへの途上、まず自分の父親を埋葬したいと言う一人の男に自らに従うように命じた上で、同章六〇節にあるように、その男に向かって次のように語っている。「死人どもに彼らの死人たちを葬らせよ。しかしあなたは行って、神の王国を告げ知らせよ」。また、『ルカによる福音書』第一〇章一節に記されているように、七〇人の弟子たちを派遣するに当たって、彼は、同章九節にある通り、彼らに「病弱の者たちを治せ、そして彼らに言え、神の王国はあなたたちに近づいた、と」と語っている。彼は、これらの弟子たちや使徒たち、また、その他の誰に対しても、メシアの王国が近づいたという良き知らせ(48)以外に説くべきことを何も伝えなかったように思われる。そして、同章一〇節にあるように、彼は、もしも、ある町が彼らを受け入れようとしない場合には、次のようにせよと命じている。「その〔町の〕大通りに出て言え、われわれの足についている、お前たちの町の塵すらも、われわれはお前たちに対して打ち払って〔行く〕。しかしながら、神の王国が近づいたという、このことだけは知っておけ」。この点こそ、彼らが心からそれへの責を負うべきこととして気づかなければならないことであった。すなわち、それは、〔彼らが〕メシアの王国という福音を信仰をもって受け入れなかったということである。

『ヨハネによる福音書』第七章二節、三節、四節によると、その後、〔仮庵祭が近づいていたので〕イエスの兄弟たちが彼に次のように言った。「ここから移れ。そしてユダヤに往け。行っているお前の業をお前の弟子たちも看ることができるように。ことをひそかに行い、自分が公のものであることを求めるような人は誰もいない。これらのことを行っているのなら、お前自身を世に顕せ」。次の〔五〕節にあるように「彼を信じてはいなかった」イエスの兄弟たちは、ここで、彼を、彼の振る舞いは一貫していないのではないか、つまり、彼は、メシアとして受け取られるように企図しながら、自らを明らかに示すことを恐れているのではないかと咎めているように見える。こうした兄弟たちに対して、彼は、続く数節で次のように語ることで、〔同章一節で言及されている〕[49]自らの行動を正当化した。「世〔特にユダヤ人たちを意味する〕は彼を憎んでいる。彼が世について、その業が邪悪であることを証ししているからである。私の時はまだ完全には来ていない[50]」が、その時が満たされれば、彼は、自制することを止めて、ユダヤ人たちの悪意と怒りとに惜しげもなく身を委ねるであろう。

それゆえ、イエスは祭りにはでかけて行ったが、それは、同章一〇節に述べられているように、「あらわにではなく、〔いわば〕ひそかに」であった。そして、彼は、〔仮庵の〕祭りが半ばに差しかかった頃、神殿に登って、次の〔二つの〕ことを正当化したのである。それは、自らが神から遣わされていること、そして、『ヨハネによる福音書』第五章一節—一六節に述べられていること、すなわち、安息日にベトザタの池である男を癒したことが、何ら律法に反することを行ったことにはならないこと〔の二つ〕であった。この〔第二の〕ことは一年半も前に行われたことなのに、ユダヤ人たちは彼を亡き者にするための口実として利用していたのである。

しかし、彼らが彼の命を狙った真の理由が何であったかは、同書第七章二五節—三四節[51]に次のように述べられていることから明らかである。「さて、エルサレムの住民のうちの幾人かが言っていた、この男は、〔指導者たちが〕殺そうと狙っている人物ではないのか。それなのに、どうだ、公然と語っており、〔あの人たちは〕彼に何も言わない。ひょっとすると指導者たちはこの男がメシアだと本当に知ったのだろうか。しかし、われわれにはこの男がどこから〔の人〕かがわかっている。メシアが来る時には、どこから〔の人〕かを誰も知らない〔はずだ〕。そこで、イエスは神殿〔境内〕で教えている時に叫んだ。〔次のように〕言って、あなたがたには私がわかっており、どこから〔の人〕であるかもわかっている。しかし私は私自身から来ているのではない。私を派遣した方、あなたがたがわかっていないその方は本物である。私にはその方がわかっている。私はその方から〔来た者〕であり、その方が私を遣わしたのだからである。そこで〔人々は〕彼を逮捕しようと〔機会を〕狙った。しかし、彼に手をかける者は誰もいなかった。彼の時がまだ来ていなかったからである。群衆の中からは多くの人々が彼を信じた。そして、メシアが来る時には、この人が行ったよりも多くの徴を行うだろうかと言っていた。ファリサイ派の人々は、群衆が彼についてこれらのことをささやいているのを聞いた。そこで、祭司長たちとファリサイ派の人々は、彼を逮捕するために下役たちを遣わした。さて、イエスは言った、私はまだしばらくの間はあなたがたと共にいる。そして、自分を派遣した方のもとに往く。あなたがたは私を求めるだろうが〔私を〕見つけ〔ることができ〕なくなる。私のいるところにあなたがたは来ることができない。ユダヤ人たちは互いに言い合った、この男はどこへ行こうとしているのだろうか」。[52]

ここでわれわれが見いだすのは、イエスがメシアだと受けとられたこと、そして、彼が、人々に彼を信じさせる、つまり、彼はメシアだと信じさせるようなことを行ったことが、彼にとっては大きな誤りであり、また、ユダヤ人にとっては激しい怒りの原因になったということである。ここでもまた、われわれの救世主は、少なくとも彼の復活後にはきわめて容易に理解されるような言葉で自身がメシアであったと宣言している。なぜならば、もし彼が神によって遣わされ、神の霊によって奇跡を行ったとすれば、彼がメシアであったことは疑いようのないことになるからである。しかし、にもかかわらず、彼のその宣言は、ファリサイ派の人々や祭司長たちが、それをどんなに望んでいたとしても、その宣言に乗じて彼を告発して、その聖なる任務を妨害したり、彼の身柄を拘束したりすることができないような方法で行われた。彼の時がまだ来ていなかったからである。『ヨハネによる福音書』第七章四五節、四六節には以下のように書かれている。彼らが彼を逮捕させるために遣わした下役たちは、彼の話に魅せられて、彼に手をかけることなく戻って来た。そうした彼らに対して、祭司長が「どうして彼を引いてこなかったのだ」と尋ねたところ、彼らはそれに次のように答えたのである。「いまだかつてあのように語る人はいませんでした」。するとファリサイ派の人々は彼らに次のように答えた。「まさかお前たちまでたぶらかされてしまったのではあるまい。指導者たちの中で、あるいはファリサイ派の人々の中で、彼を信じた人などまさかいるまい。それにしても、律法を知らないこの群衆は呪われた奴らだ」。これが示しているのは、彼を信じるということが、彼はメシアだと信じるということを意味していたということである。なぜならば、彼らは、律法に通じた指導者たち、また、信心深く学識に富んだファリサイ人たちで誰か彼がメシアだと信じた者はいるのかと言っているからである。というのは、〔彼らによれば〕彼に関する群衆の間の意見の分裂がある中で、彼はメシアであるとする人々について言えば、彼らは無知で、卑しく、浅ましい人々で、聖書については何も知らず、呪われていて神から見放されたために、この詐欺師に欺かれて彼をメシアだと思っているにすぎないからである。それゆえ、彼らが彼に手をかけようと望んでいるにもかかわらず、『ヨハネによる福音書』第七章三七節、三八節に書かれている通り、彼はさらに続けて次のように説くのである。「祭りの盛大な最終日に、イエスは立ったまま叫んだ。〔次のように〕言って、誰か渇いている人があれば、私のところに来て〔いつでも〕飲むがよい。私を信じる人は、聖書が言った通り、その人の内部から活ける水の川が〔何本も〕流れ出ることになる」。このように、彼は、ここで再び、自分がメシアであることを明らかにしているが、しかしそれは、同章の次の〔三九〕節、および、われわれの救世主が言及しているいくつかの箇所[53]が示すように、預言者的な表現法によってであった。

『ヨハネによる福音書』の続く第八章において、イエスが自分自身について、また、人々が信じるべきことについて語っていることは、すべて次の点に、すなわち、それは、彼は父なる神から遣わされたこと、そして、もし彼がメシアであることを信じないならば、その人々は自らの罪のうちに死ぬことになるということに帰着する。しかし、聖ヨハネが同章二七節で述べているように、人々はそれをよく理解しなかった。しかし、われわれの救世主は、同章二八節にあるように、彼らに対して次のように語ったのである。「あなたがたは人の子を挙げる時、あなたがたは、私が彼であることを知るであろう」[54]。

イエスは、ユダヤ人たちのところから離れて行って、生まれながらに盲目であった人を癒した。そして、彼は、ユダヤ人たちがその人を問い詰めて外へ追いだした後に、再び会ったその人に対して、『ヨハネによる福音書』第九章三五節―三八節にあるように次のように語ったのである。「あなたは人の子を信じるか。この人は答えて言った、〔その方は〕いったい誰でしょう、先生、その方を信じることができますように。イエスは彼に言った、あなたは〔以前から〕[55]彼を見ている。あなたと〔今〕語っている人がそれだ。彼は声を挙げた、信じます、主よ」。ここでわれわれが見るのは、この男が信じる者であると宣言されていることであり、その際に、この男に信じるべきこととして提示されたことのすべては、イエスは神の子であるということであった。これは、われわれがすでに示したように、彼はメシアであると信じるということであった。

『ヨハネによる福音書』の次の章である第一〇章の一節―二一節で、イエスは、ユダヤ人と異邦人との双方に対して、自分の生命を棄てることを明らかにするが、同章六節および二〇節に見られるように、それを、彼らには理解することができない譬え話によって行ったのである。

『ルカによる福音書』第一七章二〇節にあるように、イエスが宮清めの祭りに行ったとき、ファリサイ派の人々が、彼に「いつ神の王国」つまりメシアの王国「は到来するのか」と質問した。それに対する彼の答えは、神の王国は、華麗さを伴い、目に見える形で、しかも大群衆とともに到来するのではなく、すでにあなたがたの間で始まっているというものであった。もし彼がここで止めていれば、彼の意味したことはきわめて明確なので彼らが彼を誤解することはほとんどなかったであろうし、また、彼らが、メシアはすでに来ていて、彼らの間にいることを彼が意味しているなどと疑うこともなく、したがって、イエスは自分がメシアであると考えているなどと安易に推測することもなかったであろう。しかし、ここでも、彼は、前に注意した箇所と同様に、これに、将来における自らの啓示を付け加えて、ユダヤ人たちへの復仇の遂行と審判とのために自らが来臨する場合を混交させながら、自分の意味するところをきわめて込み入ったものにしているので、彼は容易には理解されなかったのである。それゆえ、『ヨハネによる福音書』第一〇章二四節に述べられているように、ユダヤ人たちは再び神殿の中にいた彼のところへやって来て、次のように言ったのである。「いつまでわれわれの魂を中途半端にしておかれるのか。あなたがキリストなら、われわれにはっきりと言ってほしい」。〔続く二五節、二六節にあるように〕イエスはそれに次のように答えた。「あなたがたに言ったのに、信じようとしない。私が自分の父の名において行っている業、それが私について証ししている。しかし、あなたがたは信じようとしない。あなたがたは、私の羊たちに属さないからである」。ここで彼が、彼らは「信じること」をしていないとして非難していることとは、それに先行する言葉が明らかに示すように、彼はメシアであると「信じること」をしていないということであり、同章の後の四一節でも明確に同じことが意味されているのである。

ここ〔ベタニア〕からイエスはベタバラに行き、ラザロの死に際してベタニアに戻り、『ヨハネによる福音書』第一一章二五節—二七節によれば、マルタに次のように語った。「私は甦りであり、生命である。私を信じている人は、たとえ死んでも生きることになる。また、生きて私を信じている人は皆永遠に死ぬことはない」[57]。したがって、私は、〔ここで「永遠に死ぬことはない」と訳されたギリシア語訳旧約聖書の〕ἀποθάνῃ εἰς τὸν αἰῶνα は、ギリシア語訳旧約聖書の『創世記』第三章二二節あるいは『ヨハネによる福音書』第六章五一節にある ζήσεται εἰς τὸν αἰῶνα と一致するものと理解するのである。そして、それら〔二つの箇所〕は、われわれの英語訳聖書では「永遠に生きる」と正確に解されているのである。しかし、われわれの救世主がここで言おうとしていることを「生きて私を信じている人は皆永遠に死ぬことはない」と訳することが正しいかどうかは、ときに疑問に付されがちである。しかし、その先に進むと、〔『ヨハネによる福音書』第一一章二六節および二七節には〕「あなたはこれを信じるか。彼に言う、はい、主よ、あなたが〔この〕世に来るはずの神の子メシアであることを、私は信じきっています[58]」とある。これは、〔「生きて私を信じる人は皆永遠に死ぬことはない」ということを信じるかという〕われわれの救世主の質問に対して彼女〔マルタ〕が与えた十全な答えであり、この信仰こそ、それを持つすべての者を信仰者にするのに、もはやまったく欠けるところのないものなのである。

　ラザロの甦りというこの同じ説話において、われわれは、われわれの救世主がどのような信仰を期待したかを、『ヨハネによる福音書』第一一章四二節[59]にある彼の次の言葉によって知ることができるであろう。「父よ、私に耳を傾けて下さったことを感謝します。あなたが私にいつも耳を傾けて下さっていることが私自身にはわかっていましたが、まわりに立っている群衆のために申します。あなたが私を遣わされたことを彼らが信じるようになるために」。そして、その結果がどうなったかを、われわれは、同章四五節の以下の言葉に見ることができる。「それで、ユダヤ人たちの中で、マリヤムのところに来て、彼の行ったことどもを観た多くの人々が彼を信じた」。その信仰とは、彼は父から遣わされたということ、換言すれば、彼はメシアであったということであった。これが、福音書記者たちが言う「彼を信じる」ということの意味であったことは、同章四七節、四八節の次の言葉によって立証される。「それで、祭司長たちおよびファリサイ派の人々は最高法院を召集して、言い始めた、われわれはいったい何をしているのだ。この人間が多くの徴を行っているというのに。われわれが彼をこのまま放置するなら、人々が皆、彼を信じるようになってしまうだろう」。ここで、すべての人々が彼を信じるようになるだろうと語ったのは、彼の命をつけ狙う敵であった祭司長たちであり、ファリサイ派の人々であった。したがって、彼らが語った彼への信仰については、彼はメシアであると信じるということ以外の意味も見解もありえなかった。それが彼らの意味するところであったことは、続く言葉「われわれが彼をこのまま放置するなら、人々が皆、彼を信じるように」、すなわち、彼をメシアだと信じるように「なってしまうだろう。そして、ローマ人たちがやって来て、われわれからこの場所と民族を取り上げてしまうだろう[60]」が示している。

　こうした彼らの推論は、次のような根拠に立っていた。すなわち、それは、もしわれわれが手を拱(こまね)いていて、人々が「彼を信じる」、すなわち、彼をメシアとして受け入れるままにしておくと、彼らは、それによって彼を選んで自分たちの王に立て、彼による〔ローマからの〕救出を期待するようになり、そうなれば、ローマの軍隊をわれわれの上に引き寄せることになって、われわれとわれわれの国とが亡ぼされることになるであろうというものであった。彼らには、ローマ人が、イエスについて民衆が持つかも知れないそれ以外のいかなる信仰にも関心があるとは考えられなかったのである。それゆえ、福音書記者によって、彼を信じるということが彼はメシアであると信じることだと理解されたことは明らかである。そこで、同章五三節、五四節にあるように、最高法院は、その日以来、彼を殺そうと協議し、「それで、イエスはユダヤ人たち」つまりエルサレムのユダヤ人たち「の間」を「その上更に」(〔ギリシア語の〕ἔτι はそういう意味であり、したがって、私が思うに、それは、大っぴらに、あるいは顔をさらしてと英訳されるべきである)「歩むことはしなかった」のである[61]。〔ギリシア語の〕Ἔτι は、ここで「もはや……しない」[62]と訳しても適切ではない。なぜなら、彼は、それからすぐ後に過越祭に公然と姿を現して、奇跡と説話とにより、それまでにしてきたよりももっと自由に自分を明らかにし、また、『マタイによる福音書』第二〇章一七節、『マルコによる福音書』第一〇章三二節、『ルカによる福音書』第一八章三一節等にあるように、自らの受難に先立つ一週間、神殿で毎日教えたからである。したがって、この箇所が意味するところはこうだと思われる。すなわち、彼の時がまだ来ていなかったので、彼は、律法学者やファリサイ派の人々、また、彼への敵意に満ち、彼を殺そうと決めていた最高法院の人々の前に公然と、そして大胆に自らを示すことを敢えてしなかったこと、しかし、〔『ヨハネによる福音書』第一一章五四節に述べられているように〕彼は「そこから荒野に近い地方、エフライムという町に立ち去り、弟子たちと共にそこに留ま」って、同章五五節にあるように、過越祭が近づくまで身を隠していたことにほかならない。

そこ〔エフライム〕からの帰途、イエスは一二人〔の使徒たち〕を傍らに呼び寄せ、彼らが今赴こうとしているエルサレムで彼の身に何が起こるかを前もって語っている。すなわち、彼は、人の子について預言者たちによって記されたすべてのことが成就されるはずであること、彼は、裏切られて祭司長たちやファリサイ派の人々の手に渡されるはずであること、そして、彼らは彼に死刑を宣告して異邦人に引き渡すはずであること、彼は、嘲(あざけ)られ、唾(つば)をかけられ、鞭(むち)に打たれて処刑されるはずであること、そして彼は三日後に再び甦るはずであることを語ったのである。しかし、聖ルカが『ルカによる福音書』第一八章三四節で述べているように、使徒たちは「これらのうち何一つ理解しなかった。またこの言葉は、彼らから隠しおおされており、語られたことを彼らが知ることはなかったのである」。彼らは、彼が神の子であり、父から遣わされたメシアであることを信じてはいた。しかし、メシアに関する彼らの観念は他のユダヤ人たちが抱いていたものと同じであり、彼は現世の王であり解放者であるというものだったのである。それゆえ、われわれは、『マルコによる福音書』第一〇章三七節で、彼とともにエルサレムに向かう最後の旅にあってさえ、使徒たちのうちの二人、つまり、ヤコブとヨハネとが彼の許へやって来て、跪(ひざまず)いて「あなたの栄光の中で、一人があなたの右に、一人が左に座(すわ)ることをわたしたちに許して下さい」と言い、また、『マタイによる福音書』第二〇章二一節にあるように、聖マタイは「あなたの王国で」と記したのである。使徒たちを、彼を信じないユダヤ人たちから区別するものは、使徒たちが来臨するはずのメシアについて抱く観念の違いにではなく、使徒たちが、メシアは来臨しており、彼らの主人であるナザレのイエスが彼、まさにメシアであると信じ、また、彼を自分たちの王、そして主として受け入れたことにあったのである。

そして、今や人の子が栄光を受けるべき時が到来したので、彼は、いつもの控え目な態度を捨て、ろばの子に乗ってエルサレムへと公然と入って行くのである。それは、〔『ヨハネによる福音書』第一二章一五節に記されているように〕「シオンの娘よ、〔もう〕恐れることはない。見よ、あなたの王が来ようとしている、ろばの子の背に座って(63)」と〔聖書に〕書かれている通りにであった。しかし、同章一六節にあるように、こうしたことを「弟子たちは当初は知らなかった。しかし、イエスが栄光を受けた時、その時になって、これらのことが彼について書かれていたのであり、これらのことを人々が彼に行ったのだということを想い起こしたのであった」。使徒たちは、彼がメシアであることを信じていたにもかかわらず、彼の生涯のできごとには、彼らが、起こった時点ではメシアについて予告されたものであることが理解できず、彼が昇天した後になってからたしかにそうであったことに気づくことになる多くのものがあったのである。このように、彼が、予告されていた通り、ろばに乗ってエルサレムに入ると、〔『ヨハネによる福音書』第一二章一三節にある通り〕「大勢の群衆」が、「ホサンナ、主の名においてて来たるべき者、〔すなわち〕イスラエルの王に祝福あれ(64)」と「叫び始めた」。これは、彼がメシアであることのこの上なく率直な宣言だったので、『ルカによる福音書』第一九章三九節によると、「ファリサイ人たちのある者ら」は、「群衆の中から彼に対して」、

「先生、あなたの弟子たちを叱りとばして下さい」と「言った」という。(65) しかし、彼は、彼らを止めることも、また、彼はメシアであるとの彼らの承認を否認することもまったくせず、〔同章四〇節にあるように〕彼らに対して「私はあなたたちに言う、もしこれらの者が黙せば、石が叫ぶであろう」と言ったのである。そして、『マタイによる福音書』の第二一章一五節、一六節に述べられているように、彼らが、神殿で「ダビデの子にホサンナ」と叫んだ同じような状況で、「祭司長たちと律法学者たちとが〔激しく〕怒り」、「これらの者どもが何を言っているのか、お前には聞こえているのか」と彼に言ったときに、再び、「イエスは彼らに」対して「聞こえている、あなたたちは、〔次のように書いてあるのを〕読んだことがないのか、嬰児と乳飲み子の口に〔こそ〕、私は賛美を備えよう」と言った。(66) そして、同章一四節、一五節にあるように、「神殿〔境内〕にいる盲人たちと足の萎えた者たちとが彼に近寄って来た。そこで彼は彼らを治した。しかし、祭司長たちと律法学者たちは、彼がなした驚くべき業と、神殿〔境内〕で叫びながらダビデの子にホサンナと言っている子供たちとを見て〔激しく〕怒った」のである。われわれの救世主が三年間以上にもわたって行って来た数多くの奇跡の後では、足の萎えた人と盲人とを治したことがさほど彼らを感動させることはなかったのではないかと考える向きがあるかもしれない。しかし、われわれは、彼の聖なる任務は奇跡に富んではいるものの、それらのほとんどがガリラヤ付近やエルサレムから遠く離れた地方で行われたものであったことを想起しなければならない。かの町〔エルサレム〕で行われたもので記録に残されている奇跡が一つだけあるが、『ヨハネによる福音書』第五章一六節にあるように、それは非常な不評を買って、人々はそのために彼の命をねらうことになったものであった。そのために、われわれは、彼が次の過越祭のときにはそこ〔エルサレム〕にはいなかったと聞かされるのであるが、それは、彼が、平凡な一ユダヤ人として密かにそこにいたからであった。彼がそうした理由は、『ヨハネによる福音書』第七章一節にある「この後、イエスはガリラヤをめぐり歩いていた。つまりユダヤをめぐり歩こうとはしなかったのである。ユダヤ人たちが彼を殺そうと狙っていたからである」から読み取ることができるであろう。

このことから、われわれは、聖ヨハネが、洗礼を受けてから三度目の過越祭の折にイエスがエルサレムにいたことに言及しなかった理由を推測することができるであろう。それは、おそらく、彼がそこでは何か記憶に値するようなことをしなかったからである。事実、彼は、彼にとって最後となったこの過越祭にわずかに先立つ仮庵祭にでかけた折に生まれながらに盲目の男を癒したが、しかし、それは、エルサレム自体において行われたのではなく、彼がオリーブ山へと退いて行く途中で行われたように思われる。というのは、彼がそれを行ったとき、側には使徒たち以外誰もいなかったように見えるからである。この点については、『ヨハネによる福音書』第九章の二節を八節、一〇節と引き比べていただきたい。彼が、この盲目の男を癒したのも、一二ヶ月以上も前にエルサレムで他の病弱の男を癒したのも、いずれも、律法学者、ファリサイ派の人々、祭司長たちあるいは指導者たちの面前では行われなかったということは、少なくとも注目すべきことである。彼の聖なる任務の初期の段階において、彼が彼らに対して自分がメシアであることを示すことに慎重だったことには理由がないわけではなかった。しかし、今や彼は、その生涯の最後の場面に達しており、過越祭が、死と復活とにおいて彼がそのために来臨した仕事を完成させるべき約束の時をもたらしたので、彼は、ほかならぬエルサレムにおいて、律法学者、ファリサイ派の人々、ユダヤの民の全集団の面前で自らがメシアであることを明らかにするために多くのことを行ったのである。そして、『ルカによる福音書』第一九章四七節、四八節で聖ルカが述べているように、「彼は、日々、神殿〔境内〕で教え続けた。しかし、祭司長たちと律法学者たち、および民の筆頭の者たちは、彼を亡き者にしようと謀り出すのであった。しかし、何をしたらよいか、見いだせなかった。なぜなら、すべての民が、彼〔の話〕を聞くことに熱中していたためである」。彼が何を教えたかについては、われわれは彼があらゆる場所で常に説教していたことによって推測するほかないが、しかし、聖ルカは同書第二〇章一節で、「彼は神殿〔境内〕で民を教え、〔福音を〕告げ知らせていた」、つまり、われわれの翻訳では、「福音を宣べ伝えていた」と語っている。これは、すでに示したように、人々に、メシアの王国の良き知らせを知らせることであった。そして、われわれは、これを、彼が行ったこととして、今日残っている彼の生涯の物語のうちに見いだすであろう。

『ヨハネによる福音書』第一二章二〇節等によると、われわれがこの後の記録に見いだすイエスの最初の説教において、彼は、自分が十字架に架けられること、そして、その後にはユダヤ人であると異邦人であるとを問わず、あらゆる人が彼を信じるようになることを予告している。そこで、人々は、同章三四節にあるように、彼に次のように言う。「われわれは律法から、メシアは永遠に留まり続けると聞きました。それなのにあなたはどうして人の子は挙げられなければならないと言われるのですか。その人の子とはいったい誰ですか[67]」。それへの答えにおいて、彼は自らを光の名で示しているが、これは、彼が、人々に、エルサレムで彼を見る最後のときに自分が何であったかを明らかにしたものであった。というのは、彼は、あるとき、すなわち、それより六ヶ月前の仮庵祭の折に、彼が今いるのと同じ神殿の中で「私は世の光である。私についてくる者は闇(やみ)のうちを歩むことなく、生命(いのち)の光を持つことになる」と彼らに語っているからである。

これは、われわれが『ヨハネによる福音書』第八章一二節で見る言葉であるが、〔同様に〕その第九章五節では、彼は「世にある限り、私は世の光である」と言っている。しかし、ここでも、そして他のいかなる所でも、しかも生涯の最後の四、五日においてすら（彼は、彼の時が来たことを知っており、また、『ヨハネによる福音書』第一二章二七節にあるように死への準備をしていたにもかかわらず、そして、神殿においてユダヤ人の指導者たちの前で奇跡を行うことで彼らに自分がメシアであることを明らかにすることに躊躇しなかったにもかかわらず）、彼は、ユダヤ人たちに対して、自身がメシアであることを一度として直接的な言葉では認めなかった。ただし、彼は、あらゆる所で、奇跡その他の方法によって、ユダヤ人たちに彼がメシアであることが知られ、そう理解されるようなことはしていたのである。

こうしたことが、何の理由もなく起こったわけではない。その場合、イエスがエルサレムに捨てる目的をもってやって来た自分の生命を守ろうとしたということが、その理由であったはずはない。そうだとすれば、次のような理由のほかにその理由はありえたであろうか。すなわち、それは、彼が、そのために来臨した仕事をなし、律法と預言者たちとによってメシアに与えられた性格にあらゆる面で適うように身を処するために、彼に聖なる任務の前半で慎重な振る舞いをさせた理由と同じ理由にほかならない。彼は、自らの任務の時を成就し、今や、捕らえられることを恐れることなく、指導者や人々を前にして、神殿のなかで公然と説教し、奇跡を行ったのである。しかし、彼は、自らを統治権力に対する犯罪者にするようなことのためには捕らえられたくなかったので、自身についての見解の不一致から彼に心を寄せることになった人々に対して自分のために暴動を起こす機会を与えたり、あるいは、彼の敵であるユダヤ人たちに対して、直接的な言葉で自らがイスラエルの王たるメシアであると公言することによって、自分の口から彼を正当に告発させる種を与えたりすることを避けたのである。その（自身がメシアであるという）ことを彼は言葉と行動とによって人々に十分に明らかにしたので、彼らは彼を理解せざるをえなかったし、『ルカによる福音書』第二〇章一九節[68]、『マタイによる福音書』第二一章四五節にあるように、実際に彼らは明らかに理解したのである。しかし、善きことだけを行った彼の行動も、（われわれが『マタイによる福音書』第二一章や第二二章、また、それらに対応する『マルコによる福音書』および『ルカによる福音書』の箇所に見るように）神秘的で譬え話に満ちた彼の言葉も、また、自らがメシアであることを知らせようとした彼のいかなるやり方も、統治権力に反するもの、それにとって危険なものであることが立証されたり、彼への反論を引き起こしたりすることはありえなかったのである。そのために、彼は、悪人として非難されることを免れたのであり、また、彼の裁判官であるローマ総督から、ユダヤの民の妬みの犠牲となった罪なき男という証言を得たのである。それゆえに、彼は、自らがメシアであると語ることを避けたのであるが、それは、彼の復活後に彼の生と死とについて深く考えようとするであろう人々にとって、彼がメシアであることがより明瞭に示されるためであった。

さらに、次のことに注目すべきであろう。すなわち、それは、イエスが、自分が何者であるかの証しをしばしば自身の奇跡に訴えているにもかかわらず、自分に不利になる偏見を取り除くために、ユダヤ人に自らがベトレヘム生まれであると語るということを決してしなかったことである。『ヨハネによる福音書』第七章四一節、四二節にあるように、彼はガリラヤ人として通っており、そのことが、彼がメシアでないことの証拠として主張されていたのである。病人を癒すことも、奇跡によって善きことを行うことも彼の犯罪ではありえず、また、彼への非難にはなりえなかった。しかし、ベトレヘムを生誕の地として名乗ることは、ヘロデ王の心に与えたのと同じ動揺をピラトゥスの心にもたらしたであろうし、ヘロデ王がベトレヘムで生まれた子供たちに対して抱いたのと同じように、ローマ人総督のうちに、われわれの救世主の無実に対する偏見にもとづく疑念を生じさせたであろう。(69) 彼がベトレヘムで生まれたふうに装えば、それは、ユダヤ人たちはそう説明しがちであったので、ピラトゥスの心のうちに悪意ある解釈を引き起こさざるをえなかったであろうし、イエスを、統治権力に対して何か犯罪計画を抱いているという疑惑に間違いなくさらすことになったであろう。それゆえ、われわれが『ヨハネによる福音書』第一九章九節に見るように、ピラトゥスが彼に「お前はどこからのものなのか」と尋ねたときに、「イエスは彼に返事をしなかった」のである。

『ルカによる福音書』第一二章五〇節に述べられているように、イエスが「私には蒙(こうむ)らねばならない洗礼がある。そしてそれが成し遂げられるまでは、私はどんなにか苦悶することか *πῶς συνέχομαι*」と語ったとき、われわれの救世主が、この窮境、すなわち、新たな回心者たちと粗探し(あらさが)をするユダヤ人たちとの間にはさまれて、自分の行動には残されている余地が狭いという窮境に目を向けなかったかどうか、これについては、後で考察することにしよう。〔同章四九節にあるように〕われわれの救世主は「私は地上に火を投じるために来た。そしてそれがすでに燃やされてくれていたならと、どれほど願うことか」と語っているが、これは以下のことを意味する。すなわち、『ヨハネによる福音書』第七章一二節、四三節、第九章一六節、第一〇章一九節からわかるように、私の周りでは、すでに数々の分裂が始まっているということ、私は、メシアであるにもかかわらず、それを公然と明らかにする自由を許されてはおらず、それは私の死後まで語られてはならないこと、私の王座への道は、四方から隙間なく障壁で囲まれていてきわめて窮屈であり、私は、その道が、私を、時間を短縮したり、私の聖なる任務の終了を妨げたりすることなく、然るべき時期に然るべき仕方で十字架へと運んで行ってくれるまで、その障壁の内に留まらなければならないということがそれである。

それゆえ、イエスは、こうした無害の性格を保持し、偶発事件や中傷が及ばないようにするために、毎夕、使徒たちとともに町の外へ退き、街道から外れた人里離れた場所で過ごしたのである。それは、『ルカによる福音書』第二一章三七節に「彼は日中は神殿〔境内〕で教え続け、夜になると、出て行って、『オリーブ』と呼ばれる山で過ごした」とある通りである。[70] これは、過越祭に当たってエルサレムに集まっている全ユダヤの民の大群衆が夜間に彼に合流するのを避け、また、騒乱あるいは彼に対する疑惑を引き起こす機会を彼らに与えないためであった。

しかし、神殿での説教のために戻ったとき、イエスは、『ヨハネによる福音書』第一二章三六節にあるように、ユダヤ人たちに次のように命じている。「自分たちに光のあるうちに、光を信じなさい」。また、同章四六節に述べられているように、彼は、彼らに対して、「私を信じる人が、誰一人として闇の中に留まることのないよう、私は光として〔この〕世に来た」と語っている。ここにある彼を信じるとは、私がこれまで多くの箇所で示してきたように、彼がメシアであると信じることであった。

『マタイによる福音書』第二一章〔二五節―二七節〕にあるように、その翌日、イエスは、彼ら〔祭司長や長老たち〕が、彼をメシアだと証ししていた洗礼者ヨハネを信じなかったと言って、彼らをなじった。それから、彼は、譬え話で、彼が、彼らが滅ぼそうとしている神の子であること、そのために、神は彼らから神の王国を取り上げ、それを異邦人たちに与えることを明らかにした[71]。彼らが、彼の言うことをそのように理解したことは、『ルカによる福音書』第二〇章一六節にある「すると彼らは、〔これを〕聞いて言った、〔そんなことは〕起こってはならぬ」、また、同章一九節にある「なぜなら彼らは、彼がこの譬を自分たちに当てつけて語ったことがわかったからである」から明らかである。

『マタイによる福音書』第二二章一節―一〇節にある天の王国についてのイエスの譬え話も同じ趣旨のものであった。つまり、その趣旨は、メシアの王国を最初に差しだされたユダヤ人たちがそれを受け入れなかったので、そこへは他の人々が導き入れられるであろうということであったのである。

律法学者たち、ファリサイ派の人々、祭司長たちは、イエスが、(『ヨハネによる福音書』第一二章三七節にあるように「彼らの前で行ったἔμπροσθεν αὐτῶν」――以前にはそうしたことをしたことはなかった――説話と奇跡とによって)自分がメシアであることを示したことに我慢できず、彼の宣教と奇跡とを許すこともできないのに、他の方法では彼に従う人々の増加を食い止めることもできなかった(というのは、『ヨハネによる福音書』第一二章一九節に「それでファリサイ派の人々は自分たちの仲間うちで言い合った、看ろ、お前たち〔のやって来たこと〕はなんの役にも立たなかった。見ろ、世を挙げてあの男の後について行ってしまった」とあるからである)。そこで、「祭司長たち、律法学者たち、また、民の筆頭の者たち」は、『ルカによる福音書』第一九章四七節に述べられているように、彼がエルサレムに入る最初の日に「彼を亡き者にしようと謀り出すのであった」。そして、その次の日にも彼らは同じことをしようとした。『マルコによる福音書』第一一章一七節、一八節に、神殿で「彼は教え出し」た。「祭司長たちと律法学者たちはこれを聞いた。そして、なんとかして彼を亡き者にしようと謀り出すのであった」とあるからである。

『ルカによる福音書』第二〇章一九節には、その翌々日、イエスが人々に、メシアの王国が彼らから取り上げられるであろうと語ったのを聞いて、「律法学者たちと祭司長たちは、そのとき彼に手をかけようとしたが、民を恐れた」とある。もし、彼らが彼を捕らえようと強く望んでいたとすれば、彼らはなぜそうしなかったのだろうか。彼らは祭司長であり、支配者であり、権力を持つ者たちであったのにである。聖ルカは、次の節でその理由を次のように明確に述べている。「そして彼らは、〔状況を〕うかがいながら、自ら義人であるふりをする間諜どもを遣わした。〔彼の〕言葉尻をとらえて、彼を総督の当局と〔その〕司法権力とに引き渡すためである」。彼らは、彼らがその下にある権力に対して彼を告発する材料を欲していたのである。そのために彼らは彼を監視したのであり、聖マタイが『マタイのよる福音書』第二二章一五節で述べているように、もし彼らが「言葉尻をとらえて彼を罠にはめる」ことができたなら、彼らは喜んだことであろう。もしも、彼らが、彼の口からもれるどんな言葉であっても、彼を有罪にし、ローマ人総督に嫌疑を抱かせるようなものを何か把握することができたならば、それは、彼を亡き者にしようとする希望の下に彼を捕らえようとした彼らの目的に役立ったであろう。なぜならば、彼らが持つ権力は彼らの敵意とは合致しておらず、『ヨハネによる福音書』第一八章三一節に「私どもには一人たりとも死刑にすることが許されておりません」という〔彼らの〕告白が示すように、彼らは、総督の認可と援助とがなければ、自分たち自身の権威によって彼を死に追いやることはできなかったからである。このことが、彼らに、自らがメシアであるということを彼自身の口から直接的な言葉で告げることを熱望させることになった。

それは、彼らが、イエスが行った奇跡や、彼らも十分に理解していたと思われる彼の自己告知の他の方法によってよりも、彼が自ら言明することによって彼をより信じるようになったということではない。そうではなくて、彼らは、彼を告発するための助けになり、異邦人の裁判官の前で重要性を持つような明確で、直接的な言葉を求めたのである。これが、『ヨハネによる福音書』第一〇章二四節に次のように述べられているように、彼らが彼に口を開かせようとした理由であった。「するとユダヤ人たちが彼を取り囲んだ。そして彼に言い始めた、いつまでわれわれの魂を中途半端にしておかれるのか。あなたがメシアならわれわれにははっきりと（παῤῥησία）「言ってほしい」」。というのは、聖ヨハネがその言葉をそういう意味で使っていることは、直接的な言葉でわれわれは同書第一一章一一節―一四節〔の以下のような記述〕から理解することができるからである。イエスは、彼らに「ラザロは眠りについてしまった」と言った。すると弟子たちは「主よ、眠りこんでいるのなら、助かるでしょう」と言った。「イエスは彼の死について話したのだが、この人たちは睡眠という〔通常の〕眠りのことを言っていると思ったのである。そこでイエスは彼らに今度ははっきりと（παῤῥησία）」、つまり直接的な言葉で「言った、ラザロは死んだ」。ここで、われわれは、παῤῥησία によって、ものごとを、比喩を用いることなしに表現するような平明で直接的な言葉が意味されていることを知るのである。それゆえに、彼らは、イエスに自らがメシアであるということを言わせたかったのである。そして、『マタイによる福音書』第二六章六三節にあるように、彼らは彼に同じことを再度強いたのであった。すなわち、大祭司が、彼に対して、活ける神の名において、彼が神の子メシアであるかどうかを彼らに言えと命じたのである。この点については、やがて、取り上げる機会があるであろう。

このことは、イエスの命を奪おうと企図する彼らの全術策から看取されることである。それは、すべて次のことにかかっていた。すなわち、彼らは、彼から、自らがメシアであるということの直接的な言葉による言明を引きだし、彼の口から、ローマの権力に背くことになり、彼をピラトゥスにとって罪人とするような何かを言わせることを望み、願ったのである。『ルカによる福音書』第二〇章二一節〔および二二節〕には次のように書かれている。「そして彼らは彼に尋ねて言った、先生、私どもはあなた様がまっとうなことを語られ、教えておられること、また外観でえこひいきなさらず、真実に神の道を教えておられることを存じ上げております。〔ところで〕私どもがカエサルに税を払うことは許されているのでしょうか」。この意地の悪い質問によって、彼らは、彼がどんな答えをしても彼をわなにかけられると期待したのである。というのは、まず、もしも彼が彼らにカエサルに税を払うべきであると言ったとすれば、それは、明らかに彼らがローマ人に服従していることを彼が認めたことになり、その結果、彼が彼らの王であり、救済者であることを自ら否認することになってしまい、それにより、彼は、彼の一連の行動と教えとが目指してきたように思われること、すなわち、人々の間に広がっていた彼はメシアであるという評価を自ら否定することになるからである。これは、彼を信じてきた人々の希望を捨てさせ、彼らの信仰を失わせて、人々の耳と心とを彼から離反させることになったであろう。

反対に、もしもイエスが税を払うべきではなく、カエサルに税を払うことは不法であると答えたとすれば、彼らは、ポンティウス・ピラトゥスの前で彼を非難する手段を彼自身の口から得たことになったであろう。しかし、聖ルカは、『ルカによる福音書』第二〇章二三節で、「彼は彼らの悪巧みを見抜き、彼らに対して、あなたがたはなぜ私を試みるのかと言われた(72)」、すなわち、なぜあなたがたは私をわなにかけようとするのかと言われたと語っている。そして、〔『マタイによる福音書』第二二章一八節―一九節には〕「偽善者どもよ。人頭税の貨幣を私に見せよ」〔と彼は言った〕とあり、さらに、同章二〇節では、「これは誰の像か、また誰の銘か。彼らは彼に言う、カエサルのです。そのとき彼は彼らに言う、だから、カエサルのものはカエサルに返せ、しかし神のものは神に〔返せ〕(73)」と述べられている。こうした予期しえなかった答えの叡智と注意深さとによって、彼は彼らの全企図を打ち破ったのである。『ルカによる福音書』第二〇章二六節に「彼らは、民の面前で彼の言葉尻をおさえることができず、〔かえって〕彼の答えに驚き、黙してしまった」とあり、また、『マタイによる福音書』第二二章二二節に、彼らは「彼を残して立ち去って行った」とある通りである。

こうした答え（および、『マルコによる福音書』第一二章に述べられている復活をめぐるサドカイ人への、また最上位の律法に関する律法学者への返事）による彼の応答は、彼らの意図に適ったり、彼らの利点になったりすることがほとんどなかったので、彼らのうちの誰かが敢えてイエスにそれ以上の質問を浴びせるということはなかった。そして、今や彼らの口が封じられたので、彼自身がメシアについて彼らに問い始め、『マタイによる福音書』第二二章〔四二節〕にあるように、ファリサイ人たちに次のように尋ねた。「あなたたちはメシアについてどう思うか。彼は誰の子か。彼らは彼に言う、ダビデの子である[74]」。そこでは、彼らは正しく答えたのだが、彼は、続く言葉によって、彼らが律法の研究者であり教師であるといかに装っても、彼らは、メシアに関して聖書を明確には理解していないということを示すのである。そして、彼は、そこで、彼らの偽善性、虚栄、高慢さ、悪意、貪欲さ、無知を痛烈に非難し、『マタイによる福音書』第二三章一三節に記されているように、彼らに対して特に次のように告げたのである。「お前たちは、人々の前で天の王国〔の扉〕を〔鍵で〕閉じてしまう。お前たちは自ら入ることをせず、入ろうとする者たちをも入らせないからである」。これによって、彼が彼らにはっきりと言明しているのは、メシアが来臨し、彼の王国が始まったこと、しかし、彼らは、彼を信じることを自ら拒否しているだけではなく、新約聖書全体を通じて明らかなように、手を尽くして他の人々が彼を信じることを妨げていることである。この物語は、ここで、律法学者やファリサイ人が自ら入ろうともせず、他の人が入るのを容赦しもしない「天の王国」が何を意味するかを十分に説明している。そして、その場合、彼自身は〔メシアであることを〕名乗ることはしなかったが、彼らは、彼〔がメシアであること〕を理解せざるをえなかったのである。

イエスの非難に改めて立腹した彼らは、『マタイによる福音書』第二六章〔三節―五節〕に次のようにあるように、直ちに相談した。「そのとき、祭司長たちと民の長老たちとは、カヤファと言われる大祭司の館に集まった。そして、策略をもってイエスを捕らえ、かつ殺すために協議した。しかし彼らは言った、祭りに〔なってからで〕は駄目だ。民の中で暴動が生じたりしないためだ(75)」。聖ルカが『ルカによる福音書』第二二章二節で語っているように、「彼らは、民を恐れていたからである」。

ユダの裏切りによって、夜中にイエスを自分たちの手に捕らえると、彼らは、彼を直ちに大祭司カヤファの義父であるハンナスの下に引いて行った。ハンナスもイエスを取り調べたはずなのに、イエスの口から自分の目的に適うことを何も引き出すことができなかったので、〔『ヨハネによる福音書』第一八章〕二四節にあるように、〔今度は〕カヤファの所に送った。『マタイによる福音書』第二六章五七節、『ヨハネによる福音書』第一八章一三節によると、そこには祭司長、律法学者、長老たちが集まっており、『ヨハネによる福音書』第一八章一九節には、そこで、「大祭司は、イエスに、その弟子たちについて、また彼の教えについてたずねた。イエスが彼に答えた、私は世に対し、公然と語ってきた。私はいつもすべてのユダヤ人たちが集まる会堂や神殿〔境内〕で教えた。ひそかに語ったことなど何もない」と述べられている。これは、彼が、弟子たちに対して、自分がメシアであり、王であるとひそかに明白な言葉で告げたことなどなかったことの証拠にほかならない。しかし、彼は、「なぜ、私にたずねるのか」、いつも自分とともにあった「ユダ」にたずねよと言葉を続けた。〔『ヨハネによる福音書』第一八章二一節に〕「私が人々に何を語ったかは、聞いてきた人々にたずねなさい。この私が話したことは、ほら〔そこにいる〕この人たちにはわかっている」とある通りである。われわれがここで認めるのは、われわれの救世主が、上に述べた理由から、自分の教義についての話をすべて注意深く断わられたことである。『マタイによる福音書』第二六章五九節によると、最高法院は「イエスを殺そうとして、彼に不利な偽証を探していた」。しかし、彼らは、十分な偽証、彼の命を奪うほどに彼に不利な何かを含んでいて彼らの期待と合致する偽証(というのは、『マルコによる福音書』第一四章五六節にある *ἴσαι*、五九節にある *ἴση* という言葉はそういう意味であると思われるからである)を見つけられなかった。

そこで、彼らは、イエスがメシアであるということに関連して、彼から引きだすことができる何かがないかをもう一度審理するのである。もしも、彼が、明確な言葉でメシアであることを自ら認めたならば、彼らは、ローマ人の総督の法廷において、彼を大逆罪[76]とし、その命を奪うために彼に十分に不利に働くものを手に入れることになると考えていたのである。それゆえ、彼らは、『ルカによる福音書』第二二章六七節にあるように、彼に「もしお前がメシアなら、われわれに〔そう〕言え」と言うのである。否、聖マタイが〔『マタイによる福音書』第二六章六三節で〕述べているように、大祭司は、彼に、活ける神にかけて、彼がメシアであるかどうかを彼らに言えと命じたのである。〔『ルカによる福音書』第二二章六七節―六八節にあるように〕それに対して、彼は、「もし私があなたたちに言っても、あなたたちは決して信じまい。また、私がたずねても、あなたたちは決して答えず、また私を決して離さないであろう[77]」と返答したのである。つまり、もし私があなたがたにメシアであることを話し、天から私に与えられた証明と、私があなたがたの間で行った業とによって私がメシアであることをあなたがたに証明したとしても、あなたがたは、私がメシアであることを信じないであろうというのである。あるいは、もし私が、あなたがたに、メシアはどこで生まれるはずであるか、彼はいかなる状態で来臨するのか、彼はどんなふうに現れるのかを、そして、そのほか、私にあってメシアとは両立し難いとあなたがたが考えるものごとについて尋ねたとしても、あなたがたは、私に答えることも、また、私を、メシアの振りをしているわけでもなく、またメシアとして受け入れられる恐れもない者として手放すこともないであろうというのである。

しかし、〔『ルカによる福音書』第二二章六九節に記されているように〕〔イエスは〕私はあなたがたに告げるとして「今後、〈人の子〉は神の力の右に座しているだろう」と語っている。続く七〇節には、「すると全員が言った、それでは、お前は神の子か。すると彼は彼らに対して言った、私がそうだとは、あなたたちの言うことだ」とある。聖ルカによってここに詳細に述べられている彼らとのこの会話によって明らかなことは、聖マタイが『マタイによる福音書』第二六章六四節で「それはあなたが言ったことだ」という言葉で述べ、聖マルコが『マルコによる福音書』第一四章六二節で「私〔がそれ〕だ」という言葉で述べたわれわれの救世主の答えが、「それでは、お前は神の子か」という問いだけへの答えであって、それに先立って彼が以前に答えていた「お前はメシアか」という問いへの答えではないということである。マタイとマルコとは、二つの問いの間にある話をすべて省略して、あたかも一つの質問だけがなされたかのようにそれらを一つの話に縮めてしまったのである。しかし、それにもかかわらず、聖ルカの言うように、それらは二つの別々の問いであり、それらに対してイエスが別々の答えをしたことは明らかである。最初の答えにおいて、彼は、いつものように注意深く、明確な言葉で自らがメシアであると語ることを断った。しかし、後者の答えにおいては、彼は、自身が神の子であることを認めたのである。彼らはユダヤ人であったから、神の子であるという答えがメシアであるということを意味することを理解していたが、彼は、それが、異邦人たちの前では、彼に対する法的な、また重大な告発の対象にはならないことを知っており、実際にその通りであった。その理由は次の点にある。

「それでは、お前は神の子か。私がそうだとは、あなたたちの言うことだ」とイエスが答えると、『ルカによる福音書』第二二章七一節に記されているように、彼らは、「われわれはどうしてこれ以上証拠が要るだろうか。なぜなら、われわれ自身が彼の口から聞いたからだ」と叫び、彼に不利になるものを十分に手に入れたと考えて、彼をピラトゥスの下へ急いで連行した。『ヨハネによる福音書』第一八章二九節―三二節にあるように、ピラトゥスが彼らに「この人に〔対して〕どんな告訴を持ち込むのか」と尋ねると、「彼らは答えて彼に言った、この〔男が〕悪事を働いていなかったとすれば、閣下に彼を引き渡すことはしなかったでありましょう」。そこで、ピラトゥスは彼らに「お前たちが自分で彼を引き取れ。そして自分たちの律法に従って彼をさばくがよい」と言った。しかし、イエスの命を狙っており、それ以外のことでは満足しそうにはなかった彼らにとっては、これでは役に立たなかった。それゆえ、「ユダヤ人たちは彼に言った、私どもには一人たりとも死刑にすることが許されておりません」。そして、これは、「〔自分が〕どのような死に方で死ぬことになるかを示そうとして述べた、イエスのことばが満たされるためであった」。そこで、彼らは、『ルカによる福音書』第二三章二節によると、ポンティウス・ピラトゥスの眼に彼がカエサルに対する大逆罪を犯しているように映らせるという計画を遂行して、「彼を訴え始めて言った、われわれは、こいつがわれわれの国民(くにたみ)をさんざ惑わし、カエサルに税を払うことを禁じ、自らが王メシアであると言っているのを見とどけました[78]」。これらはすべて、彼が自分は神の子であると言ったことから彼らが推論したことであり、ポンティウス・ピラトゥスはそれを見抜いていた（これは、彼が、イエスの語ったことの一言一言まで吟味していたことと一致する）ので、彼らの非難はピラトゥスにとっては重みを持つものではなかった。

しかし、王という名がイエスの意に反して示唆されたので、ピラトゥスは気になって、それを自ら徹底的に調べようと考えたのである。その点については、『ヨハネによる福音書』第一八章三三節―三七節に次のように記されている。「そこで、ピラトゥスは再び本営に入り、イエスを呼び出して、彼に言った、お前がユダヤ人どもの王なのか。イエスは答えた、それはあなた自身から言っているのか、それとも他の人たちが私についてあなたに言ったのか。ピラトゥスが答えた、まさか私がユダヤ人〔だと思っているわけ〕でもあるまい。お前の同胞と祭司長たちがお前をこの私に引き渡したのだ。いったい何をしでかしたのだ。イエスが答えた、私の王国はこの〔世から〕のものではない。仮に私の王国がこの世からのものであったなら、私の下役たちが、私がユダヤ人たちに引き渡されないようにと闘っていた〔ことであろう〕。しかし実際には、私の王国はこの世界のものではない。すると、ピラトゥスが彼に言った、それでは、〔やはり〕お前は王なのだな。イエスが答えた、あなたの方が、私を王だと言っている。私は真理のために証しをするため、そのために生まれたのであり、そのために〔この〕世に来ている。真理からの人は皆、私の声を聞く」。われわれの救世主とピラトゥスとの以上の対話から、われわれは次のことを知ることができるであろう。

1　イエスは、ユダヤ人たちの王であるかと尋ねられたとき、彼はそうだと答え、それを否定しなかったにもかかわらず、政治的支配への何らかの企図を持っていることの形跡をいささかでも与えることは避けたこと。なぜならば、彼は自分が王であることを自任はしていたが、いかなる嫌疑をも防ぐために、ピラトゥスに「自分の王国はこの世のものではない」と言い、それを、次のようにして証明したのである。すなわち、もしも自分が〔ユダヤの〕国の王位を望んでいたとすれば、数も多く、進んで彼を王であると信じていた彼の随順者たちは彼のために闘(たたか)ったであろうし、また、力によって自らを打ち立てたり、自分の王国を力によって樹立しようとする気が彼にあったなら、彼らはやはりそうしたであろうと言ってである。つまり、彼は、しかし、私の王国はこの世からのものではなく、この世にあるあり方のものでも、この世の場所にあるものでもないと語ったのである。(79)

2 ピラトゥスは、イエスの言葉と周囲の状況とから、イエスには自分の治める属州へのいかなる権利要求もなく、また、政治的支配を混乱させようとする意図も持っていないことに満足したが、貧しい衣装の一人の男が、従者の一団も連れず、また召使いや友人さえもないのに、自らを王だと認めたのを聞いていささか驚いたこと。それゆえ、ピラトゥスは彼に「それでは、〔やはり〕お前は王なのだな」と尋ねたのである。

3 われわれの救世主は、彼がこの世界に来た偉大な仕事は、彼が王、すなわち、換言すれば、彼がメシアであるという一大真理を証しし、実証することだと明言していること。

4　真理に従い、真理と幸福との道に入る者は誰であっても、彼は王たるメシアであるという彼に関する教えを受け入れたこと。

このように、イエスが、それがいかなるものであれ王であると主張しても、何らかの害をなす意図もなく、また何かの害が起こりそうもないことに満足したピラトゥスは、『ヨハネによる福音書』〔第一八章〕三八節にあるように、ユダヤ人たちに「私は彼のうちになんの罪状も見いださない」と告げた。しかし、『ルカによる福音書』第二三章五節に述べられているように、ユダヤ人たちはますます激怒して「こいつは、ユダヤの全土で教え回りながら、民を煽動(せんどう)しているのです。それも、ガリラヤから始めてここにまで至ったのです」と言った。そこで、ピラトゥスは、彼がヘロデ王(80)の司法管轄(81)の下にあったガリラヤ出身であることを知って、彼をヘロデのところへ送った。同章一〇節にあるように、このヘロデに対しても、「祭司長たちと律法学者たち」は「激烈に彼を訴えた」のである。ヘロデは、彼らの告発がすべて虚偽であるか、あるいは取るにたりないものであるかを理解したので、われわれの救世主を単なる侮蔑の対象としてしか考えず、彼をなぶりものにしただけで、再びピラトゥスの下へ送り返した。すると、ピラトゥスは、自分のところへ祭司長たちと指導者たちと民衆とを招集し、『ルカによる福音書』第二三章一四節〔および一五節〕にあるように、「彼らに対して言った、お前たちは、この人物が民を惑わす者だとしてわしのところへ連れて来た。しかし見よ、このわしはお前たちの面前で尋問してみたが、この人物においては、お前たちが訴えているような罪はなんら見いだせなかった。またヘロデもそうだ。彼をわしらのもとへ送致して来たからだ。そこで見よ、彼は死に価するようなことは何もしておらぬ」。それゆえ、彼はイエスを釈放しようと思った。『マルコによる福音書』第一五章一〇節に述べられているように、「というのも彼は、祭司長たちが妬みのゆえにイエスを引き渡したのを承知していた」からである。そして、彼らがバラバ(82)の方を釈放するよう求め、イエスについては「十字架につけろ」と叫んだとき、『ルカによる福音書』第二三章二二節によると、ピラトゥスは「三度目に彼らに対し」て「では、この者はどんな悪事を働いたのか。わしはこの者には、死に価する罪はなんら見いだせなかった。したがってわしは、鞭打った後、彼を釈放してやろう」と「言った」。

われわれは、ユダヤ人たちによる以上のような告発のすべてから次のことを看取することができる。すなわち、それは、イエスの口から明確な言葉で自分はメシアであるということを聞きだしたいという彼らの願いが、どんなに技巧を弄し、どんなに努力を払ってもかなわなかったということである。彼らが彼の不利になるものとして申し立てたその他のすべてのことも、ピラトゥスの前では、彼がユダヤ人の王であると主張したり、あるいは、彼が人々の間に暴動や反乱を引き起こす原因を作るか、それに結びつく何かをしたりしたということを証明するには十分ではなかったので(というのは、われわれが知っているように、彼らの告発はこれら二つに向けられていたからである)、ピラトゥスは何度となく、彼は無実であると申し渡したのである。なぜなら、ピラトゥスは、『ヨハネによる福音書』第一八章四節および六節に記されているように、彼を鞭打ってから彼を彼らのところに引きだして、四回も五回も彼は無実だと告げたからである。そして、『マタイによる福音書』第二七章二四節にあるように、結局のところ、「ピラトゥスは、事態の収拾がつかず、むしろ暴動になると見てとり、群衆の前で水を取って両手を洗い、言った、この者の血には、私は責任がない。お前たちが勝手に始末せよ」ということになったのである。このことは、われわれの救世主が、彼の聖なる任務の全行程において、弟子たちに対して、ましてやユダヤ人の群衆や指導者たちに対して、明確な言葉で自らが王たるメシアであるとは告げないように注意深く、また慎重な行動をとったことの明らかな理由をわれわれに与える。また、彼が、なぜ預言的で寓話的な言葉によって身を守り(彼と彼の弟子たちはただ神の王国、すなわちメシアの王国が来るということしか宣教していない）、自分が何者であるかを告げるのをなぜ奇跡に委ねたかの明らかな理由をもわれわれに与える。もっとも、『ヨハネによる福音書』第一八章三七節で彼自身が語っているように、〔彼が宣教した〕そのことこそが、彼が証しするために世に現れ、弟子たちが信じるべき真理であった。

『ヨハネによる福音書』第一九章六節には、ピラトゥスが、イエスが無実であることに満足して彼を釈放しようとしたとき、ユダヤ人たちは、「彼を見ると、十字架につけろ、十字架につけろと言って叫んだ。ピラトゥスが彼らに言う、お前たちが自分で彼を引き取って、十字架につけろ。私は彼に罪状を見いださないのだ」と述べられている。それをうけて、ユダヤ人たちは、彼が神の子であると称していると申し立てることによって彼を国事犯に仕立て上げることができなかったので、彼らの律法によればそれは死罪に当たると〔ピラトゥスに〕答えた。同章七節に「ユダヤ人たちが彼に答えた、われわれには律法がある。その律法によれば、死ななければならない。自分を神の子だとしたのだから」とある通りである。つまり、自分は神の子であると言うことによって、彼は、自らを、来臨するはずになっている預言者たるメシアにしたからというのが〔死罪に当たるとされた〕その理由であった。なぜなら、われわれが、そうした律法を見いだすのは『申命記』第一八章二〇節にある偽りの預言者に対するものだけになのだが、それに

よれば、「自らを神の子とすること」は死に値するとされていたからである。(83)

その後も、ピラトゥスはイエスを釈放しようとさらに望んだのだが、〔『ヨハネによる福音書』第一九章〕一二節、一三節にあるように、「だが、ユダヤ人たちが叫んだ、〔次のように〕言って、この男を釈放すれば、お前は皇帝の友ではない。自分を王とする奴は皆、皇帝に逆らうのだ」。ここで、われわれは、彼らが、それによってイエスの命を奪うことを期待して彼にかけた嫌疑の力点が、彼が「自分を王とした」ことにあったことを理解するのである。われわれは、また、彼らが何を根拠としてその嫌疑をかけたかを知るのであって、それは、彼が「神の子」であることを自任していたからであった。というのは、彼は、彼らが聞いているところでは、自らを王であると言ったり、公言したりしたことは決してなかったからである。ここでわれわれは、同じように、彼らが、彼自身の口から、自分はメシアであるとの明確な言葉による告白を引きだすことを切望した理由を理解することができる。すなわち、それは、彼がそう告白したという明白な証拠となるようなものを彼らが手に入れるためであった。そして、最後にわれわれが理解するのは、彼が、彼らにもわかる表現でメシアであることを自ら認めたにもかかわらず、彼らに対して、ピラトゥスの法廷では犯罪とみなされるような言葉でそう宣言することをなぜ避けたかということである。たしかに、彼は、ユダヤ人にも理解できるように、自らがメシアであることをはっきりと認めた。しかし、それは、ピラトゥスの理解においては、彼がユダヤの王国に対する権利を主張したり、彼自身がその国の王となることを意図したりしているようには思われない方法によってであった。彼が神の子であると語ったことが彼らの律法で罪になるか否かといったことは、ピラトゥスにとっては別に心を煩わすことではなかったのである。

ティベリウス[84]とその治世とについて、タキトゥス[85]〔がその『年代記』第一巻―第六巻で〕、スエトニウス[86]〔がその『ローマ皇帝伝』三巻、六一巻で〕、セネカ[87]が『仁慈について』第一部第三巻二六章で語っていることを考えてみる人は、われわれの救世主にとって、もし彼が国事犯、叛逆者として死にたくなければ、ローマ人の支配に攻撃的であったり、またそれを少しでも立腹させたりするようなことを行ったり、語ったりしないように言葉と行動とに十分に留意することがどれだけ必要であったかを理解しうるであろう。無実でありながら、その中にある何か尋常でないもののために注目される人間にとって、告発を督励し、叛逆を理由とする処刑によってその治世を満たすほどに警戒心が強く、残虐な王の下にあっては、極度に用心深くあることが必要であった。そうした王の下では、悪気もなく、またほんの冗談で言われた言葉であっても、それが誤解された場合には叛逆とされ、手厳しく追及されて、告発され有罪とされるのと常に同じことになってしまう。それゆえ、われわれが『ヨハネによる福音書』第一九章一二節に見るように、ユダヤ人たちが、ピラトゥスに対して、もしイエスを釈放したらお前は皇帝の友ではない(自らを王とするものは誰であっても皇帝への反逆者であるからである)と言ったとき、ピラトゥスは、彼らに、バラバを取ってイエスを許すかどうかをもはや尋ねることはせず、(自らの良心に反してではあったが)自らの首を守るために、彼を死へと引き渡したのである。

以上のように、賢明で、必要上注意深くなければならなかったイエスの身の処し方についてわれわれに光を与え、またその身の処し方に合致もし、その一部をもなしているもう一つのことがある。それは、彼による使徒の選び方であって、それは、彼の聖なる任務の間、一般的な言葉が許す範囲でメシアの王国を宣言し続けるのに必要な計画と見通しとに正確に合致するものであった。頑迷なユダヤ人たちに対して、彼自身がメシアであるということを公然と、あるいは進んで打ち明けることは適当ではなく、それは、彼の生涯の純粋さ、彼の奇跡の証し、すべてのことの彼に関する預言との一致に注意を払う人々の観察に委ねられたのである。彼がその中に混じって生きた人々は、彼の死後になって彼はメシアであったということがたとえ明白にされるということがなかったとしても、それらの徴候によって彼はメシアであったということを見いだすことになっていたのである。彼の王国は徐々に彼ら〔使徒たち〕に開かれて行くことになっていた。それはまた、彼らにその王国を受け入れる備えをさせるためであり、また、彼がメシアとして為すべき業を行い、彼について旧約聖書において預言され、われわれが新約聖書において彼に割り振られているのを見る独自の役割のすべてを成就するのに十分なだけ、彼が彼らの間に留まることを可能にさせるためであった。

ユダヤ人たちが自分たちのメシアについて抱いていた観念は、彼らの民族(88)を、権力、支配権、豊かさにおいて、彼らがかつて享受していたよりもより高い程度にまで押し上げてくれる有力な現世の王というもの以外のものではなかった。彼らの心を満たしていたのは、栄光に包まれた地上の王国への期待であった。したがって、それは、大工の息子で(彼らが思うには)ガリラヤ生まれの貧しい男が望むべきものではなかったのである。もし、彼がその〔神の王国への望みという〕ことを最初に明言し、その方向に沿って説教を始めたり、彼の王国を明かしたりしていたならば、また、特に彼がそれに、自分は一、二年のうちに十字架の上で恥ずべき死を死ぬであろうと付け加えていたならば、それは、ユダヤ人たちの誰にとっても、否、彼の弟子たちにとってさえ、おそらく耐えられないことであった。それゆえ、彼らは、徐々に真理への備えをさせられて行ったのである。最初に、洗礼者ヨハネが、(ユダヤ人たちがメシアの王国を呼ぶ名称であった)「神の王国」は「近づいている」と彼らに語った。それから、われわれの救世主が来臨し、「神の王国」について、彼らに、ときにはそれは近づいていると語り、ある場合にはそれは来ているると語っているが、しかし、公の説教の場では、彼自身についてはほとんど、あるいはまったく語ることはしなかった。そして、彼の死後、使徒たちと福音書記者たちとが来て、明確な言葉で、彼の誕生、生涯、教義が以前に何を引き起こしたかを教え、良き心情の人々にイエスはメシアであるということを受け入れる準備をさせたのである。

使徒たちの選択は、福音を公にするということの企図と方法とに適ったものであった。選ばれたのは、貧しく、無知で、無学な一団であり、キリスト自身が『マタイによる福音書』第一一章二五節、『ルカによる福音書』第一〇章二一節で述べているように、世故にたけた「智者や賢者」ではなかった。その点では、彼らは単なる嬰児たちであった。彼らは、彼が日常的に行うのを目にした奇跡と、彼が送る何一つ非難すべき点のない生活とによって確信させられて、彼をメシアだと信じる気になったのだと思われる。彼らも、他の人々と同じように、地上における現世的な王国を待望していた。しかし、彼らは、(彼らにその身近くにいるという栄誉を与えた)自分たちの主の言う神の王国が来るであろうということは真理であると得心し、安心したのであろう。しかも、彼らは、律法学者の書をより多く学んだ学者たちや、もっと世慣れた商人たちのようには、神の王国が到来する時期や到来の仕方、あるいは、そこでの席順といったことをさほど知りたがりはしなかったのである。知識や世の渡り方において優れ、賢さを身につけた人ならば、イエスの企図や行動についてもっと細かく詮索せずにはおられなかったであろうし、彼が、王座に登るためにどのような方法や行動を取ろうとしているのか、それに向けてどのような方法が用いられるべきであり、いつ彼らは真剣にそれに取りかかるべきかについて、彼に質問せずにはおられなかったであろう。また、より高位の門地に生まれ、より高度な思想を持ったもっと優れた能力の持ち主たちであれば、彼らは、少なくともその友人や縁者に対して、自分たちの主はメシアであり、彼は、適当な機会が巡って来るまで、そしてすべてが熟するまでは自分を隠しているが、彼らは、ほどなく、彼が、そうした世に隠れた境遇から脱けだし、雲を払って、自分はイスラエルの王である(実際に彼はそうであった)と宣言するのを見ることになるだろうと囁かずにはおられなかったに違いない。

しかし、善良で貧しい人々(であった使徒たち)は、無知で卑賤の身であったために、それとは異なった気質を身につけていた。彼らは、イエスに盲目的な信頼を寄せ、固く彼の命を守り、彼の指令に忠実に歩んだのである。彼が、彼らを福音の宣教のために遣わしたとき、彼は、彼らに神の王国が近づいたと伝えよと命じた。そして、彼らは、彼の命じたことを越えて詳細に立ち入ることなく、また、メシアの王国が来るのを早めようとして、彼の命令に何か自分たちの配慮を加えることもせずに宣教を行ったのである。彼らは、メシアの王国を宣教するに当たって、彼らの主がメシアであると語ったり、それを暗示したりはしなかった。身分が違い、より高い教育を受けた人間ならば、そうすることはほとんど我慢ができなかったことであろう。『マタイによる福音書』第一六章一六節にあるように、彼が自分を誰だと考えているのかと彼らに尋ねたときに、ペトロが「メシア、神の子です」と答えた。すると、彼は続く言葉で、彼自身は彼らにそうしたことを語ったのではないことをはっきりと示し、同時に、同章二〇節に述べられているように、彼に関する彼らのそうした意見を誰かに話すことを禁じたのである。この点について彼らがいかに彼に従順であったかということを、われわれは、福音書記者が、そうしたことに関して公刊したものの中で、彼の死以前に当たるどの箇所においても何も語っていないことからだけではなく、彼らのうちの三人が彼による同様の命令に厳密に従った〔以下の〕ことからも結論することができるであろう。彼は、ペトロ、ヤコブ、ヨハネをある山へ連れて行った。そして、そこにモーセとエリアとが彼のところにやって来ると、彼ら〔三人〕の面前で彼はその姿を変えられたのである。すると、『マタイによる福音書』第一七章九節にあるように、彼は彼らに命じて「〈人の子〉が死人たちの中から起こされるまでは、目にしたことを誰にも言うな」と言った。彼らが、その場合、彼の命令をいかに忠実に守る者たちであったかについて、聖ルカが、『ルカによる福音書』第九章三六節でわれわれに次のように語っている。「彼らは沈黙を通し、当時は誰にも自分たちの見たことを何一つ告げしらせなかった」。

一二人の〔使徒の〕うちの他の人々は、より俊敏な才能を持ち、身分が高いか、育ちが良いかしたので、自分たち自身、または自分たちの能力について何らかの意見を人々に述べようと思えばできたかもしれない。しかし、彼らが、強い関心を持っていることがらについて、自分たちが指図されていることを超えて何か余計なことをすることを容易に控えることができたかどうか、彼らが、人間的な思慮によって、自分たちの主の評判を高めるのに貢献すると考えたり、彼が自分の王国へと進む道を開くものとみなしたりしたことを何も語らなかったかどうかといったことについては、〔皆さんの〕御考察に委ねることにする。また、聖パウロは、次の理由、すなわち、その学識、才能、激しやすい気質によって、われわれの救世主が聖なる任務を果たしている期間よりも、その後の方が使徒としてより適していたのではなかったか、それゆえに彼は、神に選ばれた器ではあったものの、神の叡智によってキリストの復活の後まで召しだされなかったのではないかといったことは、一考するに値することであろう。

私がこうしたことを持ちだすのは、ただ、われわれの贖いの業全体における神の叡智の驚嘆すべき工夫を、神が人間の理性にとって目に見えるように作ってくれた足跡によって追跡できる限りで賛美するための一つの主題としてなのである。というのは、全能の力にとって、すべてのことを直接的で威圧的な意志で行うこと、したがってまた、その目的のために役立つように、あらゆる手段を、たとえそれの性質に反してでも働かせることは容易であるとしても、神の叡智は、何らかの啓示あるいは使命が彼からのものであることを証明する場合を除いて、通常(もし私がそう言ってもよいなら)奇跡を用いることはないからである。(ある真理を確証するために他の仕方が求められるのでない限り)神は、その目的を、常に、本来の性質に従って作動する手段によって達成する。もしそうでなければ、ものごとの順序も証明も混乱し、奇跡はその名称と力とを失い、自然なことと超自然なこととの区別はありえないことになってしまうであろう。

もしわれわれの救世主が、軽率にも、あらゆる場所でユダヤ人たちの怒りに身をさらし、そのたびに、ユダヤ人たちの敵意の奇跡的な停止と、彼らの手からの奇跡的な救出とによって保護されていたのだとすれば、彼の叡智と無実とを理解し、賞賛する余地は残されていなかったであろう。彼にとっては、一度だけ、彼が再び宣教することができないように、彼を断崖から投げ落とそうとしたナザレの人々から逃れたことだけで十分であった。[89]われわれの救世主には、パンを求めて従ってくる群衆がいた。彼らは、彼が行った奇跡を見ただけで、彼を王にしたがったのである。もし彼が、自分が行った奇跡に加えて、明確な言葉で、自分はメシアであり、彼らが解放してくれることを期待する王であると言ったならば、彼には、より多くの追随者ができたであろうし、彼らは、彼を直ちに暴動の頭目に打ち立てようとする大義に熱狂し、また直ちにそうしようとしたであろう。神は、実際には、その奇跡的な影響力によって、そうしたいかなる企てをも、しようと思えば妨げることができたであろう。しかし、もし神がそうしたならば、後代の人々は、当時のユダヤ民族が、王にして解放者たるメシアを待望していたことや、その王であり解放者であることを言明したイエスが、そのことをユダヤ人たちに信じさせるために彼らの間で奇跡を示したとか、自分を信用させ、受け入れさせるに足ることを何か行ったとかということを信じられなくなってしまったことであろう。また、もしもイエスが、彼の下に集まる群衆のところに、自分がイスラエルの王たるメシアであると説くために出向き、それがピラトゥスに証明されたのであれば、神は、ピラトゥスの精神に対する超自然的な影響力によって、ピラトゥスに、彼は無実であると告げさせて、彼を、三年間にわたって、人々に叛逆を公然と勧め、彼らに、彼がダビデの王統を引き、彼らを解放するために来臨した彼らの王たるメシアであると説得することに努めた犯罪人として非難させるようなことはしなかったであろう。しかし、ここで私は、後世の人々は、その話を疑ったり、ピラトゥスからの証言を引きだすために何か細工が行われたと疑ったりしなかったかを尋ねたいと思う。なぜならば、ピラトゥスが、(何の得るところもないのに)騒動のもとになり、治安を乱す恐れが大いにある男を喜んで釈放したり、彼は無実であると宣告し、彼への非難と死罪とを不正としてユダヤ人たちの妬みに帰するほどイエスに好意的であったりしたということはありえないことであったからである。

しかし、今や、祭司長たち、律法学者たち、ファリサイ派の人々の悪意、希望に励まされ、奇跡によって心を奮い立たされた群衆(90)の向こう見ずさ、ユダの裏切り、統治と属州の平穏さとへのピラトゥスの配慮、こういったことのすべてが当然のことながら働くべくして働く中で、イエスは、振る舞いの驚くべき慎重さと、あらゆる行為から看取される並々ならぬ叡智とによってそれらの困難を切り抜け、そのためにこの世に来臨した業を行い、妨げられることなく定められた時一杯まで宣教を続け、聖書が彼について預言したあらゆる点に違(たが)うことなく自らがメシアであることを十分に明らかにしたのである。そして、彼の刻限が来たとき、彼は死を迎えるのだが、しかし、彼を裏切ったユダによっても、彼を論難したピラトゥスによっても彼は罪なくして死んだことが認められたのである。彼自身の言葉を用いるならば、『ルカによる福音書』第二四章四六節には、「〔聖書には〕このように書いてある——キリストは苦しみを受けた[91]」と述べられているからである。そして、われわれは『マタイによる福音書』第二六章五三節、五四節にある聖ペトロへの次の言葉のうちに、彼のすべての行動〔がなぜああしたものだったのか〕の理由と明確な解答とを持っている。「それとも私が自分の父に願って、たちどころに十二軍団以上の御使いたちを私のために備えてもらえないとでも思うのか。〔しかし〕それでは、このように起こらねばならないと〔書いてある〕聖書は、どうやって満たされようか」。

（1） この文中の「徴」はKJ版では「奇跡」となっている。
（2） 原語は prince である。
（3） 『ヨハネによる福音書』第一章四九節にある言葉である。
（4） W版でもHB版でも一二節—一五節となっているが、一三節—一六節が正しいので修正した。
（5） W版でもHB版でも一六節となっているが、一八節が正しいので修正した。
（6） ユダヤ人も弟子たちも理解できなかったこと、それは、『ヨハネによる福音書』第二章二一節にあるように、イエスが神殿を三日で起こすと言っていたのは、実際の神殿についてではなく、「自分の身体という神殿について」であったことである。

(7) この文中にある「このこと」とは、上記註(6)で述べたように、イエスが「自分の身体という神殿について」語っていたことを指す。

(8) 委員会版では「彼の行っていた徴を看て」となっている。

(9) W版では二二節とされているが、二三節が正しいので修正した。

(10) この部分は、ロックがＫＪ版の該当箇所をやや短縮したものになっている。委員会版によると、その節は「さて、過越祭の期間、祭の間中、彼はエルサレムにいた。その間に多くの人々が、彼の行っていた徴を看て、彼の名を信じた」となっている。

(11) ロックはこの箇所の引用に当たって、ＫＪ版にある「キリストと呼ばれるメシア」から「キリストと呼ばれる」という部分を省略している。なお委員会版でも「キリストと呼ばれるメシア」となっている。

(12) 原語は good news である。福音(euangelion, Gospel)とはもともと良き知らせという意味であった。

(13) 『マルコによる福音書』第一章一四節、一五節を指す。

(14) 原語は good tidings である。

(15) この一文の最後の部分は、ＫＪ版では「今にも死にそうだったからである」となっている。

(16) 委員会版にもＫＪ版にもこの言葉はなく、ロックの挿入である。

(17) ロックはＫＪ版のこの部分をかなり圧縮している。

(18) いわゆる山上の垂訓を指す。

(19) 原語は be offended である。
(20) 原語は be scandalized である。
(21) W版では二八節となっているが二一節が正しいので修正した。
(22) ロックは「躓く」と訳したこの箇所に scandalized という英語を当てているが、KJ版では offended となっている。これは、邦語聖書で一般に「躓く」と訳され、KJ版では offended と英訳される言葉がギリシア語〔ラテン語表記〕の scandalon に由来することによると言ってよい。
(23) ここは being offended となっているので、躓いてと訳してもよいであろう。
(24) ロックはこの部分をかなり圧縮している。KJ版でその部分の全文を訳すと「こいつが悪霊たちを追い出しているのではなくて、悪霊たちの首領(しゅりょう)のベエルゼブルによって追い出しているのだ」となる。
(25) ロックが「ナザレ人イエス」とした部分は、KJ版では「ナザレ人イエス・キリスト」となっている。
(26) 原語は morality である。
(27) 原語は civil laws of any country である。
(28) これは、海辺に集まった群衆にはなぜ譬で語るのかという弟子たちの問いへのイエスの答えであり、続く節では、イエスは、より明確に、「このゆえに、私は彼らに譬で語るのである。というのも、彼らは見ても見ず、また聞いても聞かず、悟(さと)らないからである」と述べたと記されている。
(29) 原語は history である。

(30) ロックは、ここでもKJ版ではキリストとなっている部分をメシアと言い換えている。
(31) W版では第一一章六節となっているが、第九章六節が正しいので修正した。
(32) 委員会版では、KJ版で「町から町へ」とされている部分が「村から村へ」となっているが、ここでは文脈を考慮してKJ版に従った。
(33) 『マタイによる福音書』第一〇章七節に、イエスは、一二人の使徒たちに命じて「行って、宣べ伝えて言え、天の王国は近づいた」と語ったとある。
(34) 七二人という説もあり、邦語訳の聖書の多くはそれを採用しているが、KJ版は七〇人としているのでそれに従った。なお、委員会版は七十〔二〕人として両論併記の形を採っている。
(35) 委員会版では「ベトサイダと呼ばれる町に属する荒地」となっており、KJ版では「ベトサイダと呼ばれる町」となっている。ただし、同様の奇跡について記した『ヨハネによる福音書』第六章三節では、委員会版でもKJ版でも「イエスは山にのぼった」とされているので、ロックの念頭にはこちらがあったのかも知れない。
(36) W版、HB版ともに一五節も挙げているが、一四節が正しいので修正した。
(37) これはKJ版から訳出した。委員会版では「アーメン、アーメン、あなたがたに言う、信じる人は永遠の生命(いのち)を持っている」となっている。
(38) ロックは、he つまりペテロにイエスが問うたとしているが、正確には、イエスが問うたのは一二人の使徒たちにであった。
(39) この一文はKJ版から、キリストをメシアに言い換えて訳出した。委員会版では「私たちはあなたが神の聖者であることを信じきっており、そして〔すでに〕知っています」となっている。

(40) ロックは、ここで委員会版に基づいて悪魔と訳し、KJ版でもdevil(悪魔)と訳されている用語にギリシア語のδιάβολοςを当てている。それは、後に出てくるように、ロックが、そのギリシア語を、悪魔よりも「密告者、虚偽を述べる告発者」と訳したほうがよいと考えていたからである。

(41) ロックは、この一節中のペトロの部分に、彼が、イエスから与えられたあだ名で岩を意味するケファ(Cephas)を当てている。

(42) ロックは三四節としているが、委員会版、KJ版とも三三節となっているので修正した。

(43) ロックはこれに二八節も付け加えているが、二七節だけからの引用なので削除した。

(44) HB版によると、ロックはこの後に次の一文を加筆している。「このように、われわれは、『マタイによる福音書』第二〇章二一節では彼の王国と呼ばれているものが、『マルコによる福音書』第一〇章三七節では彼の栄光と呼ばれていることを知るのである」(HB版、六六頁)。

(45) 原語はnationである。

(46) そこには次のように書かれている。「見よ、主のおおいなる恐るべき日が来る前に、わたしは預言者エリアをあなたがたにつかわす」。

(47) ここでもロックはKJ版ではキリストとなっている原文をメシアと言い換えている。なお、この一文の後は「アーメン、私はあなたたちに言う、自分の報いを失うことは決してない」である。

(48) 原語はthe good newsである。言うまでもなく、これは、the good tidingsとともに、福音を指す。

(49) そこでは、イエスが、ユダヤ人たちの殺害計画を避けてユダヤの地ではなく、ガリラヤの地を巡り歩いていたことが記されている。

(50) この部分は、聖書からの忠実な引用ではなく、ロックの要約になっているのでそれに従って訳出した。聖書原文では、例えば、「彼」は「私」になっている。

(51) W版、HB版とも三四節としているが、三五節が正しいので修正した。

(52) ここでもキリストがメシアとされている。

(53) この箇所については、『詩篇』第三六篇八節―九節、『箴言』第一八章四節、『イザヤ書』第四四章三節および第五五章一節等を指すとも考えられるが、ロック自身は指示していないので同定することは難しい。

(54) この部分は、ロックに忠実にKJ版から訳出した。なお、ここで、イエスが人々が「人の子を挙げる時」と言っていることの意味は、例えば、『ヨハネによる福音書』第一二章三二節、三三節に述べられているように、イエスが十字架上に死ぬ時を指す。

(55) ロックが引用するKJ版では、この引用文中の「人の子」は「神の子」となっているが、いずれもイエスを指す。

(56) ロックは二三節としているが、二四節が正しいので修正した。

(57) ロックが英語訳の問題を論じている点を考慮して、KJ版から訳出した。

(58) ここでもロックは「キリスト」を「メシア」と言い換えているので踏襲した。

(59) ロックは四一節も挙げているが、該当しないので削除した。

(60) この文中の民族の原語は nation であり、ユダヤの民あるいはイスラエルの民を、また、場所とはユダヤ人にとっての聖所であるエルサレムを指すと思われる。
(61) この部分はやや複雑である。ロックは、KJ版では Jesus therefore walked no more openly(ちなみに、委員会版でも「それで、イエスはもはやユダヤ人たちの間を公然と歩むことはせず……」となっている)と訳されている部分を、Jesus therefore walked not yet と訳して、ギリシア語の ἔτι を yet と英訳し、それを boldly あるいは open-fac'd と解するべきだとしたのである。
(62) ロックの念頭には、上記註(61)でも述べたように、KJ版で walked no more openly と訳されていることがある。
(63) これは、旧約聖書の『ゼカリア書』第九章九節に書かれている。
(64) この引用にある「ホサンナ」とは、「ああ、救い給え」を意味するヘブライ語・アラム語に由来する祈禱の表現であったが、歓呼の声に変わったという。なお、「主の名において……祝福あれ」は、旧約聖書の『詩篇』第一一八篇二六節、『ゼファニヤ書』第三章一五節からの引用である。
(65) ここでの聖書からの引用については、文章構成上、順序に変更を加えた。
(66) ここでも、聖書からの引用については順序に変更を加えた。なお「嬰児……備えよう」は『詩篇』第八篇二節に書かれている。
(67) ここでもキリストがメシアとされている。
(68) ロックは一六節も挙げているが、該当しないので削除した。

(69)『マタイによる福音書』第二章には、東方の占星学者たちの言う「ユダヤ人たちの王」がベトレヘムで生まれたことを律法学者たちから聞いたヘロデ王が、「ベトレヘムとその地域全体にいる二歳以下の男の子たち〔の命〕をことごとく奪った」とある。
(70) この部分はＫＪ版から訳出した。
(71) これは『マタイによる福音書』第二一章四三節に当たる部分である。なお、ここで異邦人と呼ばれているのは、イエスをメシアだと信じるキリスト教徒を指す。これは、新約聖書ではしばしば見られる表現である。
(72) この部分は委員会版とはかなり異なっているので、ロックに忠実にＫＪ版から訳出した。
(73) Ｗ版、ＨＢ版ともに一九節としているが、委員会版、ＫＪ版ではいずれも二〇節なので修正した。
(74) ここでもキリストがメシアとされている。
(75) ＫＪ版では、カヤファの館に集まった人々に律法学者を加えている。委員会版でも、同じ『マタイによる福音書』の第二六章五七節では律法学者が挙げられている。
(76) 原語は Laesae Majestatis である。これは、英語では lese-majesty、high treason と訳される。
(77) ロックによる以下の説明に配慮して、この一文はＫＪ版から訳出した。
(78) ここでもキリストがメシアとされている。
(79) 原語は title である。
(80) その治世の終わりにイエスが誕生したヘロデ大王の息子でガリラヤを支配していたヘロ

デ・アンティパスのこと。民衆からは「王」と呼ばれていた。

(81) 原語は Jurisdiction である。

(82) このバラバについては、『マルコによる福音書』第一五章七節では「反乱を起こして殺人を犯した叛徒たち」の仲間、『マタイによる福音書』第二七章一六節では「悪名高い囚人」、『ルカによる福音書』第二三章一九節では「都で起きたある反乱と殺人とのかどで獄に投じられていた者」、『ヨハネによる福音書』第一八章四〇節では「強盗」とされている。

(83) この部分に対応する『申命記』の記述は次の通りである。「その預言者が、わたしが彼に語れと命じもしなかったことを不遜にもわたしの名において語ったり、あるいは他の神々の名において語るならば、その預言者は死に至らしめなければならない」。ここにある「わたし」とはいうまでもなくヤハウェを指す。

(84) Tiberius Julius Caesar(前四二年—三七年)。第二代ローマ皇帝。イエスが世に出て活動し、刑死した時期のローマ皇帝である。治世後期に恐怖政治を行ったとして、特にタキトゥスから「悪帝」との批判を受けた。

(85) Cornelius Tacitus(五五年頃— 一二〇年頃)。『ゲルマーニア』『同時代史』『年代記』等の著作で知られるローマ帝国最大の歴史家。

(86) Gaius Suetonius Tranquillus(六九年頃—一四〇年頃)。ローマ帝国の歴史家・文人政治家。

(87) Lucius Annaeus Seneca(前四年—六五年)。ローマ帝国の政治家、詩人、ストア派哲学者。『怒りについて』『人生の短さについて』『幸福な人生について』などの著作がある。

(88) 原語は nation である。

(89) この事件については『ルカによる福音書』第四章二八節—三〇節に述べられている。

(90) 原語は mob である。

(91) 〔聖書には〕は訳者による補足である。

第一〇章

以上のように、われわれを導いてくれる手がかりを得られたので、次に、イエスの生涯の最後の場面において、彼の宣教と行動とがいかにその手がかりと一致するものであったかを考察してみよう。われわれはすでに、彼が、その聖なる任務の前半部分においていかに注意深かったかを考察した。われわれは、彼が最後となった過越祭のためにエルサレムにやって来るまでに、ただ一回しかメシアの名を用いなかったことを知っている。それ以前には、彼の宣教と奇跡とは、エルサレム(彼はここには、いつもきわめて短い間しか留まらなかった)においては、他のどこにおいてよりも少なかった。しかし、今や、彼は祭の六日も前にやって来て、神殿で毎日宣教を行い、律法学者たち、ファリサイ派の人々、祭司長たちの眼前で、盲目の人と足萎えの人とを公然と癒したのである。彼の聖なる任務が最後に近づき、彼の刻限が迫って来たとき、彼は、祭司長たち、長老たち、指導者たち、最高法院が、彼の教義や奇跡のゆえに彼にどれくらいの怒りを覚えているかをもはや意に介さなくなった。彼は、今やエルサレムにおいて、宣教を、公然と、そして大胆に行い、指導者たちや多くの人々が目撃している中で、メシアとしての業を行ったのである。以前の彼は、そこでは注意深く、控え目にしており、また、その場所では、必要以上に人目を引かず、人々の邪魔にならないように気を遣って(つか)いたのにである。今や彼が心にかけたことは、人々が彼について何を考えているかでも、彼に対して何を企図しているかでもなく(というのは、彼は彼らが自分を捕縛することを知っていたからである)、彼に対する告発の格好の材料になったり、あるいは、彼を総督に対する犯罪者にしたりするようなことを語ったり、行ったりしないことであった。しかし、彼は、ユダヤ民族の中で高位を占める人々[1]については容赦することなく、今や、神殿において、彼らの誤りを公然と鋭い口調で非難し、『マタイによる福音書』第二三章にあるように、彼らを一度ならず「偽善者」と呼び、結論的に、彼ら全員を、「蛇」、「蝮(まむし)の裔(すえ)」よりも穏やかな名称では呼ばなかったのである[2]。

律法学者やファリサイ派の人々をこのように厳しく非難した後、弟子たちとともに神殿の向かい側にあるオリーブ山に退き、そこで、神殿の崩壊を預言したとき、『マタイによる福音書』第二四章三節その他に述べられているように、弟子たちが、イエスに「それらのことはいつ起こるのですか。また、あなたの来臨とこの世の終りの際の徴(しるし)は、何なのですか」と尋ねた。それに対して、彼は、「誰もあなたたちをだますことのないように、警戒せよ。多くの者が私の名においてやって来て」、すなわち、私だけのものであるメシアの名と荘厳さとをもって「私こそメシアだと言い、多くの者を惑わすだろう」と答えた。しかし、お前たちは、彼らに欺かれたり、迫害されたりすることによって、私がメシアであるという根本的な真理から遠ざかってはならない。というのは、「多くの者が躓くであろう」し、信仰を捨てるであろうからである。「しかし、最後まで耐え抜く者、その者こそ救われるであろう。そして、王国〔について〕のこの福音が、全世界に宣べ伝えられるであろう」、すなわち、メシアである私と私の王国とに関する良き報せが全世界に広がるであろう。これこそが、彼らが捨てないようにと警告された信仰の偉大で唯一の点であった。そして、これは、『マタイによる福音書』第二四章二三節―二六節および『マルコによる福音書』第一三章二一節―二三節で、両福音書記者によるる「見よ、私は、あなたたちにあらかじめ告げたのだ」、「警戒せよ。私は、あなたたちに一切をあらかじめ告げたのだ」という語勢を強めた言い方とともに、再び説き聞かされているのである。

これは、『マタイによる福音書』第二四章三節にあるように、イエスの「来臨とこの世の終わり」に関する使徒たちの質問に対して語られたものである。というのは、われわれは、〔その生涯の計画を意味するギリシア語の〕*τῆς συντελείας τοῦ αἰῶνος* をそのように翻訳するからである。われわれは、使徒たちがここで、ユダヤ人の観念と話し方とに従ってその質問をしていることを理解しなければならない。なぜならば、われわれが *ὁ νῦν αἰὼν καὶ ὁ μέλλων αἰὼν* を「この世」と「来るべき世」と翻訳するように、彼らは二つの世界を持っていたからである。彼らが言う神の王国あるいはメシアの時を、彼らは、「*ὁ μέλλων αἰὼν* 来るべき世」と呼んだ。それは、彼らが信じるところによれば、「この世」に終わりをもたらし、それから、義とされた者が死者の中から甦って、そのときに生きていたユダヤの民とともにその「新たな世」において幸福な永生を享受するものにほかならなかった。

これらの二つのこと、すなわち、彼の王国の可視的で力強い出現と、この世の終焉とは使徒たちの問いの中では混在していたので、われわれの救世主は、それらを分けることも、それぞれについて別々に答えることもしなかった。しかし、彼は、質問者〔である使徒〕たちには普通に行き渡っていた見解を抱かせたままにしておいて、ユダヤの民に復仇するために、そして、彼らが、メシアが来るまでは永続すると考えていた彼ら自身の「*ὁ νῦν αἰὼν* この世」である彼らの教会、礼拝、政治的共同体を終わらせるために自らが来臨することについて同時に答えたのである。実際に彼らの「この世」はそのように続き、そして終りを迎えたのである。そして、彼は、それに付け加えて、自らの父の栄光のうちに、審判を行って、この世に最終的な終末をもたらし、地上におけるアダムの子孫たちに属する神の特殊な賜物を終わらせるために、最後に自分が来臨することを告げたのである。(3) こうしたことを一緒に付け加えたために、彼の答えは不明瞭なものになり、当時の使徒たちには理解することが難しくなった。また、彼にとって、統治権力に対する反抗の企図を持っているとして告発される覚悟がなければ、彼の王国、エルサレムの滅亡についてより明確に語ることは安全ではなかったのである。なぜならば、彼らの間にはユダがいたし、また、当時、彼とともにいた彼の弟子たちという名の下に使徒たち以外の者が含まれていなかったかどうかを裁決できる人は誰もいなかったからである。それゆえ、われわれの救世主は、『ルカによる福音書』第二一章三一節に「このようにあなたたちも、これらのことが起こるのを見たならば、神の王国が近いことを知れ」とあるように、自らの王国について、それまでずっと用いて来たのと同じように「神の王国」という表現形式で語ったのである。そして、使徒たちとの会話を続ける中で、『マタイによる福音書』第二五章一節に「そのとき、天の王国は〔次のような〕十人の乙女と同じものであると言えるであろう」と述べられているように、彼は同じ表現を用いている。(4) 同章三一節〔および三二節〕にあるように、彼は、それに続くタラントンに関する譬え話の最後に付け加えて次のように述べている。「〈人の子〉がその栄光のうちに到来し、そしてすべての御使いたちが彼と共に〔やって来る〕時、彼はその栄光の座に就くであろう。そして諸国民が彼の前に集められるであろう。そして、彼は、羊の群れを自分の右側に、山羊の群れを左側に据えるであろう。その時王は言うであろう等々[5]」。ここで、彼は使徒たちに対して彼の王国の出現について描写し、そこでは、彼は栄光のうちに王座につく王として現れるとされているが、しかし、それは、異邦人の為政者〔である総督〕にとってはきわめて縁遠く、また理解することもできない方法でなされたので、もしそれが彼に不利なものと申し立てられたとしても、それは、統治権力に対して反抗を企てている野心的な、あるいは危険な男の考えだしたことというよりも、気が狂った人間の夢想と思われたことであろう。彼が意味しようとすることを表現した仕方は預言者的な形式であったので、それが成就されるまではほとんど明白ではなく、理解されることもなかったのである。彼の復活後に使徒たちが彼にした「主よ、イスラエルのために王国を復興されるのは、この時なのでしょうか[6]」という質問からも、彼がそのときに語った王国について彼らが理解していなかったことは明らかである[7]。

以上の話を終えてから、イエスは過越祭のために食事の用意をし、弟子たちと食事をするのだが、その夕食のとき、彼らのうちの一人が彼を裏切るであろうと彼らに告げ、

『ヨハネによる福音書』第一三章一九節にあるように、さらに次のことを付け加えている。「ことが起こる前に、今からあなたがたに言っておく。ことが起こった時に、私が〔それ〕であることをあなたがたが信じるようになるために」。彼は、メシアであるとは口にだして言っていない。ユダも、たとえそうしたいと考えたとしても、彼の不利になるように彼がそうであるとは口にしなかったはずである。とはいえ、彼が一度ならず、*ἐγώ εἰμι*、つまり「私が〔それ〕である」という表現を用いているのはその意味においてであった。そして、それがその意味であることは、『マルコによる福音書』第一三章六節、『ルカによる福音書』第二一章八節から明らかである。これらの両方において、福音書記者たちの言葉は「なぜなら、多くの者が私の名においてやって来て、『*ἐγώ εἰμι* 私こそそれだ』と言うだろう」というものである。われわれは、その意味が、それらに対応する『マタイによる福音書』第二四章五節の次の言葉において説明されているのを見いだすであろう。「多くの者が私の名においてやって来て、『*ἐγώ εἰμι ὁ Χριστός* 私こそキリストだ』と言うだろう」。ここ、すなわち『ヨハネによる福音書』第一三章〔二一節〕で、イエスは、使徒たちに対してそれ以前に語っていた彼の死と苦痛とに関する多くのことがらの預言に付け加えて、彼に起こることになっていること、すなわち、彼はユダに裏切られることになっていることを預言している。そして、ここで彼は、こうした預言をすることの理由が、それによって、後に、使徒たちの信仰が堅くなるためであることを彼らに告げたのである。では、彼は、何を彼らに信じさせ、また信仰において何を確信させたかったのだろうか。それは、ὅτι ἐγώ εἰμι、つまり「彼はメシアであった」ということ以外のものではありえなかった。同様の理由を、彼は、『ヨハネによる福音書』第一四章二八節〔および二九節〕で次のように述べている。「私があなたがたに『私は往くが、あなたがたのもとに来る』と言ったのをあなたがたは聞いた。ことが起こる前に、今、あなたがたに話しておいた。ことが起こるとき、あなたがたが信じるようになるために(8)」。

ユダが彼らのところを去って出て行くと、イエスは、彼の栄光と王国とについて、以前よりはやや自由に使徒たちに語った。というのは、彼は、『ヨハネによる福音書』第一三章三一節〔および三二節〕で、彼自身と彼の王国とについて今や次のように明確に語っているからである。「さて、彼(ユダ)が出て行くと、イエスは言う、今、人の子が栄光を受け、彼において神が栄光を受けた。〔彼において神が栄光を受けたなら、〕神も自らにおいて〔人の子〕に栄光を与えることとなる。それもただちに彼に栄光を与えることとなる」。また、『ルカによる福音書』第二二章二九節〔および三〇節〕では、次のように述べられている。「そこでこの私も、私の父が私に王国を委ねられたように、あなたたちに王国を委ねる。そうすればあなたたちは、私の王国において、私の食卓で食べたり、飲んだりすることができるようになるだろう」。彼は、その聖なる任務の期間中、あらゆる場所で「王国の福音」について、また、悔い改めや善き生の諸義務について宣教したが、それは、常に、「神の王国」、「天の王国」という表現を使ってであって、私は、彼が、今までに、どこかで「私の王国」のような表現を用いていることを思いだすことができない。しかし、彼は、今ここにおいて、第一人称で「私があなたがたに王国を委ねる」とか「私の王国において」と語っており、われわれは、それが、ユダがもはや彼らから去ったので、残る一一人〔の使徒たち〕のみに対するものであったことを知るのである。

今、イエスは、後に残して行こうとしている一一人と長い話をするが、それは、彼を喪うことに対する慰めを与え、世の迫害に備えさせ、戒律を守り、相互に愛し合うように戒めるためであった。そして、人は、もし、彼がすでに説き、使徒たちがすでに信じていたこと、すなわち、「彼はメシアであった」ということ以外に彼らに信じることが求められる何かがあったとすれば、ここで、そうしたすべての信仰箇条が明確に記されるはずであると期待してもよいであろう。〔しかし〕『ヨハネによる福音書』第一四章一節に「神を信じ、また私を信じなさい」とあり、同章二九節に「ことが起こる前に、今、あなたがたに話しておいた。ことが起こる時、あなたがたが信じるようになるために」とあるように、〔求められたのは〕ただ、ひたすらに彼を信じることであった。『ヨハネによる福音書』第一六章三一節には「イエスが彼らに答えた、今、信じているのか」とあるが、これは、同章三〇節にある彼らの次のような告白への答えであった。「あなたにすべてのことがわかっており、誰もあなたにたずねる必要のないことが、今は私たちにわかっています。それで、私たちは、あなたが神から来られたことを信じます」。『ヨハネによる福音書』第一七章二〇節には「この人たちのためだけでなく、彼らの〔宣教の〕ことばを仲介として私を信じるようになる人々のためにもお頼みします」とある。弟子たちに対するイエスの最後の説教において「信じること」について言われていることのすべては、ただ、「彼の言うことを信じる」あるいは「彼が神から来たこと」を信じるということであり、これはつまり、彼はメシアであると信じることにほかならなかった。

たしかに、われわれの救世主は、『ヨハネによる福音書』第一四章九節で、「フィリッポス、私を見てきた人は、父を見てきたのだ[9]」と語っている。そして、続く一〇節で、それに、「私が父のうちにおり、父が私のうちにいることを、あなたは信じないのか。私があなたがたに話している言葉は、私自身から語っているのではなく、父が私のうちに留まっていて、その業を行っているのである」と付け加えている。前の九節の「父を見せて下さい」というフィリッポスの言葉に対する返答の中にあるこの言葉は、「誰も、いかなるときにも神を見たことはない」、神はその業によってしか知られないというのと同じことを意味しているように思われる。そして、また、それは、あなたがたは、神が私の父であり、私は神の子、つまりメシアであるということを私が行った業から知ることができるが、しかし、その業を私一人で行うことは不可能であって、私の父なる神と私とが一つに結ばれていること[10]によってそれは可能なのであるということを意味している。なぜならば、彼が、神のうちにあり、神が彼のうちにあるということによって、神が彼のうちで、そして彼によって働くという神との結合を意味していることは、上に引用した一〇節からの言葉(これは、それ以外に取るとほとんど首尾一貫した意味にならない)によってだけではなく、すぐその後の二〇節でわれわれの救世主が再び使っている次のような同じ言葉からもうかがうことができるからである。「その日」すなわち、彼の復活後に彼らが彼を見るときに「あなたがたは知るであろう。私が自分の父のうちにおり、あなたがたが私のうちにおり、私もあなたがたのうちにいることを」。つまり、これは、私が父から受けた力を通してあなたがたが行うことを可能にする業によってということ、その業を私が行うのを見る人は必ずや私のうちにいる父を認め、あなたがたがそれを行うのを見る人は必ずや私があなたがたのうちにいることを認めるということなのである。それゆえに、彼は一二節で次のように述べるのである。「アーメン、アーメン、あなたがたに言う。人が私を信じるなら、私の行っている業をその人も行うようになる。私が父のもとに行くからである(11)」。

このように、私〔イエス〕は去って行くが、私は私を信じるあなたがたのうちにいるであろう、そして、私が行ったように、あなたがたも私の王国を続けて行くために奇跡を行うことを可能にさせられるであろう、それは、私が神から遣わされたことをあなたがたに証ししたように、あなたがたが私から遣わされたことを他の人々に証明するためであるというのである。そこから、イエスは、そのすぐ前の一一節で「私が〔言うこと〕を〔つまり〕私が父のうちにおり、父が私のうちにいるのだということを信じなさい。それが〔でき〕なければ、業そのものを信じなさい」と語っている。これは、私が行った業をして、あなたがたに次のことを確信させよということにほかならない。すなわち、私が父から遣わされたこと、彼は私とともにおり、私は、彼の意志により、彼との結合の力による以外には何もしないこと、それゆえに、私は、彼が私を遣わした業のために彼によって、油塗られ、聖別され、父から引き離されたメシアであることがそれである。

彼ら使徒たちにこうした信仰を固めさせ、イエスが行った業を彼らもできるようにするために、彼は彼らに聖霊(12)を約束し、『ヨハネによる福音書』第一四章二五節、二六節で以下のように述べている。「以上のことを、あなたがたのもとに留まっている間に語ってきた」。しかし、私が去ったときには、「弁護者(これは、慰安をもたらす者あるいは擁護する者を意味するとともに、訓戒を与える者を意味するであろう)、〔つまり〕私の名において父が派遣することになる聖霊、この方があなたがたをすべてについて教え、〔この〕私があなたがたに話したことをすべて想い起こさせるであろう」。したがって、私が語ったことのすべてを熟考し、それらを合わせて考え、あなたがたが起こるのを見るであろうこととそれらとを比較すれば、あなたがたは、私がメシアであることをさらに十分に確信し、私が、メシアについて預言され、聖書によればメシアが完成し、成就することになっているすべてのことを行ったことを完全に理解するであろう。しかし、私があなたがたを残して行くからといって、悲しんではならない。『ヨハネによる福音書』第一六章七節には次のように述べられている。「私が去ることは、あなたがたにとって有益である。私が去らないなら、弁護者があなたがたのところに来ることはないが、私は、自分が行けば、彼をあなたがたのもとに派遣することになるからである」。

イエスが去らなければ聖霊がなぜやって来られないかの一つの理由を、われわれは、彼がその聖なる任務の全期間中に示した賢明で慎重な態度についてこれまでに観察して来たことから推測することができるであろう。それは、少しでも悪人と疑われて死を招くことがないようにした態度であった。それゆえ、彼の弟子たちは、彼がメシアであることを信じてはいたものの、彼が十字架に架けられ、復活した後に、聖霊を受け、その聖霊[13]の賜物とともに、彼がメシアであったという十全で明晰な証拠と理解とを受け取ることになったときほどには、彼がメシアであることをよく理解もせず、また、それを堅く信じるということもなかったのである。彼らは、その〔聖霊を受けた〕ときに目を開かれて、彼の王国が、それまで彼らが待望して来たものではなく、聖書が預言した通りのものであることを理解するようになった。そして、今や、聖霊から受けたこうした理解と保証とが、彼の復活後、彼らには役立つことになり、彼らは、それ以降、大胆にあちこちに出向き、彼がメシアであることを実際に公然と宣教し、聖霊によって行う能力を与えられた奇跡によって、その教えを確証したのである。しかし、彼が死に、彼らの下から去ってしまうまでは、彼らにはそうすることができなかった。彼の復活以後、彼らはあちこちでイエスはメシアであることを公然と宣教し、それを真正なものとするためにあらゆる所で奇跡を行ったが、彼らがそれをイエスが十字架に架けられる前に行っていたとしたら、メシアが奨励していた謙虚さ、平和、清浄さというあの性格とは両立しなかったであろう。というのは、彼らがそうしたことをもし行っていたら、彼らは、彼に、公共の平和に対する騒擾の煽動者として、あるいは、イスラエルの王国の王位僭称者として悪事を行う者という非難を蒙らせてしまうことになったであろうからである。

それゆえ、われわれは、イエスの死の前には、「王国の福音」、すなわち「神の王国は近づいた」ということだけしか宣教しなかった彼ら使徒たちが、彼の復活後に聖霊を受けるや否や表現法を変え、至る所でイエスはメシアであること、すなわち来臨すべき王であることを明確な言葉で宣言するのを見るのである。これは、『ヨハネによる福音書』第一六章八節―一四節にある言葉で確証されることであり、そこでは、イエスは次のように彼らに語り続けている。「その方が来る時には、世に罪を悟らせるであろう。人々が私を信じないからである[14]」。それゆえ、聖霊の助けによって奇跡を伴うあなたがたの宣教は、私がメシアであるということを信じない点でユダヤ人たちは罪を犯したということを世人に悟らせるものになるであろう。〔八節にある〕「義」、すなわち、正義について〔世に悟らせるの〕は、「私が父のもとに往こうとしており、もはやあなたがたが私を看なくなるから」ということである。同じ宣教と奇跡とによって、あなたがたは、私が昇天するという教義をより確かなものとし、それによって、私が「義なる者」[15]であり、そこには不義なる者は入ることができない天におられる父のもとへと昇って行くということを世人に悟らせるであろう。また、〔八節にある〕「さばき」について〔世に〕悟らせるのは、「この世の支配者がさばかれてしまっているから」ということである。そして、聖霊の同様の助けにより、あなたがたは、宣教を行うあらゆる所で、世人に、悪魔を追放し、悪魔の王国と礼拝とを消滅させることによって、悪魔を裁き、悪魔を有罪にするということを教えるであろう。われわれの救世主は、さらに付け加えて、〔同章一二節で〕「あなたがたに話しておきたいことが私にはまだたくさんあるが、今はあなたがたがそれに耐えられない」と語っている。彼らの心はまだこの世の王国ということで一杯であったので、彼らは、彼の王国がどのような種類のものであり、彼がどのような王になることになっているかがわからないままでいたのである。それゆえに、彼は、彼らが、彼自身とメシアの王国とについて、さらによく、さらに十分に理解するために、彼らを、聖霊が来臨するまで放置しておいたのである。それは、彼らが、彼に躓き、彼に寄せている希望を捨て、彼を見捨てることを危惧してのことであった。これを、彼は、〔『ヨハネによる福音書』〕第一六章一節で「あなたがたが躓かないようにと、私はこれらのことを語ってきた」と彼らに告げている。

イエスが、これを彼らに告げる前に最後に語ったことを、われわれは前の〔第一五〕章の最後にある〔二六、二七の二つの〕節に見いだすことができる。そこでは、まず、「弁護者、父のもとから出てくる真理の霊がくる時、その方が私について証しするであろう」と述べられている。つまり、その弁護者は、彼らに、彼が誰であるかを示し、それを世の人々に証しするであろうというのである。次に、「あなたがたも証しする。はじめから私と共にいるのだから」と語られている。すなわち、その弁護者は、あなたがた使徒たちの心のうちに、私〔イエス〕が語ったり、行ったりしたことを呼び起こさせて、それを理解し、知り、私について証しすることができるようにするであろうというのである。そして、ここ『ヨハネによる福音書』第一六章一三節〔および一四節〕で、彼らは彼がそれ以上語ることには耐えられないであろうと告げた後、彼は、次のように付け加えている。「だが、その方つまり真理の霊が来る時には、あなたがたをあらゆる真理のうちに導くであろう。そして、来るはずのことをあなたがたに告げることになるであろう。その方は私の栄光を現すであろう」[16]。聖霊が来たとき、それによって、あなたがたは私について完全に知らされることになるであろう。そして、あなたがたは、私が語ったことから私の王国と栄光とについてまだ明晰には理解できないでいるが、〔弁護者たる〕聖霊は、その王国がどこに存在するかをあなたがたにわからせてくれるであろう。また、私は、今は、惨めな状態にあり、やがて引き渡されて、軽蔑され、苦しめられ、殺されることになっており、そのために、あなたがたはそれについてどう考えたらよいかわからないであろうが、しかし、聖霊が来たとき、それは、「私の栄光を現し」、私の力と王国とについてあなたがたを納得させるであろうし、また、私が栄光に満たされて最後の日に再び来臨するまで、私が、すべての物に善くあること、善を増進させることを命じるために神の右側に座ることをあなたがたに知らせるであろう。

　このように、使徒たちは、聖霊を受けた後は、以上のことについて完全で明晰な判断と確信とを持つことになったので、彼らは、疑問や曖昧さを一切残すことなく、至る所で、それを大胆に、そして公然と宣教したのである。しかし、彼らが、このように後になるまでイエスの死と復活とを理解しなかったことは、〔『ヨハネによる福音書』第一六章〕一七節、一八節〔の次の記述〕から明らかである。「すると、彼の弟子たちの中に、互いに次のように言い合う人たちがあった、『しばらくすると、あなたがたは私を看なくなり、またしばらくすると、私を見ることになる』とか、『父のもとに往こうとしている』とかわれわれに言われているが、これは何のことだろう。そこで、彼らは、『しばらく』と〔言っておられるの〕はどういうことだ、語っておられることがわれわれにはわからないと言い始めた」。それを聞いて、彼は、彼らに対して、自らの死と復活とについて、また、奇跡を行うために彼らが持つはずの力について話を続けた。しかし、彼自身が同章二五節で「これらのことを謎めいたかたちであなたがたに語って来た」と述べているように、彼は、これらのすべてを神秘的で錯綜した話し方で、すなわち、彼は、一般的に言えば、曖昧で、謎めいており、比喩的な言葉（これらはすべて、ユダヤ人たちが箴言あるいは譬え話と呼んだ暗示的な寓話[17]に等しいものである）で語ったのである。これまで、私があなたがたに自分について示す仕方は曖昧で、控え目なものであった。そして、「あなたがたがそれに耐えられない」がゆえに、私は、あなたがたに対して、自分自身を明確で直接的な言葉で語ることはしないで来た。メシアであって王ではない者などということを、あなたがたは理解できないであろう。また、あなたがたは、王たる者と、貧しく、迫害され、奴隷で犯罪者のような死を十字架上で死ぬ者とを結びつけて考えることはできないであろう。そして、もしも私が、あなたがたに自分はメシアであると明確な言葉で語り、私がメシアであると公然と認めたということを他の人々に宣教するようにという直接的な指示をあなたがたに与えていたならば、あなたがたと彼らとはすぐに騒乱を引き起こして、私を父なるダビデの王座につけようとしたであろうし、また、あなたがたが王国の希望を托しているあなたがたの王たるメシアが、敵の手に渡って殺されることがないように私のために戦ったことであろう。そして、この点についての証拠は、ペトロがあなたがたに直ちに与えるであろう[18]。

しかし、［『ヨハネによる福音書』第一六章二五節にあるように］「もはやあなたがたに謎めいたかたちで語るのではなく、父についてあなたがたにはっきりと告げ知らせることになる時が来ようとしている」。〔同章〕二七節にあるように、私の死と復活、そして聖霊の来臨は瞬時のうちにあなたがたの目を開かせ、それをうけて、私は、あなたがたに、私が、いかなる王国を、どんな手段で、何の目的のために持つことになっているかについての私の父の意志と計画とを知らせるであろう。そして、このことを、父自身があなたがたに示すであろう。〔同章二七節に〕「父自らがあなたがたに好意を持っているからである。それはあなたがたが私にほれこんでおり、私が神のもとから出たことを信じきっているからである[19]」と述べられている通りであり、その理由は、あなたがたには、それがどのような種類の王国であるかも、それがいかなる手段で実現されるかもまだ十分には明かされていないとはいえ、あなたがたが、私は神の子たるメシアであり、神が私に油を塗り、遣わしたのだということを信じたことにあった。それから、われわれの救世主が、問われなくても、自分が語ったことを彼らに説明し、彼らが、以前には当惑させられ、お互いの間で理解できないと密かに不平を述べ合っていたことをよくわかるようにしたのである。それゆえ、彼らは、同章三〇節にあるように、「あなたにすべてのことがわかっており、誰もあなたにたずねる必要のないことが、今は私たちにわかっています」と言明する、つまり、あなたには、人々が尋ねる前に、彼らが考えていることも、疑問に思っていることもわかっていることは明らかであると言明するのである。

〔同章三〇節、三一節に〕「それで、私たちは、あなたが神から来られたことを信じます。イエスが彼らに答えた、今、信じているのか」と述べられているのはそのためである。あなたがたが、たとえ、今は、私が神から来た者であり、神に遣わされたメシアであることを信じているとしても、〔『ヨハネによる福音書』第一六章三二節にあるように〕「あなたがたが各自、自分のところへと散らされ、私を一人置き去りにするような時が来ようとしている。いや、来てしまっている」のであり、また、『マタイによる福音書』第二六章三一節にあるように、実際には「あなたたち全員が、今夜私に躓くことになるであろう」。彼に躓くということがどういうことかについて、もしも『マルコによる福音書』第一四章〔二九節―三〇節〕で彼が聖ペトロに対して語っていることが十分な説明になっていないとすれば、われわれは、それを、『マタイによる福音書』第二六章三一節に続いて述べられていることによっても理解することができるであろう。[21]

こうしたことについて私がより詳細に述べたのは、次のことを理解するためであった。すなわち、それは、弟子たちに対するこの最後の話において(そこでは、イエスは、それまでに比べて自分をより明らかにしており、また、もし、弟子たちがすでに信じている以上に彼らを信仰篤き者にするためにさらに必要な何かがあったとすれば、彼らはそれを彼から当然聞かされたに違いないと考えられるのだが)、彼は、身の処し方やこの世との突然の離別、また若干の個々のことがらについては、弟子たちが以前よりは何かをよく理解できるようにしたにもかかわらず、彼らがすでに信じていたこと、すなわち、彼が父から遣わされた神の子メシアであるということ以外の新しい信仰箇条を提示してはいないということである。しかし、彼が一つの王国を持ち、殺され、甦り、父の下へ昇天し、栄光のうちに再臨して審判を下すことになっているという福音の主たる計画については、彼は彼らに語っていた。したがって、彼は、彼をメシアとして遣わした神の偉大な意図を弟子たちに熟知させており、彼らがその点を知り、それを信じるのに必要なことは何も省かなかったのである。それゆえ、彼は、『ヨハネによる福音書』第一五章一五節にあるように、自ら彼らに次のように語るのである。「もう私はあなたがたを僕とは言わない。僕にはその主人が何をしているかわからないからである。私はあなたがたを友と言ってきた。私の父から聞いたことをすべて、あなたがたに知らせたからである」。しかし、あなたがたが、それらのことを、私が甦り、昇天するときに直ちに理解するようになるほどには十分に理解することはないであろう。

イエスは、すべてを結ぶに当たり、話を閉じる祈りの中で、父に対して、使徒たちに何を教えたかを語っている。われわれは、それが何に帰着したかを『ヨハネによる福音書』第一七章八節の次の言葉に見いだすことができる。「あなたが私に与えて下さった言葉を、私が彼らに与えて来たからです。そして彼らは受け入れて、私があなたから出たことを本当に知り、あなたこそが私を遣わしたのだということを信じた〔からです〕」がそれである。これは、結局のところ、彼が、神によって約束され、遣わされたメシアであったということである。それから、彼は、彼らのために祈り、同章二〇節で次のように付け加えている。「この人たちのためだけでなく、彼らの〔宣教の〕ことばを仲介として私を信じるようになる人々のためにもお願いします」。それを仲介として他の人々が彼を信じるようになる〔使徒たちの〕言葉が何であったかを、われわれは、『使徒行伝』の話の全体を通じて記された使徒たちの宣教のうちにすでに見てきたが、その重大な主眼点は、イエスがメシアであったということであった。イエスは、〔『ヨハネによる福音書』第一七章〕二五節で、使徒たちについて、「あなたこそが私を遣わしたのだということを、この人たちは知りました」、つまり、彼らは私がメシアであることを確信していますと語っている。そして、二一節、二三節では「あなたこそが私を遣わしたのだということを世が信じる(二三節ではこの信じるを知るようになると呼んでいる)ようになるでしょう」と祈っている。したがって、われわれは、キリストが使徒たちに何を信じてもらいたいと思ったかを、彼が生きている間に宣教したことによってと同じように、彼が世を去るに当たって彼らのために行った最後の祈りによっても知ることができるであろう。

以上のことの証しとして挙げることができるのは、イエスが十字架上にあってさえ行った最後の行為の一つがその教えを確認することであったことである。それは、彼とともに十字架に架けられた盗賊の一人が、彼がメシアであることを信じると申し立てたので、その男に救いを与えることによってであった。というのは、『ルカによる福音書』第二三章四二節に述べられているように、その男が「イエスよ、あなたがあなたの王国に入る時は、俺のことを覚えていて下さい」と言ったとき、その男の願いの言葉はきわめて重要な意味を持つものであったからである。同章四三節にあるように、その願いに対して、イエスは、「アーメン、私はあなたに言う、あなたは今日〔すでに〕、私と共に楽園にいるだろう」と答えたが、これはきわめて注目すべき表現である。なぜならば、アダムが、罪によって、楽園、つまり、幸福なる不死の状態を失ったのに対して、ここでは、信仰を持つ盗賊が、イエスはメシアであると信じることを通して天国に迎え入れられ、幸福なる不死の状態に復帰させられることが約束されているからである。

このようにして、われわれの救世主はその生涯を終えた。復活後の彼が何をしたかについては、聖ルカが、『使徒行伝』第一章三節でわれわれに語っている。すなわち、彼は、「四十日にわたって」使徒たちに現れて「神の王国に関することを語った」のである。これは、彼が、受難の前に、聖なる任務の全行程で宣べ伝えたことであった。そして、彼は、復活以後は、もはや、他のいかなる信仰上の神秘的教義[24]をも彼らに明示することはなかったのである。彼が語ったことは、すべて神の王国についてであった。そして、彼が神の王国に関して何を語ったかを、われわれは、〔ルカ以外の〕他の福音書記者たち〔の記述〕から直ちに知ることができる。その場合、われわれは、彼らが彼に次のように尋ねたときのことにだけ注意を払っておけばまずは十分であろう。すなわち、同章六節によると、彼らが「主よ、イスラエルのために王国を復興されるのは、この時なのでしょうか」と尋ねると、同章七節〔および八節〕にあるように、「彼は彼らに言った、父が自らの権威によって定められた期間を知る権利はあなたたちにない。しかし、聖霊があなたたちに降るとき、あなたたちは力を受けるであろう。そして、エルサレム、ユダヤとサマリアの全土、さらには地の果てに至るまで、私の証人となるであろう[25]」。彼ら福音書記者たちの偉大な仕事は、イエスの生涯、死、復活、そして昇天の証人となることであった。そして、これらのことは、一体として、彼がメシアであったことの否定できない証拠であった。これが、彼らが宣教すべきことであり、また、彼が神の王国についてて彼らに語ったことであって、それは、他の福音書記者たちの〔記述の〕うちに記録されていることからも明らかであろう。

『ルカによる福音書』第二四章二一節によると、イエスの復活の日に、彼がエマオ〔という村〕へ行こうとしていた二人〔の弟子たち〕に顕現したとき、彼らは、彼の弟子たちが彼の何を信じていたかについて、「私たちとしては、この彼こそ、イスラエルをやがて解放する者だという希望を持っておりました」、すなわち、彼がユダヤの民を救うためにやって来るメシアであると信じていたとイエスに申し立てた。それを聞いたイエスは、彼らに対して、何が起こったとしても、彼はメシアであると信じなければならない、否、彼らは、彼の受難と死とによって彼がメシアであるという信仰を堅くしなければならないと語るのである。そして、同章二六節、二七節によると、(26)〔イエスは〕「そこでモーセおよびすべての預言者から始まって、全聖書の中で自分自身について書いてあることを彼らに詳しく説き明かした」。それがどのようなものであったかと言えば、「メシアは必ずやこれらの苦しみを受けて〔こそ〕、彼の栄光に入って行くことになっていた(27)」というのである。今や彼は、メシアに関する預言を自分自身に適用しているが、われわれは、彼が受難以前にそうしたことを行ったのを読んだことはない。そして、『ルカによる福音書』第二四章三六節にあるように、その後、彼は一一人〔の使徒〕のただ中に立ち現れ、同章四四節―四七節に記されている通り、次のように彼らに語ったのである。「これらのことは、私がまだあなたたちと一緒にいた時、あなたたちに対して語った私の言葉〔なのだ〕。つまり、私について、モーセの律法と預言者たちと詩篇とに書かれている一切のことは、満たされねばならないということである。その後、彼は彼らの知力を開き、聖書が理解できるようにした。そして彼らに言った、このように書いてある——キリストは苦しみを受け、死人たちの中から三日目に起き上がる。そして、彼の名において罪の赦しに至る改心が、もろもろの国民に宣べ伝えられる。エルサレムから始めて」。

ここにおいて、われわれは、彼が、それほど平明で公然たる言葉によってではなかったにしても、十字架に架けられる前に彼らに何を説教したのか、今や彼らに何を理解させようとしているのか、〔彼にとって〕すべての民族に宣べ伝えられるべきものは何であったのかを知ることができる。すなわち、それは、彼が、苦しみを受け、三日目に死人の中から甦るメシアであり、メシアについて旧約聖書に書かれていることをすべて満たしたということ、また、このことを信じ、悔い改める者は、彼へのその信仰によって罪の赦しを得るということであった。あるいは、『マルコによる福音書』の〔第一六章〕一五節〔および一六節〕にあるように、「全世界に出て行って、すべての被造物に福音を宣べ伝えよ。信じて洗礼を受ける者は救われるであろう、信じない者は断罪されるであろう」。「福音」あるいは「良き知らせ」とは何であったかについては、われわれがすでに示したように、メシアが来臨しているという幸運な通知のことであった。同章二〇節によると、そこで、「彼らは、出て行っていたるところで宣教した。〔その間〕主が共に働き、〈言葉〉を、それに伴う〔数々の〕徴によって堅固なものにした」。彼ら使徒たちが宣教し、主が奇跡によって堅固なものにした「言葉」が何であったかについては、『使徒行伝』の話からわれわれがすでに見たところである。〔なお〕私は、これまで、『使徒行伝』の記録に従って、あらゆる場所で行われた使徒たちの宣教について説明を加えて来たが、いくつか除外した箇所がある。それは、メシアの王国が「神の王国」の名の下に言及されている場合である。それは、私が、福音書記者たちの記述から、神の王国がメシアの王国以外の何ものでもないということを明らかにするまでは、神の王国について記すことを差し控えたためである。

それゆえ、ここで、われわれが前に見た聖パウロの説教（そこでは、彼は、イエスが、死人の中から甦り、今や支配し、最後の日に世界を審判する中で彼の王国をより公然と明らかにするであろう王たるメシアであるという信仰箇条以外は宣教しなかった）に、彼の宣教の記録にさらに残されているものを付け加えても不適切ではないであろう。『使徒行伝』第一九章八節には、エフェソで、「パウロは会堂に入って、三ヶ月間、神の王国について〔のことを〕大胆に語り、かつ説得に努めた」とあり、また、同書第二〇章二五節によると、ミレトスで、そのエフェソの長老たちに別れを告げるに当たって、パウロは「そして今、あなたたちは誰も再びわたしの顔を見ることができないことを、私は知っています。私はあなたたちの間をめぐり歩いて、〔神の〕王国を宣べ伝えました」と語っている。また、この神の王国についての〔パウロの〕宣教がどのようなものであったかは、同章二〇節および二一節に次のように述べられている。「あなたたちに役立つことを、公衆の前でも家々でも、告げ知らせなかったり教えなかったりしたことは、何ひとつありませんでした。ユダヤ人にもギリシア人にも、神に対する悔い改めと、われらの主イエス・キリストに対する信仰とを証しして来ました」。そして、『使徒行伝』第二八章二三節および二四節には、再び、「そこで、彼ら（ローマのユダヤ人たち）は日を決めて、もっと大勢で彼（パウロ）の宿にやって来た。彼は朝から晩まで、説明を続け、神の王国のことを力強く証しして、モーセの律法や預言者〔の書〕から、イエスについて彼らを説得しようとした。すると、ある者は〔彼の〕言葉に説得されたが、他の者は信じようとしなかった」と記されている。そして、『使徒行伝』の記述は、聖パウロの宣教に関する次のような報告で結ばれるのである。「パウロは、自費で借りた家に、まる二年間住んだ。そして、彼のもとに訪れて来る客をことごとく迎え入れ、実に大胆に、また妨げられることもなく、神の王国を宣べ伝え、主イエス・メシアについて教え続けたのである」[30]。したがって、われわれは、ここで、同じ結論を、福音書記者たちによって書かれたわれわれの救世主に関する記述にも、また、『使徒行伝』に書かれた使徒たちについての記述にも当てはめることができるであろう。聖ヨハネは、これを自分自身の福音書に対して行っており、その第二〇章三〇節には、「ほかの多くの徴をイエスは弟子たちの前で行った」とあり、また、使徒たちは福音書には「記されていない」他の多くの場所で、同じ教えを宣教したのである。そして、同章三一節には「以上のことが書き記されているのは、イエスが神の子メシアであることを信じる［ようになる］ためであり、信じていることにより、その名のうちにあって生命を持ち続けるためである」[31]と述べられている。

ここで、聖ヨハネがわれわれに語っているのは、彼が、永遠の生命に至るために信じるべき必要で十分なものは何であると考えたかということである。そして、これが語られたのは、福音書の初期の黎明期においてではなかった。その頃であれば、おそらく、ある人々は、信仰の教義や救済の秘義が使徒たちによって書かれた書簡において、より完全な形で説明された後に比べて、信じるべきだと要求されるものはもっと少ないと考える傾向を持ったことであろう。なぜならば、聖ヨハネがこれを語ったのは、キリストが昇天した直後ではなかったということを思い起こさなければならないからである。というのは、これらの言葉は、聖ヨハネの福音の残りのものと同様に、他の福音書や聖ルカによる『使徒行伝』の記述だけではなく、あらゆる面から見て、彼以外の使徒たちによってすべての福音書が書かれた後、何年も経ってから書かれたものであったからである。したがって、われわれの救世主の受難から六〇年以上を経てから(というのは、それくらい後になってからその〔ヨハネの〕福音書は書かれたということを、エピファニオス[32]も聖ヒエロニュモス[33]もわれわれに保証しているからである)、聖ヨハネは、〔永遠の〕生命を得るためには「イエスは神の子メシアである」ということ以外には信じる必要がないことを知ったことになる。

(1) 原語は Grandees である。
(2) 『マタイによる福音書』第二三章三三節を参照。なお、「蝮の裔」という表現は同書第三章七節にも見られる。
(3) 原語は Dispensation である。これは、特定の民族や特定の時代に対して神が定めたものと考えられてきたものを指す。
(4) タラントンは、メソポタミア、カナン、イスラエルで用いられていた重量・貨幣の単位。
(5) この部分は、委員会版とは大きく異なるのでロックが依拠したKJ版から訳出した。
(6) 『使徒行伝』第一章六節。

(7) HB版によると、ロックはこの後に次のような加筆を行っている。「ここ『マタイによる福音書』第二五章三一節でわれわれの救世主が話した時、彼が審判の日に彼の王国が出現することについて語った箇所で自らを〔王ではなく〕人の子と名乗っていることは注目に値する。彼は、神の王国あるいは天の王国の名称の下に自らの王国について語った他の箇所でも、彼の受難の直前に一度だけ〔ユダを除く〕一一人〔の使徒たち〕に語った以外、自らに言及してその王国の王と言うことは決してなかった」(HB版、九六頁)。

(8) ロックはこの引用文の中間部分を省略している。

(9) ロックはこの引用文の一部を省略している。

(10) 原語は union である。

(11) ロックはこの引用文の一部を省略している。なお、委員会版に従って「アーメン、アーメン」と訳した言葉に対応するKJ版の言葉は'Verily, verily'であり、「まことに、まことに」とか「よくよく」とかと訳されることも多い。

(12) 原語は Holy Ghost である。

(13) 原語は Holy Spirit である。

(14) これは、ロックによる聖書の独自の読みである。例えば、KJ版では、ロックが引用文中で「convince 悟らせる」とした部分は「reprove 誤りを咎める、暴く、目を開く」となっており、また、委員会版では、ほぼその部分に該当する八節―九節は次のようになっているからである。「その方が来る時には、罪について、義について、またさばきについて、世を暴くであろう。罪について、つまり〔人々が〕私を信じようとしないことを」。なお、聖書では、それ以降一〇節、一一節で、ロックも本文でふれているように、義について、また、さばきについて次のように述べられている。「義について、つまり私が父のもとに往こうとしており、もはやあなたがたが私を看なくなることを、また、さばきについて、つまりこの世の支配者がさばかれてしまっていることを』。

(15) 原語はJust Oneである。『使徒行伝』第三章一四節、第七章五二節に見られる表現である。

(16) ロックは、引用文の一部を省略している。

(17) 原語はAllusive Apologuesである。

(18) この一文が何を意味するかは明確ではないが、ペトロが三度イエスを否定したことや、ペトロがイエスを捕らえに来た大祭司の僕の耳を切り落としたことと関連しているとも解される。

(19) 委員会版に従って引用したこの一文中の「好意を持っている」と「ほれこんでおり」とは、ＫＪ版ではともにloveである。

(20) イエスがペトロに語った言葉は「あなたは今日、今夜、鶏が二度啼く前に、三度私を否むだろう」である。

(21) そこには、「私は羊飼いを打つであろう、そうすると羊らの群は、ちりぢりにされてしまうであろう」という旧約聖書『ゼカリア書』第一三章七節からの引用に続いて、「ペトロが答えて彼に言った、皆の者があなたに躓いたとしても、この私は決して躓きません。イエスは彼に言った、アーメン、私はあなたに言う、あなたは今夜、鶏が啼く前に、三度私を否むであろう」とあり、上記註(20)で引用したイエスの言葉と大きな差はない。

(22) Ｗ版、ＨＢ版とも二一節も挙げているが不正確なので削除した。

(23)　この点については第五章を参照されたい。
(24)　原語は mysteries of faith である。
(25)　ロックは、八節後半のうちの「そして、エルサレム、ユダヤとサマリアの全土」を省略している。
(26)　ロックはこの二つの節の順序を逆にして引用している。
(27)　ここでもキリストがメシアとされている。
(28)　原語は nations である。
(29)　ロックはこれを二〇節からの引用としているが不適切なので削除した。
(30)(31)　ここでもキリストがメシアとされている。
(32)　Epiphanios(三一五年頃―四〇三年)。キプロスの府主教で、サラミス主教。代表作は、あらゆる異端を論難し、正統信仰を熱烈に擁護した書 *Panarion*(『薬箱』あるいは『全異端反駁書』)。
(33)　Sophronius Eusebius Hieronymus(三四〇年頃―四二〇年)。英語表記は Jerome。教父の一人であり、聖書のラテン語訳(いわゆるウルガタ訳)を遂行した中心人物。この聖書は、一六世紀にカトリック教会の公認聖書となった。

第一一章

以上のことに対して、ナザレのイエスはメシアであるとだけ信じることは、単なる歴史的な信仰[1]にすぎず、人を義にし、あるいは救済に導く信仰ではないと反対する人々もいることであろう。

それに対して、私は、諸〔神学〕体系の確立者たちとその追随者たちとが、お好みのままに〔信仰の〕区別立てを考案して、それを使い、また、それらを適当と考える名称によってお呼びになることは認めるとお答えする。しかし、私は、そうした人々、あるいは、他の誰に対しても、私のために宗教を考えだしたりする権威、神が啓示したことに変更を加えたりする権威を認めることはできない。そして、彼らが、われわれの救世主と使徒たちとが宣教し、唯一信じるべきこととして提示したことを信じることを歴史的な信仰と呼びたいというのであれば、彼らは勝手にそうされればよい。しかし、彼らは、われわれの救世主と彼の使徒たちとが、唯一信じるべきことであると宣言し、また、人は、それ以外には受け入れるべきことはなく、それによって永遠なる生命の信仰者にされると教えているのに、それが、人を義にし、あるいは救済に導く信仰であることをどうしたら拒否できるのかを顧慮しなければならない。もっとも、彼らが、自分たちの愛する諸体系のために、われわれの救世主に対して、まるで、彼がこの世に何のために来臨したかを忘れ、また、彼とその使徒たちとが、人々に、救済の方法と秘義とについて正しく教えなかったというような暴言を吐くことができるなら、話はまったく別である。というのは、われわれは、この〔ナザレのイエスはメシアであるという〕ことが、われわれの救世主と使徒たちとの宣教の全過程において強調され、信じるように求められた唯一の教義であることを、福音書記者と『使徒行伝』とのすべての記述を通じて示したからである。また、私は、彼らに、それに同意するか、それを信じないかに応じて人が信仰者あるいは不信仰者であると宣告され、したがって、信じる限り、キリストの身体の一部としてキリストの教会に受け入れられるようにされ、そうでなければそれから排除されてしまうような教義がそれ以外にあるかどうかを示すように求めたい。この〔ナザレのイエスはメシアであるという〕ことが、使徒たちに宣べ伝えられた唯一つの福音の信仰箇条であった[2]。そして、もしも、あらゆる場所でそれ以外のことが何も宣教されなかったのだとすれば、使徒たちの議論は、福音の下で信じられるべきだとされる他のいかなる信仰箇条とも対立することになるであろう。『ローマ人への手紙』第一〇章一四節には「いかにして人々は、自分が聞いてもいない者を、信じようとするであろうか」[3]とある。そう言われるのは、われわれは、信じることが必要な何か他の教義を宣教するために誰かが遣わされたことを見いだすことができないからである。

おそらく、さらに、これは救済に導く信仰ではない、なぜなら、そのような信仰は悪魔でも持つであろうし、明らかに実際に持っていた、彼らは、イエスがメシアであることを信じ、また公言していたのだからと主張されるであろう。しかし、『ヤコブの手紙』の第二章一九節は、「悪魔たちも信じて震えている」、にもかかわらず、彼らは救済されないであろうとわれわれに語っている。その点について私は次のように答える。

1 彼らが信仰によって救済されることはあり得ないこと。彼らには、信仰が救済の手段として指定されてはいないし、また、信仰が義のために重要であるとも約束されてはいないのである。こうしたことは、人類にのみ示された恩寵の為せることであった。神はアダムの子孫たちにはきわめて好意的であったので、もしも、彼らが、イエスは約束された王であり救世主であるメシアだと信じ、また、恩寵の契約によって求められる他の条件を果たしたならば、神はその信仰のゆえに彼らを義認するであろう。神は、この信仰を彼らが義であることの理由とし、また、それを、彼らの従順さの欠如を補うものとみなすであろう。その従順さの欠如が、その代わりとして選ばれたもの〔である信仰〕によって補われているから、彼らは、正しい、すなわち義であるとみなされ、永遠の生命を受け継ぐのである。しかし、人類に対して示されたこうした好意は堕天使たちには決して与えられなかった。彼らには、そうした申し出は行われなかったのである。したがって、人間たちに申しでられたこの種のいかなることも、たとえ悪魔たちが何をしようと、彼らに役立つことはなかった。この恩寵の契約が悪魔たちに提供されることは決してなかったのである。

2　また、私は次のように答える。それは、悪魔たちは信じていたにもかかわらず、恩寵の契約によって彼らが救済されることはありえなかったということである。なぜならば、彼らは、信じることと同じように行うことが必要なものとしてその契約に含まれているもう一つの条件、すなわち、悔い改めることを行わなかったからである。悔い改めは、信仰と同じように恩寵の契約の絶対的な条件であり、信仰同様、実践することが不可欠なものであった。『マルコによる福音書』第一章四節で、洗礼者ヨハネが、メシアへの道を準備すべく、「〔もろもろの〕罪の赦(ゆる)しとなる悔い改めの洗礼を宣べ伝えていた」とある通りである。

『マタイによる福音書』第三章二節にあるように、ヨハネが、その宣教を「悔い改めよ。天の王国が近づいたから」で始めたように、『マタイによる福音書』第四章一七節によると、われわれの救世主も、その宣教を次のように始めたのである。「そのときからイエスは宣教し始め、言い〔始め〕た、悔い改めよ、天の王国が近づいたから」。あるいは、同じように、聖マルコはそれに対応する箇所である『マルコによる福音書』第一章一四節および一五節で次のように語っている。「さて、ヨハネが〔獄に〕引き渡された後、イエスはガリラヤにやって来た。〔そして〕神の福音を宣べ伝えながら言い〔続け〕た、〔この〕時は満ちた、そして神の王国は近づいた、悔い改めよ、そして福音の中で信ぜよ」。これは、彼の宣教の開始であっただけではなく、彼が宣教したことの集約でもあった。すなわち、それは、人々は、悔い改めて、彼がもたらした良き知らせ、つまり、メシアが来臨するための時が満ちたということを信じなければならないということにほかならない。そして、『マルコによる福音書』第六章一二節に「そこで彼らは出て行って、人々が悔い改めるようにと宣教した」と述べられているように、それは、彼が使徒たちを送り出したときに、彼らが宣教したことであった。

イエスはメシアであると信じることと、悔い改めることとは恩寵の契約の決して欠くことのできない根本的な部分であったので、それらのうちのどちらか一方だけで両方を意味する場合がしばしばある。というのは、ここでは、聖マルコは悔い改めという使徒たちの宣教のみに言及し、聖ルカが、それに対応する箇所である『ルカによる福音書』第九章六節で言及しているのは、使徒たちによる福音伝道[4]、すなわちメシアの王国に関する良き知らせの伝道だけであり、さらに、聖パウロは、その手紙の中で、しばしば、信仰〔のみ〕をキリスト教の全義務と記しているからである。しかし、福音書の趣旨は、『ルカによる福音書』第一三章三節および五節にあるように、「あなたたちも悔い改めなければ、皆同じように滅びるだろう」というキリストの告知にある。また、『ルカによる福音書』第一六章三〇節および三一節では、われわれの救世主によって語られた地獄に堕ちた金持ちについての譬え話の中で、悔い改めだけが責め苦のその場所を回避する手段として提示されている。そして、『ルカによる福音書』第二四章四七節に述べられているように、何が世に宣べ伝えられるべき教義の趣旨であるかについて、われわれの救世主は、復活後に使徒たちに次のように告げている。「罪の赦しに至る悔い改め」がメシアである「彼の名において宣べ伝えられなければならない[5]」。したがって、イエスはメシアであると信じることと悔い改めることとが、使徒たちによって宣教されたことであった。それゆえ、ペトロは、『使徒行伝』第二章三八節にあるように、「悔い改めなさい。そして、洗礼を受けなさい」と言って宣教を始めたのである。これら二つのことが、罪の赦し、すなわち、人々が神の王国に入るために、そして、彼らがメシアであると信じ、自分たちの主であり、王であるとして受け入れたイエスに従う者であることを認め、告白するために必要であった。なぜなら、そうすることが「彼の名において洗礼を受ける」ということであったからである。洗礼とは、ユダヤ人たちに知られた入信の儀式であり、それによって、異教を捨ててモーセの律法に従うことを告白した人々がイスラエルの政治的共同体に受け入れられたのである。そして、それは、われわれの救世主によって利用されて、彼をメシアと信じ、彼を王として受け入れ、彼に従うことを告白した人々が彼の王国の臣民として認められるための厳粛な目に見える行為になった。この彼の王国は、福音書においては「神の王国」と呼ばれ、『使徒行伝』や手紙の中では、しばしば他の名称、すなわち「教会」と呼ばれている。

同じ聖ペトロが、『使徒行伝』第三章一九節で、再び「悔い改めて立ち帰りなさい。そうすれば、あなたたちの罪は拭い去られるでしょう」と宣べ伝えている。

新しい契約において、その契約から恩恵を受けるすべての人によって行われるべき一つの条件として要求されている悔い改めとは何かということは、聖書では明白である。すなわち、それは、過去の罪を後悔することだけではなく、(もしその後悔が心からのものであれば、それからの当然の帰結であるが)過去の罪から、新たな、それとは反対の生活に転向することでもある。それゆえ、それらは一緒にされて、『使徒行伝』第三章一九節では「悔い改めて立ち帰りなさい」、すなわち、われわれがこれを言い換えると、回心しなさい[9]と言われており、また、『使徒行伝』第二六章〔二〇節〕では「悔い改めて神に立ち帰り」とされているのである。

また、「立ち帰ること」は、『マタイによる福音書』第一三章一五節や『ルカによる福音書』第二二章三二節に見られるように、ときには、それだけで悔い改めることを意味するために使われることもあるが、これは、違った言葉で言えば、「生の新しさ」という言葉によって十分に表現されるものである。なぜならば、自らの罪を心から後悔し、嫌悪する人が、その罪から方向を転じてそれを捨てることは確実なので、相互にきわめて自然な結合関係を持っているこれら二つの行為の一方が双方を一緒にした意味で用いられうるし、実際にしばしば用いられているからである。悔い改めとは、われわれの過去の悪しき行為を心から後悔し、われわれの力の限りを尽くして、われわれのすべての行為を神の法に一致させようと決意し、それに努めることにほかならない。したがって、悔い改めとは後悔という単独の行為のうちに存するのではなく(もっとも、それが、第一の主たる行為であり、全体に対して与えられた名称ではあるが)、われわれの生の残された部分において、「悔い改めに適う業を行うこと」[10]、キリストの法に誠実に従うことのうちに存するのである。これは、悔い改めを宣べ伝えた人である洗礼者ヨハネが、

『マタイによる福音書』第三章八節にあるように、「悔い改めにふさわしい実を結べ」と言って求めたことであり、また、聖パウロによって、『使徒行伝』第二六章二〇節に見られる「悔い改めて神に立ち帰り、悔い改めにふさわしい業を行うように」という言葉で求められたことであった。悔い改めには、過去のことを後悔することとともに、それに随伴（ずいはん）する様々な業が属しているのである。

　信仰と悔い改めというこれらの二つ、すなわち、イエスはメシアであると信じることと善き生とは、新しい契約の不可欠の条件であって、永遠なる生命を得たいと願うすべての人によって実践されなければならないものである。こうしたことが理にかなっていること[11]、あるいはむしろ当然の理であること[12]をよりよく理解するためには、われわれは、〔本書の〕最初の方で言われていたことを振り返ってみなければならない。

　アダムは、聖ルカが『ルカによる福音書』第三章三八節でそう呼んでいるように神の子であることから、父に似た姿、似た像（かたち）の部分をも持っていた[13]。すなわち、彼は不死だったのである。しかし、アダムは、天なる父によって与えられた命令に背いたので罰を受け、不死の状態を喪失して死すべき存在となった。それ以降、アダムは子供たちを儲（もう）けたが、彼らは「彼の姿に、彼の像に[14]」似ており、父親同様、死すべき存在であった。

　それにもかかわらず、神は、その無限の慈悲の情から、死すべき人間に永遠なる生命を授けようと願って、世にイエス・キリストを遣わしたのである。彼は、神の直接的な力によって(男を知らない)処女の胎に孕まれたので、『ルカによる福音書』第一章三五節[15]で御使いが彼の母に次のように告げている通り、当然にも神の子であった。「聖霊があなたの上に到り来て、いと高き者の力が〔その影で〕あなたを被うであろう。このゆえに、生まれ来るものも聖なるものと呼ばれ、神の子と〔称せられ〕るであろう」。このように、彼は神の子であったから、彼も、父のように不死であった。彼が、『ヨハネによる福音書』第五章二六節で「父が自らのうちに生命を有するように、子にも自らのうちに生命を持つようにさせたからである」と語っている通りである[16]。

そして、不死性が、父に似せて造られた(神の直接の子たちであり、したがって、それ以外の父を持っていない)人々のその像の一部をなしているということは、先に注意したアダムについて書かれた『創世記』の諸箇所からたしかだと考えられるだけではなく、私には、神の子イエスに関するいくつかの記述においてもまた暗示されているように思われる。新約聖書の『コロサイ人への手紙』第一章一五節では、彼は「見えざる神の像」[17]と呼ばれている。ここで「見えざる」という言葉が添えられたのは、彼が(像がそうされがちであるように)神との肉体的あるいは可視的な相似性を表象するという馬鹿げた想像を防ぐためであったように思われる。そして、同じ節には、われわれをその意味へと導く言葉「あらゆる創造の〔内で〕最初の誕生者」が追加されており、それは、一八節でさらに説明されて、彼は『死人の中からの最初の誕生者』と呼ばれている。これによって、次のことが立証され、示される。すなわち、それは、彼自身が見えざる神の像(かたち)であること、死も彼の上に力を及ぼすことができず、神の子であり、何らかの違犯によってその神の子たる地位を失ったことがなかったので、もしもアダムが神の子としての義務を続けていたらそうであったように、彼は永遠なる生命を受け継ぐ者であったことである。その使徒〔パウロ〕も、他の箇所、すなわち、『ローマ人への手紙』第八章二九節で、像(かたち)を同じ意味で使っているように思われる。そこには、「神は前もって知っていた者たちを、神の子の像と共なるかたちをもつ者たちとして、まさに前もって定めることをされたからである。それはその神の子が、多くの兄弟たちの中で最初に生まれた者となるためである」と書かれている。ここで、彼ら〔多くの兄弟たち〕が一致させられた像とは不死性のことであり、永遠なる生命のことだと考えられる。というのは、われわれは、次の点に注目すべきであるからである。すなわち、それは、聖パウロが、これら両方の箇所で復活について語っていること、そして、キリストが「多くの兄弟たちの中で最初に生まれた者」(18)で、生来的に神の子であったのに対して、他の人々は、ただ子として受け入れられることでそうなったにすぎないということである。この〔第二の〕

点を、われわれは、同じ〔第八〕章の一五節—一七節に見ることができる。「あなたがたは、再び恐れへと至る隷属の霊を受けたのではなく、むしろ子とされることの霊を受けたのである。その〔霊の〕うちにあって、私たちは、アバ、父よと叫ぶことができる。〔この〕霊自らが、私たちが神の子供たちであることを、私たちの霊と共に証ししてくれる。さて、もしも子供たちだとするならば、〔私たちは〕相続人でもある。しかも、神の相続人であり、キリストとの共同相続人である——もしも私たちが、共に栄光をも与えられるために、共に苦しんでいるのだとすれば(19)——」。

そして、われわれの救世主は、最後の審判の日に彼によって永遠の生命に入る人々を彼の「兄弟」とお呼び下さるのである。『マタイによる福音書』第二五章四〇節に、「私のこれらの最も小さな兄弟の一人にあなたたちがしたことは、私にしたのである」とある通りである。われわれは、ここに、神が、「父」という単一の称号で言及されることが、新約聖書では頻繁になされ、旧約聖書ではまったくではないにしても稀にしかなされない理由を見いださないであろうか。それゆえ、われわれの救世主は、『マタイによる福音書』第一一章〔二七節〕で、「父を識（し）るのは子と、子が顕（あきら）かにしたいと思う者以外の誰もいない」と語るのである。こうして、今や、神は、この世に、子とされることの霊によってアバ、父よと言うことができる多くの兄弟たちの中で最初に生まれた子を再び持つのである。そして、われわれは、子とされることによって、彼のために彼の兄弟、神の子たちにされることで、彼が生まれつき神の子であるがゆえに持つ生来的な権利[20]である相続財産、すなわち、永遠の生命に与かることになるのである。そして、〔パウロは〕再び、〔『ローマ人への手紙』第八章〕二三節で「私たち自身も、子とされること、すなわち私たちのからだの贖(あがな)いを待望しながら、自分自身のうちでうめいている」と語っているが、これにより明らかに意味されているのは、〔イエスの〕復活によって、か弱く、死すべき身体が、霊的で不可死の身体へと変容するということである。これについては、『コリント人への第一の手紙』第一五章五四節では「この死にゆくものが不死なるものを着る時」と言われているが、イエスは、同章の四二節―四四節で、さらに次のように表現している。「そのようにして、死者たちの甦(よみがえ)りもまた〔起こるのである〕。〔すなわち〕朽(く)ちゆくもののうちに蒔(ま)かれ、不朽(ふきゅう)なるもののうちに起こされる。恥のうちに蒔かれ、栄光のうちに起こされる。弱さのうちに蒔かれ、力のうちに起こされる。自然的なからだが蒔かれ、霊的なからだとして起こされる」。

そして、イエスは、これに付け加えて、同章四九節で次のように語っている。「私たちは、土で造られた者の像(かたち)を担(にな)ったように」〔すなわち、われわれがその子孫であり、われわれの父であるアダムが、楽園から追われたとき、土に属するものになったのと同様に、われわれも死すべきものであるように）、〔私たちは〕「天的な像をもまた担うことであろう」。その子たる地位と相続財産とに与るようにされて、われわれが〔イエスの〕復活の際に受け取るのは、期待していたように、子にされることであり、「からだの贖い」でさえあって、われわれは、父の像である彼の像に倣って、不死なるものになるのである。彼自身が、『ルカによる福音書』第二〇章三五節および三六節で次のように語っていることに耳を傾けてほしい。「かの世と死人のうちからの起き上がりとにふさわしいとされた者らは、娶らず、嫁がない。彼らはもはや死ぬことはあり得ないからだ。なぜなら、彼らは御使いに等しい者たちであり、また起き上がりの子らとして神の子らでもあるからだ」。そして、『使徒行伝』第一三章の三二節および三三節に記された聖パウロの議論を読む人は、イエスが神の子であったことの偉大な証拠が彼の復活であったことを知るであろう。彼が明らかに不死の状態に入ったとき、彼の父の像が彼のうちに現れたのである。というのは、その使徒〔パウロ〕は、その箇所で次のように推論しているからである。「私たちも、父祖たちに与えられた約束〔の福音〕を告げ知らせています。すなわち、神はイエスを甦らせて、〔彼らの〕子孫である私たちのためにこの約束を果たして下さったのです。それは詩篇の第二編にも、お前は私の子、私は今日、お前を生んだと書かれている通りです」。

これは、父と似ており、また父の像と姿とに倣って造られた神の子らの不死性を説明するのに、少しは役立つであろう。しかし、われわれの救世主が不死であったことは、彼自身が、自分の命について語った『ヨハネによる福音書』第一〇章一八節において、次のように進んで言明している。「私からそれを奪う者は誰もいない。私が私自身からそれを棄てるのである。私にはそれを棄てる力があり、それを再び受ける力がある」。もし彼が、死すべき人間、人の子、アダムの種の子であるか、それとも、他に何かを侵犯したために命を失うかしていたならば、彼がその力を持つことはなかったであろう。なぜならば、「罪の報いは死である」(21)からである。そして、自らが行った侵犯によって死を招いた人間は、われわれの救世主が自身はそうしたと告白しているようには、他人のために自分の命を棄てることはできない。というのは、われわれの救世主は、『使徒行伝』第七章五二節および第二二章一四節にあるように、義なる方であり、『コリント人への第二の手紙』第五章二一節にあるように「罪を知らない方」であり、また、〔『ペトロの第一の手紙』第二章二二節にあるように〕「罪を犯したことがなく、その口には欺きがなかった」方であったからである。それゆえ、〔『コリント人への第一の手紙』第一五章二一節—二二節において〕「死が〔一人の〕人間をとおして〔生じた〕のだから、やはり〔一人の〕人間をとおして死者たちの甦りも〔生じるの〕だからである。なぜならば、アダムにおいてすべての者が死ぬように、そのようにキリストにおいてもまた、すべての者が生きるようにさせられるだろうからである」とされるのである。

『ヨハネによる福音書』第一〇章一七節で、われわれの救世主は、このように他人のために命を棄てることについて次のように語っている。「私が自分の命を棄てるそのゆえに、父は私を愛している。〔命を棄てるのは〕それを再び受けるためである」。彼のこうした服従と苦難とが王国をもって報われたことを、彼は、『ルカによる福音書』第二二章〔二九節〕で、「私の父が私に王国を委ねられた」とわれわれに語っている。そして、彼がこのことに自分が苦難のうちにあるときにも関心を持っていたことは、『ヘブル人への手紙』第一二章二節からも明らかであって、そこには次のように記されている。「彼は自らの前に置かれた喜びのゆえに、恥をものともせず、十字架に耐えた。そして神の座の右に着いているのである」。彼の服従、苦難、そして死のゆえに彼に与えられたこの王国について、彼は、『ヨハネによる福音書』の第一七章一節―四節において次の言葉で言及している。「イエスは天の方にその目を上げて言った、父よ、時が来ました。子があなたの栄光を現わすため、あなたの子の栄光を現わして下さい。〔子〕に与えて下さったもののすべて、その者たちに〔子が〕永遠の生命(いのち)を与えるため、肉〔なる人〕すべてに対する権能(けんのう)を〔子〕に与えて下さったと同じように。永遠の生命、それは唯一の本物の神であるあなたと、あなたが遣わされたイエス・メシアとを〔よりよく〕知るようになることです。私は、行うようにとあなたが私に与えて下さっている業を成し遂げて、地上であなたの栄光を現わしました」。また、聖パウロは、その『フィリピ人への手紙』の第二章八節―一一節で次のように語っている。「己れ自身を低くした、死に至るまで従順になりつつ、しかも十字架の死に〔至るまでも〕。それゆえほかならぬ神は、彼を高く挙げ、すべての名にまさる名を彼に賜った。それは、イエスの名において、天上の者、地上の者、そして地下の者たちの、すべての膝がかがめられ、すべての舌が、イエス・キリストは主なりと告白するためである」。

われわれに理解できることは、このように、子イエス・キリストに天上の永遠に続く王国を立案したのが神であったということである。しかし、「アダムにおいてすべての者が死ぬように、そのようにキリストにおいてもまた、すべての者が生きるようにさせられるだろう(22)」し、すべての人間が最後の審判の日に再び生き返るであろう。しかし、聖パウロが『ローマ人への手紙』第三章二三節でわれわれに確言しているように、すべての人間は罪を犯し、それによって「神の栄光〔を受けるの〕に不十分である」(すなわち、『ローマ人への手紙』第五章一二節、第一五章七節、第一二章七節、『マタイによる福音書』第一六章二七節、『マルコによる福音書』第八章三八節に見ることができるように、しばしば神の栄光とも呼ばれるメシアの天上の王国に至ることができないのである。なぜならば、『コリント人への第一の手紙』第六章九節に「不義なる者たちが神の王国を受け継ぐことはないであろう」と明言されているように、義でない者、つまり、完全な義に達しない者はその王国の永遠なる命に入ることを許されないからである）。そして、罪の報いである死は、神の正しい法に違反したすべての人間に割り当てられるものであり、（神の法に違反した人々は、最後の審判の日にすべての人間の正しい審判者の裁判席の前に現れたときに罪を犯したことが判明するので）、たとえ神の子が、王国の基礎を築き、この世から選ばれた人々を集めるために来臨したのだとしても、もし、彼らが、彼が彼らのために用意した王国における永遠の命に入ることとなく、彼らのすべてが犯したその罪の報いである死を受け入れざるをえないのだとすれば、その来臨は無益だったということになってしまうであろう。また、この第二の死[23]のために、彼には一人の僕も残されないことになったであろうし、万の数万倍、千の数千倍[24]もの数多くの人々の代わりに、「玉座に座しておられるお方と子羊とに、賛美、誉れ、栄光、そして権力とが世々永遠にありますように[25]」と言いながら、彼の名を讃えて歌ってくれる人は一人も残らなかったであろう。

それゆえ、神は、人類に対する慈悲心から、そして、自分の子の王国を樹立し、あらゆる血統の者、あらゆる言語の者、あらゆる国民[26]、あらゆる民族[27]の中から選んでその王国に臣民[28]を提供するために、人の子たちに、(神がこの世に遣わした)子であるイエスは約束された救済者たるメシアであると信じ、また、彼を自分たちの王ならびに支配者として受け入れる者は、すべて、過去における罪も不服従も反抗も赦されるであろうと提案されたのである。また、将来において、彼らが、イエスの法に力の及ぶ限り誠実に従って生きるならば、将来、人間的な弱さによってもたらされる罪も、過去の生活における一切の罪と同じように、彼らは彼の臣民として自分を彼に委ねたのだから、彼によって赦されるであろうというのも神の提案であった。そして、彼らに、彼の名において洗礼を受けさせた(すなわち、彼ら自身をメシアたるイエスの王国の一員に登録させ、彼の臣民であると告白させ、それによって彼の王国の法に従って生活させることになった)彼らの信仰は、彼らを義とする原因になるはずである。すなわち、彼らのその信仰は、信仰を義あるいは完全な服従とみなすことで、彼らを、義認し、正しくし、それによって彼らに永遠の命を可能にさせる神の目からは服従不足に映る欠陥をも補ってくれるはずなのである。

さて、以上が、それによって神が自由な恩寵によって罪深い人間を義認する信仰であることというのは、『ローマ人への手紙』第八章三三節および第三章二六節に神のみが義とするとあるからであるが)を、われわれはすでに示した。それは、福音書記者たちと『使徒行伝』とが記録したわれわれの救世主と使徒たちとの全閲歴を通じて、彼らが、何を宣教し、何を信じるべきだと提示したかを考察することによってであった。ここでわれわれは、イエスが王たる自分たちのメシアであると信じることのほかに、彼の王国の特権、利益、救済を得たいと望む者は誰でも自らその王国に入らなければならないこと、そして、洗礼によって、その王国の住民とされ、その王国に厳粛に結びつけられて、その王国の法に従う臣民にふさわしい生活を送ることがさらに求められることを示すことにしたい。なぜならば、彼らが、彼は自分たちの王たるメシアであると信じながら、彼の法に従わず、彼に自分たちを支配させないとすれば、彼らは立派な反逆者にすぎず、神は、彼らが、罪を増大させ、メシアの王国と計画とにまったく反する信仰を持っているとみなして、彼らを義認することはないからである。『テトスへの手紙』第二章一四節の言葉「この方は、私たちのために御自身を引き渡した〔が、それは〕私たちを全き無法状態から贖(あがな)い出し、立派な行いに熱心な御自身に属す民として清めるために〔だった〕」がそれを示している。それゆえに、聖パウロは、『ガラテア人への手紙』〔第五章六節〕で効力を持つのは「信仰」、それも「愛をとおして働く信仰」であると語り、また、聖ヤコブは、『ヤコブの手紙』第二章〔一四節〕で、業を欠く信仰、すなわち、キリストの法と意志とに心から従うという行いを欠く信仰はわれわれを義認するには十分ではないことを詳述したのである[29]。

実際、それ以外ではありえないであろう。というのは、命、永遠の生命は、〔不正を見るよりも〔正しさを見る〕純粋な目をお持ちの〕正しい神によって、その上に罪の汚点を留めず、罪に侵されてもいない人に対してのみ指定される正義あるいは義の報酬であるので、何を信じようとも、正義をまったく尊重しない人々を神が義認することは不可能であるからである。そうしたことが可能だということになれば、それは、神の本質である純粋性に反して不正を助長し、神聖で、正しく、善なるものである正義の永遠の法を非難することになるであろう。その法のいかなる戒律、いかなる規則も廃棄され、無効にされることはなく、神が神聖で、正しく、また義なる神であり、人間が理性的な被造物[30]である限り、そうしたことは実際にはありえないのである。そして、ほかならぬ神の本質の性質に由来するその法の諸義務は永遠の義務であって、事物の性質を変化させ、正・不正の基準を覆し、それによって、この世に、不規則性、混乱、無秩序を持ち込み、それを正当化することなしには、誰もそれを取り除いたり、存在しないものと考えたりすることはできない。キリストがこの世に来臨したのはそのような目的のためではなく、反対に、堕落した人間の汚れた状態を改善し、そして、生活を改め、悔い改めに見合う果実を生みだした人々によって新たな王国を樹立するためであった。

これが、全人類の法でもあるその王国の法であり、それによって最後の審判の日にすべての人間が裁かれる法である。イエスはメシアであると信じ、その法に従うことによって義を誠実に求めつつ、彼を自分たちの王であると考える人々だけが、その過去の罪を負わされることはないであろう。また、そうした人々は、たとえ彼らが、義〔あるいは完全な服従〕を渇き求め、自分たちが入った王国の法に反して不服従や反抗の行為に奔(はし)ることを自らに許さないとしても、回心後に、脆弱さゆえに法を破り、罪を重ねることになってしまった場合、その〔イエスをメシアだと信じる〕信仰を服従の代わりに受け取ってもらえるであろう。

イエスが、〔われわれに〕一切の過ちと堕落とのない完全な服従を期待したわけではなかったことはたしかである。彼は、われわれの性質と本性の弱さとを大変よく知っており、その欠陥を補うために遣わされたのであった。その上、完全な服従とは、「行いの法」の義であり、その報酬は恩寵ではなく、当然の支払いであった[31]。そして、その報酬に対しては、義とされるために彼らに信仰が負わされる必要はない[32]。彼らは、自分の足で立っていて、すでに正しいので、彼らに、イエスをメシアだと信じさせ、彼を自分たちの王とみなしてその臣民とさせるために斟酌(しんしゃく)する必要はないのである。しかし、彼が、服従、心からの服従を求めていることは、彼自身が述べた法から明らかであり（もしそうでなければ、彼は、彼らを不服従にさせるためだけに法を与え、法を教え込んだのだと仮定できることになってしまう）、また、彼が審判のために来臨したときに告げた判決文から明らかである。

求められる信仰とは、イエスを、神によって世に約束されていた油塗（あぶらぬ）られた者メシアであると信じることであった。（メシアについての約束と預言とがより直接的に与えられていた）ユダヤ人たちの間では、油を塗って聖別する行為は、三種類の人物が就任するに際して行われており、それによって、彼らは別々に三つの重要な職務、すなわち、聖職者、預言者、王のそれに就いたのである。聖書において、これら三つの職務がわれわれの救世主に帰せられているものの、私には、彼が、どこかで自ら聖職者の称号を名乗ったり、あるいは聖職者職に関することを何か語ったりしたかを思いだすことはできない。また、彼は自分が預言者だとはほんのわずかにしか語っておらず、それも、まるでついでであるかのように、ほんの一回か二回にすぎない[33]。しかし、メシアの王国についての福音あるいは良き知らせは、彼が至る所で宣べ伝え、それを世に向けて公言することを自らの任務としたものである。これを彼が行ったのは、単に、自分たちのメシアが、主として王あるいは救済者となる力を帯びて来臨することを待望するユダヤ人たちの期待に応えようとしてだけではなく、王となるという彼が来臨した主たる目的、すなわち、彼がそれを樹立するために来臨した王国の臣民たちによって王として受け入れられるという目的にもっともよく合致するようにしてでもあった。彼は、監禁されてピラトゥスの手に落ちるまでは、自ら直接的には王という称号を唱えなかったが、しかし、王、イスラエルの王がメシアの親しまれ、受け入れられている称号であることは明白である。その点については、『ヨハネによる福音書』第一章四九節、『ルカによる福音書』第一九章三八節を参照し、また、『マタイによる福音書』第二一章九節、『マルコによる福音書』第一一章九節、『ヨハネによる福音書』第一二章一三節、『マタイによる福音書』第二一章五節、『ルカによる福音書』第二三章二節、『マタイによる福音書』第二七章一一節、『ヨハネによる福音書』第一八章三三節―三七節、『マルコによる福音書』第一五章一二節、『マタイによる福音書』第二七章二二節、そして、『マタイによる福音書』第二七章四二節を比較してみていただきたい。

（1）特定の歴史段階にしか妥当せず、普遍性を持たない信仰を指して使われて来た伝統的な用語で、カルヴァンが代表的な主張者であった。

（2）原語は Gospel-Article of Faith である。

（3） もとよりパウロの言葉である。

（4） 原語は evangelizing である。

（5） ロックは聖書の一部を省略している。KJ版の原文は「彼の名において悔い改めと罪の赦しとが、エルサレムから始めて、すべての国民（くにたみ）に宣べ伝えられなければならない」である。

（6） 原語は common-wealth である。

（7） 原語は subjects である。

（8） 原語は Church である。

（9） 原語は be converted である。

（10） 原語は Law である。ユダヤ教の律法と区別するため法と訳した。

（11） 原語は reasonableness である。この言葉は、本書の表題とされながら、唯一ここで使われているだけであり、説明もないので意味は必ずしも明確ではないが、ここでは、「理にかなっていること」と訳した。なお、ロックがこの言葉に込めた含意についての詳細は「訳者解説」を参照されたい。

（12） 原語は necessity である。これも理解が容易ではない言葉であるが、すぐ前の reasonableness と並行的に使われていることから、論理的に必然的であることとほぼ同じ意味で「当然の理であること」と訳した。

（13） これは、明らかに『創世記』第一章二六節に「神は言った、我らの像（かたち）に、我らの姿に似せて、人を造ろう」への言及である。ちなみに、KJ版では、訳文中の「姿」は likeness、「像」は image である。

(14)『創世記』第五章三節参照。
(15) W版、HB版とも三〇節—三五節としているが、三五節が正しいので修正した。
(16) HB版によると、ロックはこの後に次の一文を加筆している。「この言葉について、イーリーの主教は次のように評釈している。『ここで彼は、私たちに、もしも彼が、天からの声がそう語っているように神の子であるならば、彼もまた、自らのうちに生命を持っていることを同じ天からの声で宣言しているかどうかを論じ合うように教示しているのである。なぜならば、その子、その唯一の子が完全に似ている父が生命を持っているからである』」(HB版、一一三頁)。ここでロックが言及しているイーリーの主教とはSimon Patrickのことであり、引用は、彼の*Jesus and the Resurrection Justified by Witnesses in Heaven and Earth*, 1677からのものである。
(17) この部分はKJ版から訳出した。委員会版では「像」が「形姿(けいし)」とされていて、ロックの地の文章と一致しないからである。
(18) 原語はadoptionである。
(19) この委員会版からの引用文中にある「子とされることの霊」はKJ版では 'the Spirit of Adoption' である。
(20) 原語はnatural rightである。
(21) これは、『ローマ人への手紙』第六章二三節にある言葉である。
(22)『コリント人への第一の手紙』第一五章二二節にある言葉である。
(23) この第二の死とは、死からいったん復活した人間が罪を犯したために審判を受けて再び死を迎えることを意味する。

(24) ロックが依拠するKJ版の『ヨハネの黙示録』第五章一一節にある原文は 'Ten Thousand of Times, and Thousands of Thousands' である。ここでは、委員会版の訳に従った。

(25) 『ヨハネの黙示録』第五章一三節にある言葉である。

(26) 原語は people である。

(27) 原語は nation である。

(28) 原語は subjects である。

(29) ここで「業」「行い」と訳した原語は、いずれも works である。

(30) 原語は rational creature である。

(31) これは、明らかに、「業をなす者にとっては、報酬は、恵みに従って〔与えられるもの〕とみなされるのではなく、むしろ当然の支払いとして〔与えられるもの〕とみなされる」という『ローマ人への手紙』第四章四節の言葉から引用したものである。なお、ロックが依拠するKJ版では、この中の「恵み」は grace、「当然の支払い」は debt である。

(32) 『ローマ人への手紙』の第四章五節には「しかし、不信心〔で神なき〕者を義とする方を信じる者にとっては、業を為(な)すことのないままで、その人のその信仰が義とみなされるのである」と述べられている。

(33) イエスは、例えば、『マルコによる福音書』第六章四節、『ルカによる福音書』第一三章三三節で、自らを預言者であると呼んでいる。

第一二章

イエスはメシアであると信じ、彼を王として受け入れた人々が、栄光のうちに彼とその王国をともにする者として認められるために何を為すべきであったかを、われわれは、次の二つのことによってもっともよく知ることができるであろう。すなわち、彼が、彼らに与え服従することを求めた法と、彼らすべてが王座に座る彼の法廷に現れて、この万人の正しい裁き手の口から各人が判決を受けるときに彼が下す宣告とによってである。

イエスが自分に従う人々に信じるべきこととして何を提示したかを、われわれは、彼とその使徒たちとが宣教したことを四人の福音書記者の記述と使徒たちの行伝とのすべてにわたって一歩一歩吟味することによって、すでに見た。それと同じ方法が、われわれに、彼が自らをメシアと信じる人々に対して、その信仰のほかに何かを要求したか、そして、それが何であったかをもっともよく、また、もっとも明確に示してくれるであろう。というのは、彼は王であったのだから、われわれは彼の命令から彼が臣民たちに期待したことを知ることができると考えられるからである。また、もし彼が彼らに何も期待しなかったのだとすれば、彼の命令は単なる見せかけだけのものにすぎなくなってしまうであろうし、その命令に違反した者への処罰が何もないとすれば、彼の法は、命令する権威と、不服従に懲罰を加える権力とを備えた王の法ではなく、力も影響力も持たない単なる空論になってしまうであろうからである。

したがって、われわれは、彼の命令(もしそうしたものがあればの話であるが)から、彼が、天に用意されている彼の王国において永遠なる命へと受け入れられる人々によって行われる必要があるとしたものを理解することができるであろう。そして、この点においては、われわれは欺かれることはない。われわれが彼自身の口から聞いたこと、特に、異なった場所、異なった表現で、何度も繰り返し語られたことは、疑問と議論との余地がないからである。それゆえ、私は、われわれの救世主が聖なる任務に就き、彼の王国の法を告げる以前に宣教者聖ヨハネ、あるいはそれ以外の人物が語ったことはすべて無視するであろう。

聖マタイが、『マタイによる福音書』第四章一七節に「そのときからイエスは宣教し始め、言い〔始め〕た。悔い改めよ。天の王国が近づいたから」(1)とあるように、イエスは、宣教を、悔い改めよと命じることから始めた。また、『ルカによる福音書』第五章三二節で、彼は、律法学者たちとファリサイ派の人々とに対して、「私は義人たちを呼ぶためではなく、罪人たちを呼んで悔い改めさせるために来ているのだ[2]」と語っている。義人は、真にそうであれば、助けを必要とせず、生命の木への権利を持っているからである。

『ルカによる福音書』第六章や『マタイによる福音書』第五章等にある山上の垂訓において、イエスは、彼ら弟子たちに対して、良い行いの模範とならなければならないと命じている。例えば、『マタイによる福音書』第五章一六節には、「あなたたちの光が人々の前で輝くように〔せよ〕。そうすれば彼らは、あなたたちの良い行いを見て、天におられるあなたたちの父を賞め讃えるであろう」と述べられている。また、彼は、彼らに、彼が何のために来臨し、彼が彼らに何を期待しているかを知らせるために、同章一七節、二〇節で、「私が律法や預言者たちを廃棄する」あるいは緩める「ために来た、と思ってはならない。廃棄するためではなく、満たすために」あるいは完成させるために「来たのである」と語り、それゆえに、私は律法を真の、厳密な意味であなたがたに与えるのであるとしている。ここでわれわれが理解するのは、彼が、旧約聖書における道徳的な戒律を確認し、同時に補強していることである。〔同章一八節、一九節には〕「なぜなら、アーメン、私はあなたたちに言う、天と地が過ぎ行くまでは、律法から一点一画も過ぎ行くことは決してなく、すべてが成るであろう。したがって、これらの最も小さい掟の一つですら破棄し、そのように人々にも教える者は、天の王国において最も小さい者」、つまり、(これを解釈すれば)まったく存在しない者「と呼ばれるであろう」とある。また、同章二〇節には、「私はあなたたちに言う、あなたたちの義」すなわち、正しき永遠の律法の実践「が律法学者やファリサイ人たちのそれにまさっていなければ、あなたたちは決して天の王国に入ることはないであろう」と書かれている。彼は、さらに続けて、自分が同章一七節で「私は律法を満たすために来た」と語ったことを、律法学者やファリサイ人たちの改悪され、原義に忠実ではない解釈から自由な、完全で明晰な意味を律法に与えることによって補うために、同章二二節—二六節で次のように述べている。すなわち、彼は、彼らに、殺人だけではなく、理由のない怒り、そして、人を軽蔑する言葉さえも禁じられると語っており、また、彼は、彼らを戒めて、敵対者と和睦し、敵対者に親切にせよ、そうしなければ罰の苦しみを受けるであろうと語っている。

『ルカによる福音書』第六章、より詳しくは『マタイによる福音書』第五章、第六章、第七章に見ることのできる山上の垂訓の続く部分において、イエスが犯せば地獄の業火に焼かれるものとして禁じているのは、単に実際の汚れだけではない。彼は、不品行な欲望、理由のない離婚、裁判での偽証と同じく会話での罵倒、復讐、仕返し、慈善や奉献や断食の誇示、くどくどした祈り、貪欲、俗事への関心、讒責癖をも禁じている。反対に彼が命じているのは、自分たちの敵を愛すること、自分たちを憎む者に良くすること、自分たちを呪詛する者に祝福を与えること、悪意を持って自分たちを遇する者たちのために祈ること、危害にあっても忍耐し、従順にすること、寛大さ、惜しみなく与える心の広さ、同情であり、彼は、そうした個々の命令のすべてを、『マタイによる福音書』第七章一二節で、次のような一般的黄金律[3]で結ぶのである。「だから、あなたたちが人々からして欲しいと思うことはすべて、そのようにあなたたちも彼らにせよ。まさにこれが律法と預言者たちとにほかならない」。そして、彼が、律法への服従をいかに真剣に期待しているかを示すために、彼は、『ルカによる福音書』第六章三五節で、もし、彼らが〔律法に〕従うならば「あなたたちの報いは多くなるだろうし」、彼らは「いと高き者の子らとなるであろう」と語っている。そして、結論として、これら一切に付け加えて、〔『ルカによる福音書』第六章四六節で〕次のような厳しい裁可を下すのである。「あなたたちは、主よ、主よと私を呼びながら、なぜ私の言うことを行わないのか」。つまり、これは、あなたがたが私の言うことに従わないならば、あなたがたが私をあなたがたの王たるメシアであると考えても無駄であるということである。また、〔『マタイによる福音書』第七章二一節には〕「私に対して、主よ、主よと言う者がすべて天の王国に入るのではな」い、つまり神の子となるのではなく、「天におられる私の父の意思を行う者こそが〔天の王国に入るのである〕」と述べられている。そうした〔神の意思に〕服さない臣民たちに対しては、彼らがたとえイエスの名において預言し、奇跡を行ったとしても、イエスは、最後の審判の日に〔同章二三節にあるように〕「私はお前らをまったく知らぬ。私から離れ去れ、不法を働く者どもよ」と告げるだろうというのである。

また、『マタイによる福音書』第一二章四九節〔および五〇節〕には、イエスが、彼の母と兄弟たちとが彼と話したがっていると告げられたとき、彼は「彼の手を、自分の弟子たちの上に伸べて言った、見よ、私の母、私の兄弟たち〔である〕。誰でも天におられる私の父の意思を行う者、その人こそ私の兄弟であり、姉妹であり、母だからである」と述べられている。つまり、『マルコによる福音書』第四章一三節―二〇節にあるように、天なる父の意思を行わなかった者は、神の養子になることもできず、神から永遠の命をともに受け継ぐ者にもなれないというのである。

『マタイによる福音書』第一五章〔一一節〕、『マルコによる福音書』第七章[4]〔一節―五節〕にあるように、ファリサイ人が、彼の弟子たちが不浄な手で〔パンを〕食べて〔「父祖たちの言い伝え[5]」に〕違反しているのを見つけたときに、『マルコによる福音書』第七章一八章─二三章に述べられているように、彼は使徒たちに次のように明言している。「すべて外から人間の中に入って来るものは彼を穢しえないことがわからないのか。なぜならば、それは彼の心の中に入るのではなく、腹の中に入るからだ。人間から出て来るもの、それが人間を穢す。なぜならば、人間たちの心の中からこそ、悪い〔もろもろの〕想いが出て来る。つまり、淫行、盗み、殺人、姦淫、貪欲、悪意、奸計、好色、よこしまな眼、瀆言（と苦言）、高慢、無分別などだ。これらすべての悪しきものは、中から出て来て、人間を穢すのだ(6)」。

イエスは、彼を拒んだり、彼との関係を否定したりすることは、世界の何よりも価値のある魂を失うことになるとして、それよりも、自分自身を否定することや、苦難や危険に身をさらすことを命じた。それを、われわれは、『マタイによる福音書』第一六章二四節─二七節、それに対応する『マルコによる福音書』第八章、『ルカによる福音書』第九章に読むことができる。

『マタイによる福音書』第一八章一節にあるように、使徒たちが、お互いの間でメシアの王国において誰が最も大いなる者かを論じ合った際に、イエスは、『マルコによる福音書』第九章三五節によると、次のように言ってその論争に結着をつけている。「もし人が筆頭の者になりたいと思うならば、彼は万人の最後の者に、万人の奉仕者になるい」と付け加えている。

子供たちのようにならないのであれば、あなたたちは決して天の王国に入ることはない」と付け加えている。

そして、『マタイによる福音書』第一八章一五節(―一七節)には、以下のように述べられている。「もしあなたの兄弟が〔あなたに対して〕罪を犯したならば、行って、あなたと彼だけの間で、彼を諭せ。もし彼があなたの〔言うこと〕を聞くならば、あなたは自分の兄弟をかちえたのである。もし彼が聞かないならば、あなたと共にもう一人か二人を連れて行け。二人、ないしは三人の証人の口で、すべてのことがらが確立されるためである。もし彼が彼らに聞き従わないならば、教会に告げよ。そして彼が教会にも聞き従わないならば、彼はあなたにとって異邦人および徴税人のようになるように」。また、同章二一節には、ペトロが「言った、主よ、私の兄弟が私に対して罪を犯した場合、私は何度まで彼を赦す〔べきな〕のでしょうか。七度までですか。イエスは彼に言う、私はあなたに、七度までとは言わない。七の七十倍までである」と記されている。それから、彼は、自分は赦すのに同僚の僕には厳しい〔悪しき〕僕の譬え話を、同章三四節〔および三五節〕にあるように、次のような言葉で結んでいる。「そこで主人は怒り、彼が借りた者すべてを返すまで、彼を獄吏に引き渡した。もしあなたたちのおのおのが、その兄弟たちを心から赦さないならば、天の私の父もこのようにあなたたちに行われるであろう」。

『ルカによる福音書』第一〇章二五節には、「私は何をしたら永遠の生命を嗣〔げる〕のでしょうか」と質問した律法学者に対して、イエスは「言った、律法には何と書かれているか。あなたはどのように読んでおられるか。すると彼は答えて言った。あなたは、あなたの神なる主を、あなたの心を尽くし、あなたの命を尽くしつつ、あなたの力を尽くしつつ、あなたの想いを尽くしつつ愛するであろう。また〔あなたは〕あなたの隣人をあなた自身として〔愛するであろう〕。するとイエスは彼に言った、あなたはまともに答えた。それを行いなさい。そうすれば生きるだろう」と記されている。そして、その律法学者が、われわれの救世主によるよきサマリア人の譬え話を聞いて、〔盗賊どもの手に落ちた〕人の隣人はその人に憐れみを示した人だと告白せざるをえなくなったとき、イエスは、同章三七節にあるように、「行って、あなたも同じようにしなさい」と命じて、彼を去らせたのである。

『ルカによる福音書』第一一章四一節には、「内にあるものを慈善に施せ、そうすれば見よ、あなたたちにはすべてが清く〔なる〕」とある[7]。

また、『ルカによる福音書』第一二章一五節には、「心して、あらゆる貪欲を警戒せよ」とあり、同章二二節には、「何を食べようか、何を飲もうか、何を着ようかと思い煩うな」(8)とあるが、しかし、足らないことを恐れたり、懸念したりするなとして、〔同章三二節―三七節、四二節―四八節には〕以下のように述べられている。「あなたたちの父は、あなたたちに王国を与えることをよしとされたのだから。あなたたちの財産を売り払い、〔それを〕慈善に施せ。あなたたちは自分のために、古びることのない財布を作れ、また天に尽きることのない宝を〔積め〕。実に、あなたたちの宝のあるところ、そこにあなたたちの心もあるのだ。あなたたちの腰に帯を締めておれ。またともし火を燃やしておれ。またあなたたちは主人を待っている人々と同じように〔なれ〕。幸いだ、主人がやって来た時に目を覚ましているのを見つけられる僕たちは。主人がその奉公人たちの上に立て、彼らに時に応じて糧食を与えるように任命する、忠実で賢い支配人とはいったい誰か。幸いだ、主人がやって来て、そのようにしているところを認められる、かの僕は。まことに、私はあなたたちに言う、主人はそのすべての財産の管理を、彼に任せるであろう。しかし、もしその僕が自分の心の中で、俺の主人は来るのが遅れていると思い、下男や下女を殴り始め、また食らい、かつ呑み、かつ酔い始めるならば、その僕の主人は彼の予期しない日に、そして彼の知らない時刻にやって来て、彼を細切れにし、彼の運命を不忠実な者ども〔のそれ〕と同類にするだろう。また、その僕が自分の主人の意思を知っている〔にもかかわらず〕、主人の意思に添うように備えたり、行ったりしなければ、彼はひどく鞭打たれるだろう。しかし、知らずして、打たれるにふさわしいことをし〔てしまっ〕た者は、少ししか鞭打たれないであろう。そこで、多く与えられた者からは、ことごとく多く求められようし、多く任された者からはいっそう多く要求されるであろう(9)」。

『ルカによる福音書』第一四章一一節には、「自分自身を高くする者は低くされるだろうし、また、自分自身を低くする者は、高くされるだろうからだ」とある。

同章一二節〔―一四節〕には、次のように記されている。「昼食や晩餐を設ける時、あなたは自分の友人たちや自分の兄弟たちや自分の親族や裕福な近隣の者たちを招かないようにしなさい。そうでないと、彼らもまたあなたを招いて、あなたにお返しをすることになってしまう。むしろ、饗宴を催す時は、乞食たち、体の不自由な者たち、足の萎えた者たち、盲人たちを招きなさい。そうすれば、幸いだ、あなたは。彼らはあなたにお返しする〔すべ〕を持っていないからだ。まさに、義人たちの起き上がりの際に、あなたにお返しがなされるだろう」。

同章三三節には、「このように、あなたたちのうちで自らの財産のすべてを断念しない者は、誰一人私の弟子になることはできない」とある。

『ルカによる福音書』第一六章九節〔、一一節、一二節〕には、次のように述べられている。「私もあなたたちに言う、あなたたちは自分のために、不義のマモンで友人たちを作るがよい。それがなくなる時、彼らがあなたたちを永遠の幕屋(まくや)に受け入れてくれるようになるためだ。もしあなたたちが不義なマモンに忠実にならなかったならば、誰があなたたちに真実なものを任せるだろうか。もしあなたたちが他人のものに忠実にならなかったならば、誰があなたたちにあなたたちのものを与えるだろうか[10]」。

『ルカによる福音書』第一七章三節〔―四節〕には、「もしあなたの兄弟が罪を犯すならば、彼を叱るがよい。そしてもし彼が改心するなら、彼を赦(ゆる)してやれ。そしてもし一日に七度まであなたに対して罪を犯し、七度まで改心しますと言いながらあなたのところへ立ち帰ってくるなら、彼を赦してやれ」とある。

『ルカによる福音書』第一八章一節には「彼は、彼らが常に祈っていなくてはならず、倦(う)んではならないことを〔示そうとして、〕ある譬(たとえ)を語るのであった」と書かれている。

同章一八節〔―二二節〕には次のようなことが述べられている。「ある人が来て、師よ、私は何をすれば永遠の生命(いのち)を嗣(つ)〔げる〕のでしょうかと尋ねた。そこでイエスは彼に、もし命に至りたいなら掟を守りなさいと答えた。その人は、どの掟をですかと言った。イエスは、掟ならご存知だろう、姦淫するな、殺すな、盗むな、偽証するな、お前の父と母を敬え、隣人を自分と同じように愛せがそれであると言った。するとその人は、それらのことはすべて、小さい時から守っていますと言った。イエスはそれを聞いて、彼に愛を込めて言った。まだあなたには一つ残っている。自分の持っているものをことごとく売り払って、貧しい者たちに分配しなさい。そうすればあなたは、天に宝を持とう。そうして私に従って来なさい」[11]。これを正確に理解するためには、われわれは、この若い男が、われわれの救世主に対して、メシアの王国に実際に入れてもらうために何をしなければならないかを尋ねていることに注目しなければならない。ユダヤ人たちは、メシアが来臨したときに彼らの民族のうちでメシアを受け入れた者は死ぬことはないということ、その人たちは、そのときに死んでいてメシアにより再び甦らされた人々とともに、彼と永遠の生命を享受するはずであるということを信じていた。われわれの救世主が、〔永遠の生命への〕この要求に答えて、若い男に、メシアの王国において永遠の生命を得るためには掟を守らなければならないと語り、それから、律法のいくつかの教えを数え上げたのに対して、その男はそれらの教えを自分は子供の頃から守っていると言ったのである。聖書は、律法の教えを守っていることでイエスはその若い男を愛したとしている[12]。しかし、われわれの救世主は、その男が彼はメシアであると心のうちから信じているか、また、彼を王と考え、王として彼に従う決意をしているかを試すために、持っているものすべてを貧しい人たちに与えてから、来て彼に従うように命じ、そうすれば天に宝を持つことになるだろうと語ったのである。私は、この箇所の意味は次の点にあると解する。すなわち、持っているものすべてを売り、貧しい人たちに与えよということは、彼の王国の固定的な律法ではなく、その若い男が彼はメシアであると本当に信じ、彼の命令には直ちに従い、彼の王が求めたときには彼に従うためにすべてを放棄するかどうかを試すための教訓的命令(13)であったという意味にである。

それゆえ、われわれは、われわれの救世主が、彼をメシアとして受け入れないユダヤ人たちについて注目している箇所である『ルカによる福音書』第一九章一四節で、彼をメシアとして受け入れないことについて次のように語るのを見るのである。「われわれは、この者がわれわれを〔王として〕支配することを望みません」。つまり、われわれが、彼の法に従い、彼を、われわれを支配する王と考えるのでなければ、彼はメシアであると信じるだけでは十分ではないということなのである。

『マタイによる福音書』第二二章一一節―一三節には、招待に応じて婚礼に来た男が婚礼の衣服を着ていなかったので闇(やみ)の中に放りだされたとある。ここで婚礼の衣服とは、明らかに良き業を意味しており、上等の麻でできた清潔で白い婚礼の衣服は、『ヨハネの黙示録』第一九章八節が語るように「*δικαιώματα* 聖徒たちの義しい行為」であり、あるいは、聖パウロが『エフェソ人への手紙』第四章一節で呼ぶように、「あなたがたが召されたその召しにふさわしく歩む」ことである。これは、〔『マタイによる福音書』第二二章〕二節でわれわれの救世主が語った譬え話、「天の王国は、自分の息子のために婚礼を催す一人の王と同じであると言える」からも明らかである。ここで、彼は、招待客を以下の三種類に区別している。第一は、招待されたのに来なかった人たち、すなわち、福音つまり神の王国についての良き知らせの提示を受けながら、それを信じなかった人たちである。第二は、やって来たのに、婚礼の衣服を着ていなかった人たち、すなわち、イエスはメシアであると信じながら、（そう言ってよければ）真の悔い改めと生活の改善という新しい衣服を身にまとっておらず、また、『コロサイ人への手紙』第三章〔一二節以下〕で使徒たちが身につけることを求めているさまざまな徳で身を飾ることもない人たちである。第三は、招待され、婚礼の衣服を着てやって来た人たち、すなわち、福音を聞き、イエスはメシアであることを信じ、彼の法に誠実に従う人たちである。これら三つの分類のここでの明らかな企図は、そのうち、最後の人たちだけが祝福され、彼らのために用意された王国を楽しむことになっているということを示すことにあるのである。

『マタイによる福音書』第二三章〔八節―一二節〕には、次のように書かれている。「あなたたちはラビと呼ばれるな。あなたたちの師は〔ただ〕一人であり、あなたたちは皆兄弟だからである。またあなたたちは、地上で〔何者をも〕あなたたちの父と呼ぶな。あなたたちの父は〔ただ〕一人、天の〔父のみ〕だからである。また、あなたたちは教師と呼ばれてはならない。あなたたちの教師は〔ただ〕一人、メシア〔のみ〕だからである。また、あなたたちの〔うちの〕大いなる者は、あなたたちに仕える者となるであろう。また、自分自身を高くする者は低くされるであろう。そして自分自身を低くする者は高くされるであろう」(14)。

『ルカによる福音書』第二一章三四節には、「そこで、用心しておれ。〔さもなければ、〕あなたたちの心が酒宴や酩酊や生活の思い煩いで鈍重になり」と書かれている。

『ルカによる福音書』第二二章二五節〔および二六節〕には次のように記されている。「イエスは、彼らに言った、異邦人たちの王らは彼らを支配し、異邦人たちに権力を行使する者たちは恩恵者と呼ばれている。しかし、あなたたちはそうではない。むしろ、あなたたちの間で大いなる者は、若輩の者のようになるがよい。また指導する者は仕える者のように〔なるがよい〕」。

『ヨハネによる福音書』第一三章三四節〔および三五節〕には「新しい命令をあなたが

たに与える。あなたがたも互いに愛し合うようにと、私はあなたがたを愛した。同じように、あなたがたは互いに愛し合いなさい。あなたがたが互いに対して愛を持つなら、それによって、あなたがたが私の弟子であることを、すべての人が知るようになるであろう」とあり、このお互いに愛し合いなさいという命令は、第一五章一二節と一七節とで繰り返されている。

『ヨハネによる福音書』第一四章一五節には「あなたがたは、私を愛しているなら、私の命令を守ることになるはずである」とあり、二一節には「人が私の命令を保ち、それらを守るなら、その人こそが私を愛する人である。私を愛する人は私の父から愛されるようになり、私も彼を愛して、彼に私自身を顕すことになる」とある。また、二三節には「私を愛する人がいれば、私のことばを守ることになるはずである」とあり、二四節には「私を愛そうとしない人は、私の〔これらの〕ことばを守ろうとしない」とある。

『ヨハネによる福音書』第一五章八節には、「このことによって、つまりあなたがたが多くの実を結び、私の弟子〔だと明らか〕になることによって、私の父が栄光をうけるのである」とあり、一四節には「私があなたがたに命じることをあなたがたが行っているなら、あなたがたは私の友である」とある。

このように、われわれは、われわれの救世主が、道徳法を確証し、律法学者やファリサイ派の人々によるその汚染された解釈を浄化して、その法の義務および厳格さを示しただけではなく、さらに、ときとして、彼が新たに課した命令のいくつかに弟子たちが従うように要求したこと、しかも、その要求には、その命令に従うか従わないかによって、来世における言葉では表されない報酬と罰とが与えられるという強制が伴っていたことを知るのである。私が思うに、彼が、自分に付き従う人々に対して、自ら、あるいは彼の使徒たちを通じて、どこにおいても明確な言葉で繰り返し説き聞かせてはいないようないかなる道徳的義務もない。では、彼は、何のためにでもなく、彼らに実(み)を生みだすように強いたのであろうか。また、彼らの王である彼が命じているのに、それが非本質的なことであるなどということがあるのだろうか。あるいは、彼らの幸福と不幸とは、彼らが彼に従うか従わないかによって決まらないのであろうか。彼らは、彼はメシアであると信じることを求められるが、その信仰は、義に欠けるところがある場合に、その義を完成させるものとみなすことを恩寵によって約束されたものである。しかし、義であること、あるいは神の法への服従は彼ら自身の偉大な務めであり、もし彼らがそれを自分自身の行いによって達成できたとすれば、そうした信仰の報酬としての恩寵による赦しなどは必要ではなかったであろう。しかし、復活の後の永遠の命は、旧い契約、すなわち、行いの契約によって彼らに当然与えられるべきものなので、それを受けるための行いの規則は、厳格さが減じられることはあったとしても、決して廃止されたわけではないのである。その規則の中で申しつけられている義務は、依然として義務であった。彼らの義務は決して終わったわけではなく、それを故意に怠ることが免除されることもなかった。しかし、彼らが過去に犯した義務違反は、約束されたメシアであるイエスを自分たちの王として受け入れた人々に対しては赦されたのである。また、彼らが将来において過ち(あやま)を犯したとしても、それは、もし彼らが、過去の不正を断ち切って彼の王国に入り、彼の法に従おうという確たる決意を持ち、またそうしようと努める彼の臣民であり続けるならば、相殺してもらえるのである。したがって、こうした義、すなわち、完全に服従することと罪を免れることとは、今後ともなお、誠実に努力して行われなければならない。そして、彼の法に故意に服従しないことに固執する人々が、いかに彼を信じたとしても、彼の王国の永遠なる喜びのうちへと受け入れられるということは、どこにおいても約束されてはいないのである。

心からなる服従は、人がそれにどれほど疑念を持ち、そう呼ぶことにいかに躊躇(ちゅうちょ)しようとも、信仰と同じように、新しい契約の一条件にほかならない。誰か、服従以外のことすべてを怠るために、われわれの救世主による山上の垂訓を読む人はいるであろうか。そこにおけるわれわれの主の言葉以上に、何か明確なものはありうるだろうか。『マタイによる福音書』第六章一四節には次のように書かれている。「もしあなたたちが人々の〔もろもろの〕過ちを赦すのであれば、天のあなたたちの父も、そのあなたたちを赦して下さるであろう。しかし、もしあなたたちが人々を赦さないならば、あなたたちの父もあなたたちの〔もろもろの〕過ちを赦して下さらないであろう」。また、『ヨハネによる福音書』第一三章一七節には、「このことがわかっているなら、〔そして〕それを行うなら、あなたがたは幸いである」とある。このことは、新しい契約に決して欠くことのできない条件であるから、われわれの救世主が人々に命を得させる条件を知っていた以上、服従なくして信じることは無益であるか、受け入れられないであろう。『ルカによる福音書』第六章四六節で、彼は、「あなたたちは主よ、主よと私を呼びながら、なぜ私の言うことを行わないのか」と語っている。つまり、彼に服従せずに、彼を主たるメシアと信じても十分ではないのである。ここで彼が語りかけているのが信仰を持った人々であったことは、それに対応する箇所である『マタイによる福音書』第七章二一節―二三節から明らかである。そこには次のように記録されている。「私に対して、主よ、主よと言う者がすべて天の王国に入るのではない。そうではなく、天におられる私の父の意思を行う者こそが〔天の王国に入るのである〕」。反逆者、強情な不従順者は、イエスの名において奇跡を行うことができるほどにこれまで彼を信じて来たとしても、天の王国に入ることは許されないであろう。それは、〔二一節に〕続く〔二二節、二三節の〕次の言葉から明らかである。「その日には、多くの者が私に言うであろう、主よ、主よ、私たちはあなたの名で預言したではないですか、またあなたの名で悪霊どもを追い出したではないですか、またあなたの名で多くの力〔ある業〕を行ったではないですか。しかしそのとき私は、彼らに宣言するであろう、私はお前らをまったく知らぬ。私から離れ去れ、不法を働く者どもよ」。

使徒たちもまた、新しい契約のこの部分をメシアの福音を宣べ伝えるに当たって信仰の教義に付け加えている。

『使徒行伝』第二章三七節によると、聖ペトロは、「深く心を抉られ」た人々に「私たちはどうしたらよいのでしょうか」と尋ねられたとき、その最初の説教において「悔い改めなさい。そして、あなたたち一人一人が、あなたたちの罪の赦しに至るために、イエス・キリストの名において洗礼を受けなさい」と語っている。同書第三章二六節に以下のようにあるように、ペトロは、同様のことを再び次の説教で語っている。「神はまずあなたたちのために、息子イエスを起こして、あなたたちを祝福するために遣わされました」[16]。このことは、どのようにして行われたのだろうか。それは、〔同節にあるように〕「あなたたち一人一人をあなたたちの悪から立ち帰らせて」であった。

彼ら使徒たちは、同じ教義を大祭司や指導者たちに対しても宣教している。『使徒行伝』第五章三〇節〔―三二節〕には次のように書かれている。「私たちの先祖たちの神は、あなたたちが木にかけて殺したイエスを起こしました。この方を神は、イスラエルに悔い改めと罪の赦しとを与えるために、君としてまた救い主として、ご自身の右に挙げられたのです。私たちはこれらの事柄の証人です。神がご自身に従う者に贈られた聖霊も、その証人なのです」。

『使徒行伝』第一七章三〇節には、パウロが、今や福音の下にあるアテネの人々に、神は「どこにいる人でも皆悔い改めるようにと命じておられます」と語ったとある。『使徒行伝』第二〇章二〇節で、聖パウロは、エフェソ人の長老たちとの最後の集会において、救済に必要な教義のすべてを彼らに説いたことを告白して次のように述べている。「あなたたちに役立つことを、公衆の前でも家々でも、告げ知らせなかったり教えなかったりしたことは、何ひとつありませんでした。ユダヤ人にもギリシア人にも証しして来ました」。それからパウロは、何が彼の宣べ伝えたことであったかを〔同じ節で〕説明して、次のように語っている。すなわち、それは、「神に対する悔い改めと、われらの主イエス・メシアに対する信仰と」にほかならない。これは、聖パウロが宣教した福音の要約にして骨子であり、また、彼が救済に必要なものとして理解していることのすべてであった。つまり、それは、「悔い改めと、イエスをメシアとして信じることと」であった。そして、同章三二節にあるように、パウロは、再び会うことのない彼らに次のような言葉で最後の別れを告げるのである。「そして今、私はあなたたちを、神とその恵みの言葉とに委ねます。この言葉には、あなたたちを建て上げ、すべての聖徒と共に、あなたたちに遺産を与える力があるのです」。ここには、言葉と恩寵の契約とによってもたらされる遺産があるものの、それはただ聖別された人々にしかもたらされないものなのである。

『使徒行伝』第二四章二四節によると、〔総督〕フェリクスが、「キリストへの信仰について」妻ドルシラとともに聞くために「パウロを呼び出し」たとき、パウロが、義すなわち正義、節制、われわれが他人と自分自身とに対して負っている義務、来るべき審判について論じたところ、それを聞いたフェリクスはついに震え始めたという。これによって明らかなのは、節制と正義とがパウロが告白した宗教の根本的な部分であり、彼が宣教した信仰のうちに含まれていたということである。そして、もし、われわれが、パウロは道徳法の義務を至る所で強調することはなかったということに気づいた場合、われわれは、記録に残されている彼の説教のほとんどが、律法のすべての規律への服従を当然の義務と認めていること、また、パウロよりも律法に対して熱心ではないと疑われることを不適切だと考えるユダヤ人たちに対して、彼らの会堂で宣べられたものであることを想起しなければならない。それゆえ、彼の説話が、主として、彼らが依然として欲しながら、しかも嫌悪していたこと、すなわち、イエスを彼らの約束されたメシアであると知り、また受け入れることに向けられたことには、理由がなかったわけではないのである。しかし、彼の宣教が総じてどのようなものであったかについては、もし、われわれが彼自身を信じるならば、われわれは、『使徒行伝』第二六章を見るのがよいであろう。パウロは、アグリッパ王に対して自分の生涯と教義とを説明しながら、その二〇節で次のように語っているからである。〔私は〕「ダマスコスの人々をはじめとして、エルサレムの人々、またユダヤ全土、さらには異邦人にまで、悔い改めて神に立ち帰り、悔い改めにふさわしい業を行うようにと宣べ伝えました」。

このように、われわれは、われわれの救世主と彼の使徒たちとの宣教によって、次のことを知るのである。すなわち、それは、彼が、彼はメシアであると信じ、自分たちの主、自分たちの救済者として彼を受け入れる人々に対して求めたのは、彼の法に従って生きるべきだということであったこと、そして、〔彼らが、彼をメシアだと信じ、また、そう考える彼への信仰によって彼の臣民となることの報酬として彼らの以前の罪が許されるはずであるとはいえ、〕それでもなお、〔信仰だけでは〕彼らのうちの誰であっても、自分の臣民と認めたり、新たなエルサレムの真の住人として受け入れて永遠の命を継がせたりすることをせずに、以前の誤りを捨てず、彼の命令への心からの服従に生きることもしない不義なる者という非難の中に放置したことである。彼は、立法者として、白らに従う人々に何を期待するかを十分に明らかにした。そして、彼は、彼らが、信仰、恩寵、自由なる恩寵、そして、罪の赦し、彼による救済(これが彼が来臨した偉大な目的であった)に関する教義を誤解することで欺かれてはならないことについて、一度ならず彼らに明言している。また、彼は、彼が、世の終末に当たって、偉大で栄光ある裁きの席に座して、各人が肉体を持っていた際に行ったことに応じて各人に報いを与えるために来臨したとき、彼を認め、彼の名において奇跡を行った人々をも例外とはせずに、どのような怠慢、どのような誤謬のゆえに裁き、死を宣告するかということについても同様であった。

われわれの救世主が、最後の審判の日について言及しているのを見いだす最初の箇所は『ヨハネによる福音書』第五章二八節―二九節で、それは次のような言葉によってである。「時が来ようとしている。その時になれば、墓にいる人たちが皆彼の」すなわち神の子の「声を聞くこととなり、善いことをした人たちは生命(いのち)への甦りのために、悪いことをした人たちはさばきへの甦りのために出て来ることになる」。もし、われわれがわれわれの救世主を信じているならば、〔生命とさばきと〕に分かつものは、善を行ったか、悪を行ったかということである。そして、彼は、悪を行った人たちを審判し、非難することが必要な理由を、同章三〇節において、以下の言葉で示している。「私は私自身からは何もできない。聞く通りにさばく。そして私のさばきは義しい。私が自分の意思ではなく、私を派遣した方の意思を求めているからである」。彼は、独力で審判を下すことはできなかった。彼が所持する審判の権能は[17]、彼自身がその意志に服従し、また、不義なる人間が天の王国に入ることを許さない純粋な目を持つ神によって委嘱されたものにすぎなかったのである。

『マタイによる福音書』第七章二一節、二三節で、再び、最後の審判の日について語ったイエスは、彼の宣告が「私から離れ去れ、不法を働く者どもよ」となるだろうと述べている。悔い改めて信じ、誠実に服従することで行いの欠けたところが補われ、恩寵によって、彼らは義とされるであろう。しかし、われわれが気づくのは、誰も、不信仰のためにではなく、ただ悪しき行いのために宣告を受け、罰せられるということである。「彼らは不法を働く者ども」であって、彼らにだけ、宣告が告げられるということなのである。

『マタイによる福音書』第一三章四一節〔および四二節〕には、次のように書かれている。「この世の終りにおいて、〈人の子〉はその御使いたちを遣わし、彼らは、彼の王国からすべての躓(つまず)きと、不法を行う者どもとを抜き集め、彼らを火の炉(ろ)に投げ入れるであろう。そこでは嘆きと歯ぎしりとがあるであろう」(18)。そして、同章四九節で、再び、「御使いたちがやって来て、義人たちの只中から悪しき者たちを選び分け、彼らを火の炉に投げ入れるであろう」と述べられるのである。

『マタイによる福音書』第一六章二七節には次のように記されている。「〈人の子〉は、彼の父の栄光のうちに、彼の御使いたちと共にやって来るであろう。そしてそのとき彼は各人にその行いに従って報(むく)いるであろう」。

『ルカによる福音書』第一三章二六節〔および二七節〕には、「その時、あなたたちは言い始めるだろう、私たちは、あなた様の面前で食べて飲みましたし、またあなた様は私たちの大通りでお教えになりました。すると彼は、あなたたちに語りながら言うだろう、私はお前らがどこから来たのか、知らぬ。私から離れよ、〔お前たち〕どれもこれも不義を働く者どもよ」と述べられている(19)。

『マタイによる福音書』第二五章三一節―四六節には次のように書かれている。「さて、〈人の子〉がその栄光のうちに到来し、そしてすべての御使いたちが彼と共に〔やって来る〕時、彼はその栄光の座につくであろう。そして諸国民が彼の前に集められるであろう。そして彼は、彼らをお互いに選り分けるであろう。それはちょうど、牧者が羊の群を山羊の群から選り分け、羊の群を自分の右側に、山羊の群を左側に据えるようである。その時王は、その右側にいる者たちに言うであろう、私の父に祝福された者たちよ、来るがよい。あなたたちのために、世の開闢以来備えられていた王国を継ぐがよい。なぜならば、あなたたちは、私が飢えた時私に食べ物を与え、私が渇いた時私に飲み物を与え、私がよそ者であった時私を歓待し、私が裸であった時私に衣を着せ、私が病弱であった時私を見舞い、私が獄にいた時私のもとに来てくれたからである。その時、義人たちは彼に答えて言うであろう、主よ、いつ私たちはあなたが飢えておられるのを見て食物を差し上げましたか等々。すると王は彼らに答えて言うであろう、アーメン、私はあなたたちに言う、私のこれらの最も小さな兄弟の一人にあなたたちがしたことは、私にしたのである。そのあとで、彼は左側にいる者たちに言うであろう、私から離れ去れ、悪魔とその使いの者らに備えられた、永遠の火に〔入るべく〕呪われた者たちよ。なぜなら、お前たちは私が飢えた時に私に食べ物を与えず、私が渇いた時に私に飲み物を与えず、私がよそ者であった時に私を歓待せず、私が裸であった時に私に衣を着せず、私が病弱であり、また獄にいた時に私を見舞ってくれなかったからである。これらの最も小さな者の一人にお前たちがしなかったことは、私にしなかったのである。そして、この者たちは永遠の刑罰へと就くであろう。他方、義人たちは永遠の生命へと就くであろう」」[20]。

私が思うに、以上が、われわれの救世主が最後の審判に言及し、その偉大な日における自身の行動の仕方について述べたすべての箇所である。われわれが見たように、そこにおいて注目すべきことは、すべての箇所で、信じるか、信じないかということにふれることなく、行ったか、行わなかったかに従って宣告がなされることにほかならない。それは、福音を宣教された誰かが、イエスはメシアであるということを信じなくても救済されるということではない。なぜならば、すべての人間が、罪人であり、律法に違反する者であり、不義なので、すべての人間は、イエスはメシアであることを信じ、義であることが帰せられるその信仰のゆえに恩寵によって神により義とされなければ、有罪という宣告を受けることになるからである。しかし、侵犯に対するこうした援護、こうした認可を持たない他の人間は、自分の行為に責任を取らなければならず、律法の違反者であることが判明した場合には、信仰の欠如のためにではなく、律法に完璧に服従しなかったことのために、律法の条文と罰則条項とにより罰せられることになる。その法への不服従は、すべての不義なる者が、信仰を欠くために、彼らの罪を公然と暴き、彼らを律法による有罪判決にさらすといった罰を科せられるような罪ではないのである[21][22]。

（1）ここはKJ版から訳出した。委員会版では「悔い改めよ」が「回心せよ」となっている。

（2）ここでも、委員会版では、「悔い改めさせる」が「回心させる」になっている。

（3）原語は、周知のように、general Golden Rule である。『ルカによる福音書』第六章三一節にも黄金律が述べられている。

（4）W版では第六章になっているので修正した。

（5）この言葉は委員会版から引用した。いわゆる、言い伝えられてきた「口語律法」と言われるものを指す。

（6）ロックは、この部分の引用に当たって、かなりの省略を行っている。

（7）同じ『ルカによる福音書』第一二章三三節の「あなたたちの財産を売り払い、〔それを〕慈善に施せ」とほぼ重なる一文である。

（8）ロックはこの一文を改竄（かいざん）している。聖書では、委員会版もKJ版も「命のために何を食べようか、また体のために何を着ようか、と思い煩うな」である。

（9）ロックは、この長い引用を行うに当たって、聖書原文に若干の省略と修正とを施している。

（10）聖書のこの部分は、難解で知られるが、委員会版の二六一頁に付された注を参考に解釈すれば、「不義のマモン」つまり現世的な富が「なくなる時」、つまり、それを慈善に施すとき、「真実なもの」つまり福音の言葉にふれ、「他人のもの」つまり現世的な財を去って「あなたたちのもの」つまり、天の救いに至るであろうというふうに解することができるであろう。

（11）この部分はロックの記述通りに訳出した。彼は聖書から引用するに当たって、いくつかの修正を行っているからである。例えば、委員会版では「指導者」、KJ版では'ruler'とされているのを'one'に、また、委員会版では「善い先生」、KJ版では'Good Master'とされているのを'master'に変え、また、列挙した掟の最後に、委員会版にもKJ版にもない「隣人を自分と同じように愛せ」を加えている。

(12)　委員会版にもKJ版にも、イエスがその若い男を愛したということを直接告げる言葉はない。ロックは、その若い男が「大金持ち」であり、それゆえに「天に宝を持つ」ことができないと「悲しみに沈んだ」のを見て、その男に富の危険を諭したという『ルカによる福音書』第一八章二三節—二四節の記述からそう解釈したとも考えられよう。ロックが富の危険を示す命令を教訓的としている点もそれをうかがわせるように思われる。

(13)　原語は probationary command である。

(14)　ここでもキリストはメシアとされている。

(15)　原語は indifferent thing である。もともと、善でも悪でもない道徳的に無記な行為を形容し、ギリシア語を語源とするラテン語の adiaphoros がキリスト教神学に取り込まれて英訳された言葉である。聖書において明示的に禁じられても命じられてもいないことがらや行為、魂の救済に不可欠なものとの対比で救済に不可欠でも本質的でもないことがらや行為を指す言葉として用いられるようになった。一般的に、礼拝の場所や時間、礼拝時に着用する衣服の色などはそれに属するとされた。しかし、ロックが生きた一七世紀のイングランドにおいては、何が救済にとって「非本質的」であるか、それを決定するのは各教会・各宗派なのか世俗権力なのかをめぐって激しい論争が繰り広げられた。この論争に対するロック自身の対応については、ジョン・ロック著、加藤節・李静和訳『寛容についての手紙』岩波文庫、一三三頁―一三四頁の註(104)を参照されたい。

(16) この部分は、KJ版から訳出した。

(17) 原語は power of judging である。

(18) この引用文の冒頭部分「この世の終りにおいて」は前節にある言葉で、ロックが補ったものである。

(19) ロックは、この二つの節の一部を省略して引用している。

(20) ロックはこの長い引用文の一部を省略している。

(21) 原語は punishment である。

(22) 原語は guilt である。

第一三章

ここで普通に出される反論は、次のようなものである。すなわち、それは、恩寵による認可を受け、イエスはメシアであると信じ、彼を力を尽くして服従しようと決意した王と考えることで神によって義とされた者を除くすべての罪人が断罪されるとすれば、われわれの救世主の時代の前に生き、彼の名を聞いたこともなく、それゆえに彼の存在を信じることもできなかったすべての人類については、いったいどういうことになるのかというものにほかならない。これに対しては〔次のように〕きわめて明快で、道理にかなった答えを出すことができるので、人は、分別のある人が、どうしてそれを論じるに値すると考えるのだろうかと訝(いぶか)ることであろう。誰であっても、信じるようにと提示されていないものを信じるように求められることはないし、そんなことは不可能なのである。神が自分自身の叡知にもとづく計画に沿って自分の子を世に送ることに決めた時が満ちる前に、神は、幾度となく、また異なった仕方で、イスラエルの民に、彼らの間から立てられ、彼らの支配者にして救済者となるべき並々ならぬ人[1]を来臨させることを約束していた。神は、その時と、その人の誕生、生涯、人柄[2]をめぐる諸事情とを、さまざまの預言において、きわめて詳細に述べ、きわめて明確に予告していたので、その人は、ユダヤ人たちの間では、それらの預言のいくつかの中で与えられていたメシア、あるいは油塗られた者という名の下によく知られ、また待望されていたのである。したがって、その人が世に現れる以前に求められたことのすべては、神が啓示したことを信じること、心からの確信をもって、神がその約束をはたしてくれることに信頼を寄せることであり、また、然るべきときに、神がその言葉に従って、彼らのところに、油塗られた王であり、約束された救世主、救済者であるメシアを遣わしてくれることを信じることであった。

全能なる神は、このように神の約束を信じること、神の言葉と信義とを信頼し、それに黙従することを、われわれ貧しく、か弱い被造物が、神の力能と叡知と、神の善性と真理性とに対して払う敬意の大きな印としてわれわれの手から嘉納され、そしてまた、われわれに対する神の特別な摂理と恵み深さとをわれわれがお認めしたことと考えて下さるであろう。それゆえに、われわれの救世主は、『ヨハネによる福音書』第一二章四四節にあるように、「私を信じる人は、私ではなく、私を派遣した方を信じているのである」とわれわれに語るのである。自然の働きは神の叡知と力能とを示す[3]が、しかし、神の恵み深さと善性とを示し、その結果、人々の心を神への愛と情愛とに引き入れるのは、人々への約束のうちにもっとも顕著に見いだされる人類への神の特別な配慮なのである。このように、神への信頼と情愛とを堅くして心を神に捧げることは、われわれが神に献じることができ、また神にもっとも受け取ってもらえる貢物であり、〔神への〕真の帰依とあらゆる宗教生活との基礎である。神が、御自身の言葉を信頼し、その約束に満足して安らうことにどれほどの価値を置いているかについては、われわれは、前に『ローマ人への手紙』第四章〔三節〕から引いて注意したように、その信仰が「彼にとって義とみなされた」アブラハムに一つの例を見ることができる。そして、神がその約束を果たすことを少しも疑うことなく神を堅く信頼していたことで、アブラハムには信仰篤き者の父の名が与えられ、また、彼は全能の神の御心に非常にかなったので、被造物に付与される最高で、もっとも栄光に満ちた称号である「神の友」(4)と呼ばれるようになったのである。約束されたもの、それは、妻サラが儲(もう)けた一人の息子だけであったが、その彼によりカナンの地を所有することになる無数の子孫が生まれた。これらは単に一時的な祝福にすぎず、〔アブラハムにとっては〕(息子の誕生を除けば)きわめて遠い先のことであって、生きて見ることも、自分自身でその恩恵を受けることもないものであった。しかし、アブラハムはその約束が履行されることを疑わず、その約束を行った神の善性、真理性、誠実性に完全に満足して安らっていたので、彼は神によって義とみなされたのである。このことを、聖パウロが『ローマ人への手紙』第四章一八節—二二節でどのように述べているかを見てみよう。「アブラハムは、希望に抗い(あらが)つつ、〔しかもなお〕希望に基づいて信じた。そして〔聖書に〕あなたの子孫はこのようになるであろうと言われているように、彼は多くの民の父となったのである。そして彼は、信仰において弱くなることはなかったが、百歳ほどになっていて〔すでに〕〔性的に〕死んだ状態になってしまっていた彼自身のからだと、〔妻〕サラの胎(たい)の死んだ状態とを、〔つぶさに〕見据えた。しかし彼は、神の約束を不信仰をもって疑うことはせず、むしろ神に栄光を帰し、信仰において強められたのである。また彼は、〔神は〕約束したこと〔は、これ〕を成就することもできる、ということを確信していた。それゆえに、そのことは彼にとって「まさに〕義とみなされたのである」。

ここで、聖パウロは、アブラハムの信仰の強さと堅さとを力を込めて述べた上で、われわれに、アブラハムはそれにより「神に栄光を帰し」、それゆえに「義であるとみなされた」と告げているのである。これは、神が貧しく、弱く、死すべき人間を遇する仕方にほかならない。神は、彼らが神の約束を信じ、神の真実性と善性とを迷うことなく信頼するならば、それを寛大にも喜んで善きこととして受け取り、それに義という座と、神の目から見た一種の報酬とを与えるのである。聖パウロは、『ヘブル人への手紙』第一一章六節で「信仰をぬきにしては」神に「喜ばれることは不可能である」とわれわれに語っているが、しかし、同時に、それがいかなる信仰であるかについて、「神〔の御前〕に進み出ようとする人は、〔神が〕存在し、ご自分を希求する人々に対して報いる者になることを信じたはずだからである」と述べている。つまり、その人は、神に服従しようとする人々に対する神の慈悲と善意とを確信しているはずであり、また、その人は、神が、人々に、自然の光か特定の約束かによって、その優しい慈悲心を何に向けるかを明らかにしたり、神の恵み深さの何に期待すべきかを教えたりしたいかなることに対しても、神を信頼する者たちには神は報いを与えて下さることを信じているはずであるということなのである。聖パウロは〔彼が、それなしにわれわれが神を喜ばすことができず、また昔の聖人たちに推奨された信仰によって何を意味したかをわれわれが間違わないようにと〕、信仰についてのそうした記述を、次のような人々の一覧表[5]の中に置いている。すなわち、それは、信仰において傑出した人々であり、また、聖パウロが、迫害を受けて回心したヘブル人たちを、イエス・キリストの来臨による解放への確信と、彼らが福音の下で今持っている約束への信仰とを貫くように励ますための模範とした人々であった。これらの模範によって、聖パウロが彼らに勧告したのは、目の前にある希望に「たじろぐ」ことをせず、キリスト教の信仰告白を棄てないことであった。このことは、〔『ヘブル人への手紙』の〕前の〔第一〇〕章三五節―三八節にある次の言葉から明らかである。「それゆえ、あなたがたは自分たちの確信を棄ててはならない。それには大いなる報いがあるのである。神の意思を行って約束を手に入れるためには、あなたがたには忍耐が必要である(というのは、それがギリシア語の意味であり、われわれの翻訳では「忍耐」とされるからである。『ルカによる福音書』第八章一五節参照のこと)(6)。なぜなら、あとほんの少しばかりすれば、来るべき方が来るであろう。遅れることはない。私の義人は信仰に基づいて生きるであろう。しかし、彼がたじろぐなら、彼は私の心にかなわない」(7)。

聖パウロが、〔『ヘブル人の手紙』〕第一一章の以下に引く言葉で列挙し、提示している信仰のもろもろの例は、明らかに次のことを示している。すなわち、それは、古い信仰者たちが神を喜ばせた信仰とは、自然の光あるいは特別の約束が彼らに待ち望む根拠を与えた良きことのために、神の善性と誠実性とに迷うことなく信を寄せることであったということである。こうした信仰が神に対してどのような効用を持つかについては、同章四節の次の言葉から理解できるであろう。「信仰によって、アベルはカインよりも優れた生け贄を神に献げた。彼が義人であることは、〔信仰を〕介して証しされた」。また、五節には「信仰によって、エノクは死を見ないように移された。神が彼を移したので、見いだされなかった。というのは、移される前から、神に喜ばれていたことが証しされていたのである」[8]とあり、さらに、七節には「信仰によって、ノアはまだ目にしないことについて託宣を受け、畏敬をもって受け入れて、自分の一族の救いのために箱船を設けた。それを媒介として〔ノアは、この〕世界を断罪し、信仰による義の相続者となった」と述べられている。そして、神が、そのように寛大に受け取り、また報いたものが何であったかについては、同章一一節が、われわれに次のように語っている。「信仰によって、――〔妻の〕サラその人も不妊であったが――、年齢上の時機を越えていたのに子孫を儲ける力を受けた」。どのようにして彼女がこうした恩寵を神から得たかについて、使徒パウロは、〔同じ節で〕彼女が「約束した方は真実な方だと考えたからである」とわれわれに語っている。したがって、キリストが来臨する以前に神を喜ばせ、神によって受け入れられた人々がそうしたのは、神が自分たちに明らかにしてくれる限りにおいて、神の約束を信じ、神の善性を頼りにしてのことであった。というのは、パウロは、同章一三節で、「信仰をもって、この人たちは皆死んだ。約束〔されたもの〕はまだ受けなかったが(つまりその成就はまだだったが)、遠くからそれを見て納得し、喜んで受け入れた」[9]と述べているからである。これが、彼らに求められていることのすべて、すなわち、彼らに与えられた約束に納得し、それを喜んで受け入れることであった。彼らが受けている約束と、彼らがその下にある神の摂理[10]とによる限り、彼らは、自分たちに提示されている以上のことには納得のしようがなく、また、自分たちに明らかにされていないことを喜んで受け入れることなどできなかったのである。もし、「遠くから見ていたもの」を信仰し、神によって与えられた約束のゆえに彼らが神に信頼を寄せ、メシアが来臨することを信じることが、キリスト以前の人々を神に受け入れさせ、神の前で彼らを義とするに十分であるとすれば、私は、神は、自分たちに独自の信条と体系とのあらゆる条項を信じない者は誰をも受け入れない、(否、人によっては)受け入れることは不可能だとまでわれわれに語る人々に、次のことを考えていただきたいと思う。すなわち、神は、その無限の慈悲心をもって、これまで、神が、その約束に従って、然るべきときに、王にして救済者になるべきメシアを遣わして下さるということだけを信じて来た人々と同じように、今、ナザレのイエスは約束されたメシアであり、王であり救済者であると信じる人々をも義とすることができないなどということがどうしてありうるのかということをである。

(1) 原語は extraordinary person である。

（2）原語は person である。
（3）ロックはこうした考え方を、例えば、*Essays on the Law of Nature*, edit., W. von Leyden, Oxford, 1956, pp. 152-153, *An Essay concerning Human Understanding*, edit., Peter H. Nidditch, Oxford, 1975, p. 89 でも述べている。
（4）イサクである。
（5）この一覧表とは、『ヘブル人への手紙』第一一章四節—一二節に挙げられているものであり、その内容のほとんどは次のパラグラフで述べられている。
（6）ロックが依拠したKJ版も patience となっている。
（7）この部分は、委員会版とKJ版とではやや異なっているが、基本的には委員会版に従った。
（8）ロックはこの部分の一部を省略して引用している。
（9）この部分は、委員会版とKJ版とではかなり異なっているので、ロックに忠実にKJ版に従った。
（10）原語は dispensations である。

第一四章

その中により重要なものを含んでいるように思われるもので、われわれがしばしば出合うもう一つの難題がある。それは、キリスト以前の人々の信仰(つまり、神は約束通りに、その民の王にして救済者になるべきメシアを遣わして下さると信じること)も、キリストの時代以降の人々の信仰(つまり、イエスは神によって約束され、遣わされたメシアであると信じること)も、ともに人々を義とするものであるが、では、人類の残り全部の人々、すなわち、救世主の約束や福音も、遣わされ来臨するメシアなどという言葉も耳にしたこともなく、したがって、その人について考えたことも、信仰を持ったこともない人々については、はたして、どういうことになるのだろうかということである。

それに対して、私は、〔『コリント人への第二の手紙』第八章一二節に従って〕神が各人に求めるのは「所有しないものに応じてではなく、所有しているものに応じて」であると答える。一タラントンしか与えなかったのに、一〇タラントンを活用するようにと期待することはできないし、聞いたこともない約束を信じるように求めることもできないであろう。その点で、『ローマ人への手紙』第一〇章一四節にある使徒〔パウロ〕の次のような推論はきわめて正しい。「いかにして人々は、自分が聞いてもいない者を、信じようとするであろうか」。しかし、たとえ、イスラエルの政治的共同体に属さない他国人であって、イスラエルの民に神が下した託宣（たくせん）を知らない人、また、メシアの約束が届かず、したがって、その約束の啓示を信じたり、拒否したりする立場にはない人が数多くいるとしても、しかし、神は、理性の光によって、その光を用いることのできるすべての人類に、御自身が善であり、慈悲深いことを啓示された。人間の内にあって、人間を人間とし、人間が人間としてその下にある法を教える天与の性質と理解力との閃光が、同じように、人間が、その法を破った場合に、慈悲心に富み、親切で、憐れみ深く、人間とその存在との父にして創造者である神は、どのようにして罪を贖（あがな）って下さるかを人間に示すのである。この主の灯火（ともしび）を自分の義務が何であるかを知るために用いる人間は、その義務を果たすことができなかった場合にも、和解と赦しとの方法を見いだすことに失敗しないであろう。しかし、もしその人間が、自分の理性をそのように用いることをせず、その光を消すか無視するならば、その人は、和解も赦しも見ることはおそらくないであろう。

法とは、正義の永久かつ不変の基準である。そして、人は、自分の子だけではなく、敵に対してもまた、悔い改めて、赦免(しゃめん)を求め、改心を申しでるならば許さなければならないということがその法の一部をなしている。したがって、その人は、この法の創造者、慈悲心に富み、忍耐強く、慰藉(いしゃ)を与えてくれる神は、もし、その子孫が自分たちの誤りを認め、自分たちが法を犯したことを非とし、神の赦しを乞い、自分たちが、正しく正義に適っていると認めるその規則に自分たちの行為を将来にわたって一致させることを誠実に決意するならば、自分たちの意志薄弱な子孫をも許してくれるであろうということを、疑うことができなかったのである。そして、福音の啓示は、こうした和解の道、こうした贖罪の希望を、自然の光は彼らに明らかにした。そして、福音の啓示は、それと反対のことは何も言っておらず、彼らが、その善性と慈悲心とがその業のすべてを覆っている彼ら自身の主たる父に自らの浮沈を委ねるままにさせたのである。

私は、これに反対して、『使徒行伝』第四章の次の箇所を進んで論じたいと考える人がいることを知っている。その一〇節―一二節にはこういう言葉がある。「あなたたち一同もイスラエルの民全体も、このことを知ってもらいたい。あなたたちが十字架につけ、神が死人たちの中から起こしたナゾラ人イエス・キリストの名によって、それによってこの人が癒され、あなたたちの前に立っているのです。この方こそは、あなたたち家造りによって棄てられ、隅の親石となった石なのです。そして、他の誰によっても救いはない。私たちがそれによって救われるべき名は、これ以外に、天の下、人間には与えられていないからです」。これは、要するに、イエスただ一人が真のメシアであり、彼以外の他の人物は、その名においてわれわれが救済を求め、また希望することができる神と人間との媒介者としては与えられていないということなのである。

ここで、おそらく、次のような疑問が出されるであろう。地獄は何を目的とするのか。救世主には何が必要であったか。われわれがイエス・キリストによって得るものは何か。(7)

われわれの浅薄な考察と狭い理解力とによって、神の叡知を理解し、それについて正しい判断を下すことは、おそらくまったく不可能ではあるとしても、為されることの適切性は、その行為をさせた神の叡知にそれを帰着させることで十分に正当化される。われわれは、現世についてはほとんど何も知らないし、その叡知的世界の状態についてはまったく何も知らない。その叡知的世界には、われわれの理解も想像も及ばない無限の数と位階とからなる精霊が存在する。そのため、われわれには、神の王国に関連して、神とわれわれの救世主との間にどのような取り決めがあったかはわからない。また、どのような必要性から、「『ヨハネによる福音書』第一二章三一節等にある」「この世の支配者」、〔『エフェソ人への手紙』第二章二節にある〕「天空という権勢領域の支配者」等に対立して「頭（かしら）」[8]や「救いの導き手」[9]が立てられたかもわれわれは知らない。聖書には、これらのことについて、ぼんやりとした暗示をさえもさらに超えたことが書かれているのである。そして、もし、われわれが、弱く、また、おそらく一方に偏ったわれわれの知性が説明できないことのすべての弁明を神の叡知あるいは摂理に求めながら、それを無作法にも無益なこととして非難するならば、それは、われわれが、自分にあまりに多くを恃（たの）んでいるということになるであろう。

以上のような一般的な回答は、先に挙げた問いへの返答としては十分なものであろうし、また、理性的な人、あるいは真理を誠実に探究する人ならばそのまま黙認してくれるものでもあろう。しかし、目下の特殊な場合に限って答えれば、神の叡知と善性とは、それ自体を普通の理解力に対してきわめて明確に示してくれるので、自分たちが神の叡知と善性とについて何を必要としており、それが自分たちになぜ授けられているかを教えられない限り恩恵を受けているとは考えない好奇心に富み、穿鑿（せんさく）好きな人々さえも満足させるに足る手段を、われわれに豊かに与えてくれるのである。われわれがイエス・キリストの来臨によって受ける偉大な、また多くの利益は、彼がこの世に遣わされたことが必要であったことを示すであろう。

われわれの救世主が天から与えられた職務は、あらゆる種類の人々の前で彼が行った数多くの奇跡が示すように、きわめて偉大なものであったので、彼が宣教したことは神託として、また、疑い得ない真理として受け入れるほかないものである。なぜならば、彼が行った奇跡は、神の摂理と叡知とによってはっきりと定められたものであり、キリスト教のいかなる敵、いかなる反対者によっても否定されたことはなく、また、否定されえないものだったからである。

自然の働きは、そのあらゆる部分において十分に単一の神の存在を証明しているが、しかし、世人は、自身の理性をほとんど活用しなかったので、その印象によってだけで容易に神を発見できた際にも、神を見ることがなかった。

ある人の場合には感覚と欲望とが、他の人の場合には不注意による軽率さが精神を曇らせることによってであり、また(超越的な未知の存在があることを信じるか、あるいは、そうした存在があるかもしれないとどこかで考えざるをえない)ほとんどの人にあっては、おそるおそるの懸念が、その頭を神に関する誤った観念で満たし、好むままに礼拝を愚にもつかぬ儀式で一杯にするために、彼らを聖職者たちの手に委ねさせるのである。そして、ひとたび恐怖と狡知とから始まったものは、信心によって神聖なものにされ、不易の宗教にされるのである。真の神をめぐるこうした暗黒と無知との状態の中で、悪徳と迷信とが世界を支配してきた。そこでは、理性からの助けは得られなかったし、それを望むこともできなかった。理性に耳が傾けられることはなく、理性はそうした場合には関係ないものと判断され、聖職者たちは、どこにおいても、自分たちの帝国を守るために、理性を、宗教において何かをすることから排除したのである。そして、誤った観念の雲と無理やり作りだされた儀式との中で、世の人々は、一人の、唯一の真なる神の姿をほとんど見失ったのであった。

人類の中の理性的で、ものを考える人たちが、そうした神を求めた結果、一人の、至上で、不可視の神を発見したことはたしかである。しかし、彼らがその神を認め、崇拝した場合にも、それはただ彼ら自身の心の中でだけそうしたにすぎなかった。そうした人々は、その発見した真理を秘めごととして自分の胸のうちにしまい込んで、あえて人々にそれを公表することはせず、ましてや、自分たちの信仰箇条と自分たちに利益となる〔儀式という〕創作物とを用心深く守っている聖職者たちに対して発表することなどはしなかったのである。ここからわれわれが理解できることは、賢く、有徳な人々に対してはきわめて明晰に語りかける理性が、大衆の間に十分に行き渡って、社会全体の人々に、容認され、崇拝されるべき神はただ一人しか存在しないことを納得させるだけの権威を持っていなかったということである。唯一の神を信じ、崇拝することはイスラエル人の民族宗教[10]に限られており、そのことを考えると、それが、イスラエルの民の間に導入され、彼らの間で支持されたのは啓示によってであった。彼ら〔イスラエルの民〕は〔エジプトの〕ゴシェンにいて光を持っていたが、世の他の人々はほとんどがエジプトの暗黒[11]の中にいて「この世界に神を持っていなかった[12]」のである。

人類の中で、アテナイ人以上に、優れた資質を持ち、あるいはその資質をより陶治し(とうや)て、偉大な理性の光を手にし、また、さらにあらゆる種類の思索においてその理性に従った人々はいなかった。しかし、そのアテナイ人の中にあって、ただ一人ソクラテスだけが、彼らの多神教と神に関する臆見(おっけん)とに反対し、それを嘲笑したが、われわれは、そのために彼が彼らによってどのように報復されたかを知っている。また、たとえプラトンや哲学者のうちでもっとも分別のある人々が、単一の神の本質と存在とについてどのように考えていたとしても、彼らは、外面的な信仰告白と礼拝とにおいては、進んで民衆と歩みをともにし、法によって定められた宗教を守ったのである。その宗教がどのようなものであり、また、それが、知識に富み、鋭敏なギリシア人たちの心にどのような傾向を与えたかについて、聖パウロが、われわれに『使徒行伝』第一七章二二節―二八節で次のように語っている。「アテネの人々よ。私は、あなたたちがあらゆる点で最も信心深い人々だと見ております。というのは、私が町を歩きながらあなたたちの聖所を見学していたところ、『知られざる神に』という刻文のある祭壇さえも発見したからです。ですから、私は今、あなたたちが知らずに崇拝しているもの、それをあなたたちに告げ知らせましょう。世界とその中の万物とを造られた神は、天地の主なのですから、手で造られた神殿などには住まわれません。また、何か不足なところがあるかのように、人間の手によって仕えられることもありません。神自らがすべての人々に、生命と息と万物とを与えて下さっているのですから。また、神は一人の人からあらゆる民族を造り出し、地の全面に住まわせ、彼らに一定の時期と居住地の境とをお定めになりました。これは、人に神を求めさせるためであって、もし人が探り求めさえすれば、神を見いだすでありましょう。実際に、神は私たち一人一人から遠く離れてはおられません」。ここでパウロがアテナイ人たちに語っているのは、創造と摂理との業のうちに人々を真の神へと導いてくれるどのような光があろうとも、彼らおよび(迷信に身を任せている)世のその他の人々の中で、その神を発見する者はほとんどいないだろうということである。真の神はあらゆる所で彼らの近くにいるが、彼らは、暗闇の中で手探りをして何かを感じている人のように、神を明るい白日の光の中では見ずに、〔同章二九節にあるように〕「神的なる者を、人間の技術や思惑の産物である金や銀や石などの像と同じものと思って」いたのである。

われわれの救世主は、「真の神」に関して、世界がこのような暗黒と誤謬との状態のうちにあることを発見したのである。しかし、彼がもたらした澄明(ちょうめい)な啓示は、その暗黒を消滅させて世の人々に「一人の、目に見えぬ、真の神」を知らせ、しかも、それを、多神教も偶像崇拝も、どこにおいてもそれには逆らうことができないような明証性と力とをもって行ったのである。彼が真理を宣べ伝え、福音の光が届いた所では、どこにおいても、そうした霧は追い払われたのであった。そして、われわれは、われわれの救世主の時代以降、ついに、「唯一神への信仰」が全地表を支配し、そこに行き渡ったことを知るのである。なぜならば、われわれが唯一神の承認とそれへの信仰告白とを帰さなければならないのは、まさに救世主が御自身とともにこの世にもたらした光に対してであり、マホメット教[13]もまた唯一神をその光から引きだし、借用したからである。それゆえ、こうした意味において、聖ヨハネがわれわれの救世主について『ヨハネの第一の手紙』第三章八節で次のように語っていることは、たしかに、そして明らかに真実である。「神の子はその悪魔の業を滅ぼすために現れたのである」。この光を世人は必要とした。そして、世人が神の子から受け取ったのは、存在するのは、いかなる可視の事物とも類似しておらず、またそれらによって表現されることもない「永遠で、不可視の」ただ「一人の神」だけであるということであった。

もし、モーセによって家父長たちに与えられた啓示はそうしたことを教えたのではなかったのか、またそれはなぜ不十分であったのかと問われるならば、それへの答えは明らかである。つまり、天と地との創造主である一人の不可視の神についての知識がいかに明確に啓示されたとしても、その啓示は、世界の小さな一角、啓示とともに受け取った〔モーセの〕律法によって他の人類との交易も交流も許されなかった人々の間に封鎖されたものであったということが、その答えにほかならない。われわれの救世主の時代およびそれより数世代以前の異教徒の世界においては、ヘブル人たちは、その上に自分たちの信仰を打ち立てるためのいかなる奇跡の証言をも持ち得なかった。それが始まったのはユダヤ人たちからであったが、ユダヤの民は人類の大部分の人々には知られておらず、彼らを知っている民族には軽蔑され、卑しいと考えられていた。したがって、彼らは、世界に唯一神の教義を普及させ、彼らがその教義を得た古来の啓示の力強さと影響力とによって地上における諸民族にその教義を拡散させるには不適切であり、また、彼らにはその能力もなかったのである。しかし、われわれの救世主は、来臨したとき、この垣根の隔壁(かくへき)(14)を倒壊させ、彼の奇跡と福音とをカナンの地、あるいはエルサレムの崇拝者たちに限定しなかった。そうせずに、彼は、サマリアで宣教し、また奇跡を、テュロスとシドンとの境界において、あらゆる地域から集まって来た群衆の目の前で行ったのである。そして、復活してからは、その使徒たちを諸民族の下に遣わして奇跡を行わせたが、彼らのその奇跡は、あらゆる地方できわめて頻繁になされ、また、白昼、あらゆる種類の人々から成る数多くの目撃者の前でなされたので、すでに述べたように、キリスト教に敵対する[15]人々も、思い切ってそれを否定することはしなかったのである。否、皇帝ユリアヌス自身も否定しなかった。彼は真理を探究する技術にも能力にも欠けるところはなく、したがって、もし、彼が、福音書の記述の中に何らかの虚偽を突きとめるか、あるいは、キリストやその使徒たちに関して公にされた事実に疑問を付する根拠を少しでも発見していたならば、彼が、それを主張したり、暴いたりすることをしないということはありえなかったであろう。われわれの救世主とその随順者たちとによって行われた奇跡の数と明証性とが、真理の威力と説得力とによって、この強大で学識のある皇帝と、彼の領土内にいて彼に仕えるすべての有能な人々とを圧倒したのである。ユリアヌスは、彼の機知がどんなに巧妙な思いつきを案出し、あるいは、悪意がいかに反対を提案したとしても、それが認められればわれわれの救世主の教義と職務との真実性が不可避的に認められることになる奇跡というきわめて明白な事実を、敢えて勇気をもって否定することはしなかったのである。[16]

2　万物の創造者である単一の神に関する知識の次に人類に欠けていたのは、義務についての明確な知識であった。知識のこの部分は、異教徒の哲学者のうちのある人々によっていささかの注意を払いつつ開拓されて来たが、人々の間ではほとんど地歩を固めてはいなかった。実際、すべての人は、神々の不興を買う罰を恐れて、頻繁に神殿詣でをしなければならなかった。人々は生贄を献じ、神に奉仕するために神殿に出向いたが、神官たちは、人々に徳を教えることを自分たちの任務とはしていなかった。人々が、儀式などの遵守や儀礼に熱心であり、祭礼の挙行、典礼の執行、宗教的な服務時間に几帳面であれば、聖職層[17]は、彼らに神が喜ばれていることを保証しはしたが、人々にそれ以上を求めることはなかったのである。自分たちの義務について教えを受け、自分たちの行為において何が善であり、何が悪であるかを知るために哲学者たちの学校に通う者はほとんどいなかった。神官たちは安価なお買い得品を売ったので、すべての者を顧客にすることになった。すなわち、お清め式や行列祈禱を行うことは、汚れのない良心を持つことや、着実に徳の道を歩むことよりもずっと容易であり、徳の欠如を償う罪滅ぼしのための生贄を差しだすことは、厳格で聖なる生活を送ることよりもはるかに安直なことであったのである。したがって、宗教があらゆる所で徳から区別され、また、それよりも好まれることになり、その反対のことを考えることは異端であり不敬なことだとされたのも、何ら不思議なことではない。そこで、政治的共同体の公民法[18]が、社会の一体性を保ち、統治の静穏さに資するのに必要なだけの徳を為政者の下で生活している人々に教え、また強制することになった。しかし、こうした法は、その大部分が、自分自身の権力しか目的としていないような人物によって作られていたので、人々を一体として服従させるのに適するもの、あるいは、せいぜいのところ、すべての人民の繁栄と現世的な幸福とに直接貢献するもの以上には及ばなかった。

また、自然宗教について言えば、それは、私の知っているその全範囲のどこにおいても、自然の理性の力の助けを受けたことはない。自然宗教においてこれまでに為されてきたことがほんのわずかであることから見て、理性の力に支えられることなく、真の基礎の上に明晰で説得力に富む光をもって道徳の全領域を確立することは、この上なく困難な仕事だと思われる。しかし、一般大衆や人類の大部分の者の理解にとっては、一人の明らかに神によって遣わされ、神からの目に見える権威を帯びて来臨した人が、彼らに王および立法者として義務を語り、彼らにそれへの服従を求めることの方が、それを、彼らのために作りだされるべき、長く、ときに込み入った理性の演繹に委ねておくよりも、少なくとも、より確実で、より手っ取り早い方法である[19]。人類の大部分は、そうした推論の連鎖を評価する時間的余裕もなければ、教育も習慣も欠くために、それに判断を下す技能もない。われわれは、われわれの救世主の時代以前において、こうした理性の推論ということにおいて、哲学者たちの企てがいかに不首尾に終わったかを知っている。彼らのいくつかの体系が、真の完全な道徳の完成にいかに到達しえなかったかはきわめて明白なのである。そして、それ以降、キリスト教徒の哲学者たちが、異教徒の哲学者たちに大いに優位してきたとはいえ、キリスト教徒の哲学者たちが付け加えた真理の最初の知識が啓示に負うものであることにわれわれは気づくであろう。その真理に耳を傾けて、よく考察すれば直ちに判明するように、たとえ、その真理が理性に適うものであり、理性とは決して矛盾するものではないとしてもそうなのである。誰であれ、理性に合致するものとして直ちに同意した非常に多くの真理が、最初は他人から受け取ったものであり、それを自ら発見するとなると大変に困難であり、おそらく自分の能力を超えていることがわかるものであるということに気づくであろう。純粋で原初的な真理[20]は、それを、すでに掘りだされ、仕立て上げられた形で手渡されているわれわれが想像しがちなようには、鉱山から簡単に掘りだされるものではない。そして、物を考える人間について、いかに頻繁に、五〇歳代、六〇歳代になって自分は何と間違った考え方をしていたことかと自分でも驚いているといったことが語られることだろう。しかし、その考え違いというものは、彼ら自身が瞑想したところで直すことができたというものではなく、また、おそらく、彼らのために瞑想というものが決して直すことができそうもないものであった。経験が教えるように、道徳に関する知識は、単なる自然の光のみによっては（それが道徳に関する知識にどれだけ適合的であるにしても）、世の中で遅々たる進展しか見せず、さほど前進しないものである。その理由を、人々の思考を別な方向へと逸らせる人間のさまざまな必要性、情念、悪徳、誤った利害関心のうちに見いだすことは困難ではない。そして、計画を立案する指導者たちも、彼らに追従する大衆も、彼らの熟考をこの〔道徳の〕方向へと向けることは、自分たちの目的には沿わないと考えるのである。また、それ以外にいかなる原因があるとしても、人間の理性が、単独では、道徳という理性にとって重要であり、ふさわしいものである仕事において、事実上、人々を失敗させてきたことは明らかである。その単独の理性が、疑い得ない原理から、明晰な演繹によって、自然法の全体系を作りだしたことは決してなかった。哲学者たちが唱える道徳規範を拾い集め、それを、新約聖書に含まれている道徳規範と比較する人は、哲学者たちのそれが、われわれの救世主によって述べられ、ほとんどが無知な、しかし霊感を受けた漁夫たちから成る一団であった彼の使徒たちによって教えられた道徳には遠く及ばないことを見いだすであろう。

しかし、あるいは誰か、われわれの救世主の時代以前に賢明な異教徒たちが語ったことには、キリスト教のうちに見いだすことができる道徳規範が集積されているのではないかと考える人がいるかもしれない。だが、このことは、にもかかわらず、世の人が、われわれの救世主と、彼が述べた道徳とを同じように必要とする状態にあったということを妨げるものではない。福音書にあるすべての道徳的規律が、〔われわれの救世主〕以前に、人類の誰か、または他の人に知られていたということを、(真理ではないとしても)認めることにしてみよう。しかし、その場合にも、そうした道徳的規律が、どこで、どのようにして知られ、それにどのような効用があったかはまだ考察されていないのである。それらを、あちこちから、あるものはギリシアのソロン[21]やビアス[22]から、他のものはイタリアのタリー[23]から拾い集め、さらには、その道徳的規律集成を完成させるために、はるか中国の孔子まで参考にし、また、スキト人のアナカルシス[24]にも分に応じて寄与させるのだと仮定してみよう。人類にとって、生活と礼儀作法との疑うことのできない規則となりうるような完全な道徳を世人に与えるために、これらすべてが一体、何の役に立つというのだろうか。私はここで、時間、場所、言語を相互に大きく異にして生きた人々から、いろいろなものを拾い集めることなど不可能であると主張するつもりはない。また、私は、世のすべての賢人から道徳的格言を集めたストバイオス[25]のような人がかつて存在したということを考えたいとも思う。しかし、こういうものは、確固とした規則、いわば、われわれがそれに服する法の一種の写本たらしめるために、結局のところ何の役に立つのだろうか。アリスティッポス[26]や孔子の言葉が、それらに権威を与えたであろうか。あるいは、ゼノン[27]は人類の立法者であっただろうか。もしそうではないとすれば、彼、あるいは他の哲学者たちが語ったことは、単にその人の説にすぎないのである。人類は、自分が好むかどうか、または、自分の関心、熱情、原則、あるいは気質に適しているかどうかに従って、それに耳を傾けても、それを拒否してもかまわない。人々は何の義務をも負ってはおらず、あれこれの哲学者の言葉に権威があるわけではなかった。もし、権威があるのであれば、あなたがたは彼の言ったことがすべて同一の性格を持つものとして受け取らなければならない。つまり、彼の指示は、そのすべてが確実で真なる法として通用しなければならないか、すべてのものがそうではないかである。したがって、もし、あなたが、(その多くをセネカが評価し、是認して引用している)エピクロス[28]の道徳的格言のどれかを自然法の規則とみなすならば、あなたは、彼の教説の残りのすべてをもそうしたものと考えなければならない。そうしなければ、彼の権威は消滅してしまい、彼から、あるいは他の古代の賢者から、彼らが義務であることを証明したものは別としても、服従すべき義務を伴う自然法の部分として受け取るものはもはやなくなるのである。しかし、そうした理性の原理から自然法であることが証明されており、生のすべての義務を教えるような倫理体系を、世人が、われわれの救世主の時代以前にすでに持っていたなどとは誰も言わないだろうと私は思う。〔そうした倫理体系にとっては〕理性に合致する賢者の言葉があちらこちらにばらまかれているというだけでは十分ではないのである。自然法はまた、便宜の法ともされたので、そうした才覚のある人々や(機会をとらえて徳のどんな部分をも考察しようとする)徳の研究者たちが、その義務を自然法の真の原理や道徳の基礎から引きだすことなく、熟考によって、見せかけの便宜や美しさから正義に光を当てようとするのも不思議なことではない。しかし、哲学者たちや賢者たちが残したばらばらの格言は、それ自体がどんなに優れ、彼らによる意図がどれほど適切なものであっても、世人を納得させることができる道徳には決してなりえないし、人類が確信をもって依拠できるような法の力を持つに至ることも決してないのである。

以上のように、人々が自分たちの作法をそれに一致させるべき基準として普遍的に役立つものは何であれ、その権威を、理性から、あるいは啓示から受け取らなければならない。道徳について書く人、そして、他人から借用して道徳集を編む人のすべてが、それによって人類のための立法者や妥当性を持つ規則の指示者になりうるわけではない。なぜなら、彼らの規則は、彼の本の中に、あれこれの哲学者の権威に支えられて見いだされるものにすぎないからである。したがって、誰であれ、そうした〔理性あるいは啓示から権威を受け取るといった道徳の〕種類を打ち立て、また、その規則を真の命令として通用させたと主張する人は、次のいずれかを示さなければならない。すなわち、その人は、自らの教説を、それ自体が自明な理性の原理の上に確立し、明晰かつ判明な論証によってその教説のすべての部分を演繹したということを、または、神の意志と命令とを伝えるために、神からの権威を携えて来臨するという天から託された任務を帯びていたということを示さなければならないのである。まず、前者の方法によっては、われわれの救世主以前の時代において私の知っている誰もその〔道徳の理性的な演繹という〕ことを行っていないか、あるいは、そもそも道徳をわれわれに与えようとする努力を払っていないかである。自然法は確かに存在する。しかし、今までに、自然法を、完全な法として、すなわち、自然法に含まれるものを過不足なく含み、自然法が持つ義務にも欠けるところのない完全な法としてわれわれに与えた人、あるいは与えようと企てた人はいただろうか。これまでに、誰が、自然法のすべての部分を書きだし、それらを総合し、世人にその人たちの義務を示したであろうか。われわれの救世主の時代以前に、人類が、誤りのない規則として頼ることのできた法典がはたしてどこかに存在しただろうか。

もしそうした法典が存在しなかったとすれば、次のような道徳を、すなわち、正しく歩もうと願う人間を導く確実な指針になり、もし彼らにそうしたい気持ちさえあれば彼らに誤りなく義務を果たさせ、義務を実践したときはもちろん、たとえ実践し損なったとしても義務を果たしていると確信させてくれる法をわれわれに与える一人の人が明らかに必要であった。イエス・キリストが、新約聖書の中で、そうした道徳法をわれわれに与えたのである。しかし、それは先に挙げた第二の方法、すなわち、啓示によってであった。われわれは、彼から、われわれを導く完全で十分な規則、しかも理性のそれと合致する規則を得ているのである。しかし、その規律の真理性と義務とは、彼の聖なる職務の明証性によって説得力を与えられ、われわれにとって疑う余地がないものになるのである。彼は神によって遣わされた。彼が行った奇跡がそれを示しており、また、彼の規律における神の権威は疑い得ないものである。ここに、道徳は、啓示が保証し、理性が否定したり、疑ったりすることができず、啓示と理性とが、偉大な立法者である神から来たものであることを証明する確固たる基準を手にしたのである。そして、新約聖書から得られたこうした道徳の基準は、思うに、世界が決して手にしたことはなく、また、どこか他の場所で発見できるなどと誰も言うことができないものであった。誰か、道徳に関する教義は、われわれの救世主が誕生したときには世の中に十分に、そして明白に存在していたと考えたがる人に、私は、次のように問いたいと思う。それは、もし、ブルトゥス[30]およびカッシウス[31](両者はともに才能もあり、徳もあったが、死後の存在を前者は信じ、後者は信じなかった)が、その方〔つまり、われわれの救世主〕に、それによって彼らが生き、また、それによって、有罪として告発されたり無罪とされたりする法はどこで発見できるかと尋ねたならば、その方は、彼らに対して、彼らの職務上のあらゆる規則と義務とに満足せよと以下のどちらの方向を指して指示しただろうかということをである。もし、賢者の格言や哲学者の宣言を指してであったとすれば、その人は、彼らを、決して脱けだすことのできない不確実さという野生の森、果てしない迷路へと送り込むことになる。また、もし、世界の宗教を指してであったとすれば、もっと悪いことになろう。あるいは、もし彼ら自身の理性を指したならば、その方は、彼らに対して、ある程度の光明と確実さとを持つとはいえ、これまでに人類を完全な規則という点で躓かせて来たもの、われわれが知っているように、研究熱心で、ものを考えるのに熱心な哲学者の間で巻き起こる疑問を解決できず、また、世界の文明化された地域に住む人々に対して、遺棄することによって子たちの命を奪うことは罪であり、罪なしにすますことはできないということを納得させることができなかったものを指示したことになってしまう。

もし、誰かが、人間が道徳的行為を高い次元で行わず、ある人々が可能であると考える論証の明晰さをもって道徳のあらゆる部分を完璧なものにしなかったことの言い訳を人間の本性に求めようと考えて、人間の怠慢を非難するならば、その人は事態の打開を何一つ助けることにはならない。原因は何であれ、われわれの救世主は、人間の生活様式(32)や行動原理(33)が、幾時代にもわたって、また、矯正への過程にも矯正への傾向にもないと認めざるをえないような堕落状態にあることを発見した。道徳律は、国により、また、教派(34)によって異なっていた。そして、自然の理性は、それらにおける欠点と誤謬とをどこにおいても矯正できず、また、できそうにもなかった。必要に迫られてどこにおいても導入され、また、公民法が規定し、哲学者が推奨した正・不正の正規とされた基準も、その真の基礎に基づくものではなかった(35)。そうした基準は、社会の紐帯(ちゅうたい)、一般生活に便宜を与えるもの、そして、賞賛すべき慣例とみなされた。しかし、正・不正のその基準の守るべき義務が完全に知られ、容認され、また、人々がそれを、法、それも自然法という最高の法の規範として受け入れた場所が、どこかにあっただろうか。そうしたことは、立法者に関する、また、彼に従う者と従わない者とにそれぞれ与えられる報酬と罰とに関する明確な知識と承認とを欠く限り、不可能なのである。しかし、前に見たように、異教徒たちの宗教は、彼らの道徳ということにほとんど関心を払わなかった。天の神託を告げ、また、神々からの言葉を話していると主張する神官たちは、徳や善き生についてはほとんど語らなかった。また、反対に、理性に基づいて語った〔異教徒の〕哲学者たちは、その倫理学においてあまり神には言及しなかった。彼らは、理性と、その内容が真理に限られる理性の託宣とに依拠した。しかし、その真理のある部分は、あまりにも深淵なところにあったので、われわれの自然の能力では到達できず、また、われわれを導く上からの何らかの光がなければ、人間には明白で、判明可能なものにはならなかったのである。

われわれは、伝統を通じてであれ、真理をひとたび知ると、それを自分たち自身の能力の都合に合わせて考えがちであり、また、実際には他者から借用して来たものを、自分たちの知性が発見したものだと思いがちである。あるいはまた、最初は他者から学んだものをわれわれ自身が証明できることがわかると、われわれは、それを、もしわれわれが追究していたならば決して見逃さなかった明白な真理だと好んで結論しがちである。また、ひとたび知ったものは、われわれが理解するのに困難なものではないように思われもする。そして、われわれは、われわれが見るものは自分たちの目で見るのだからということを理由として、それをわれわれに示し、最初にそれをわれわれに見せてくれた他者から受けた助力を見逃したり、忘れてしまったりしがちである。まるで、われわれは、彼らが道を開き、われわれをそれへと導いてくれた真理に関して彼らのお陰（かげ）など何もこうむっていないかのようにしてである。というのは、知識というものは、それが真理だと認知された限りにおいてのみ真理なので、われわれは、われわれの能力にきわめて都合がよいように、[36]次のように、すなわち、われわれの能力は、外からの助力など受けることなく、自分の力によってそうした真理の発見に至ったのであり、われわれがそうした真理を知ったのは、われわれ自身の心の力能と生来的な光[37]とによってであって、彼らも、われわれが知ったのと同様に、自分たちの心の力能と生来的な光とによって知ったのであり、彼らはわれわれに先行して知った点で幸運だったにすぎないのだと結論してしまうからである[38]。このように、ある人が(他人の発見に助けられて)人間の知識のすべての蓄積を自分の心のうちに取り込むや否や、その人は、それは自分の所有物だと言い張ることになる。とはいえ、それは、その人個人の努力によるものでも、彼一人の獲得物でもない。その人が、他人の産みだしたものを学び、そのうちにあるものをさらに発展させようと労苦を払うことは確かである。しかし、彼のその労苦は、最初にその真理に光を当てた人の労苦とは種類を異にするものであって、彼は、その人から後になってその真理を引きだしたにすぎない。今、道を旅し、自分を短時間のうちにこんなに遠くまで運んでくれたとして自らの体力と脚力とを自慢し、すべてを自分の頑健さに帰着させる人は、森を切り開き、沼を干拓し、橋をかけ、通れる道を作った人々の苦労に自分がどれだけ多くのものを負っているかをほとんど考えようとはしない。そうした苦労なしに、〔後に続いた〕人は、どんなに骨を折っても大して前には進めなかったはずなのにである。

われわれが揺り籠にいた頃からそれを信じて大きくなったもの〔や福音の下で、われわれには親密なものになり、いわば自然なものとなった観念〕のきわめて多くを、われわれは、疑う余地もなく明白な真理であり、容易に論証できると考えていて、もし啓示が沈黙していたならば、それらについてわれわれがどんなに長く疑いをかけ、また無知であったかを考えようとしない。しかも、多くの人は、啓示のお陰をこうむっているにもかかわらず、それを認めようとしないのである。

啓示が発見した真理に理性もまた支持を与えるということによって、啓示の価値が減じられるということはない。しかし、啓示が発見した真理を理性がわれわれに確証してくれるのだから、われわれは、その真理に関する最初の確実な知識を理性から、われわれが現在手にしている明晰な証明とともに得たと考えるのは誤りである。その反対であることは、われわれの救世主の時代以前における異教徒たちの道徳に欠陥が多かったことや、道徳の実践の場合と同じように、道徳の原理と基準とにおいても改革がなされなかったことから明らかである。哲学は、〔そうしたことのために〕これまで力を費やし、最善を尽くして来たが無駄であったように思われる。あるいはまた、われわれにはそのようには見えないとしても、もし哲学がさらに進展していて、否定しえない原理から、倫理学を、すべての部分にわたって論証が可能な数学のような学問としてわれわれに与えてくれることがたとえあったとしても、それでもなお、不完全な状態にある人間には効果的ではなく、適切な救済策にもならなかったであろう。人類の大部分は、論証のための余暇と能力とを欠いており、したがってまた、一連の証明、すなわち、その論証という方法においては、確信を得るために常に依拠せざるをえず、また、論証がなされたことを見届けるまではそれへの同意を求められることもありえない一連の証明を遂行することもできないのである。彼らがどこで立往生(たちおうじょう)しても、教師たちは、常に証明を強要され、それがどんなに長く、込み入ったものであっても、第一原理からの首尾一貫した演繹の糸によって彼らの疑問を解かなければならない。そして、あなたがたが、この論証というやり方で日雇い労働者、職人、糸紡ぎ女、搾乳娘たちに完璧な倫理学を教えることができるならば、あなたがたは、直ちに、彼ら全部を完全な数学者にすることができると望んでもよいことになるであろう。平明な命令に耳を傾けさせることが、彼らを従順にし、その命令を実行するようにさせる確実で、唯一の方法なのである。

大部分の人たちは認識することができないので、彼らは信じなくてはならない。それゆえ、私は、次のようにお尋ねしたい。すなわち、神の力を帯びて天から来臨し、奇跡という完全かつ明晰な証拠と証明とをもって道徳と服従との明白で直接的な規則を与えた一人の方のほうが、人間理性の一般的な観念と原理とから義務を推論することによるよりも、人類の多くの者の蒙を啓き[39]、彼らを義務に正しく向き合うようにさせ、彼らにそれを実行させることになるのではないかということをである。そして、もしも、人間の生活におけるすべての義務が明確に論証されたとしても、よく考えてみると、「理性によって道徳を論証する」その方法によって人々に義務を教えることは、余暇を多く持ち、知性を改善し、抽象的な推論に慣れたごく少数の人にしか適さないように思われると私は結論せざるをえない。しかし、民衆の教化[40]は、依然として、福音書の教えと行動原理とに委ねるのが最善であった。病人を癒し、一言で盲人の視力を回復し、死者を甦らせ、立たせることとは、人々が困難なく心に描くことができる事実上の問題であるとともに、人々が、それらのことを行った人は、それらを神の力の助力の下に行ったのであると容易に想像できることであった。そうしたことは、もっとも平凡な理解力の水準に相応しており、したがって、病人と健康人、足萎えの人とそうでない人、死者と生者とを区別できる人なら、それらをめぐる教義をも理解できるものであった。イエス・キリストは、王となり、彼を信じる人の救世主となるために神から遣わされたということをひとたび得心した人にとって、彼の命令は行動の原理となり、彼が語ったことが真理であることの証明には、彼がそれを語ったということ以外は必要なかった。したがって、教化されるために、〔新約聖書という〕霊感を受けて書かれた書以外のものを読む必要はなく、そこには、道徳のすべての義務が、明晰かつ判明に、また、容易に理解できる形で述べられているのである。それゆえ、ここでも私は、これ〔を読むこと〕こそが、教化のためのもっとも確実で、安全で、有効な方法ではないか、とりわけ、もしわれわれが、それに付け加えて、それは、理性的な被造物のうちのもっとも低い能力の者に適しているのと同様に、もっとも能力の高い者をも納得させ、満足させ、否、啓発するということを考慮すればそうではないかと訴えたいと思う。もっとも高い知性の持ち主であっても、その〔新約聖書の〕教義の権威には神的なものとして服従せざるを得ないのである。その教義は、一団の無学な人々の口から発せられたものでありながら、奇跡によって証明されているだけではなく、理性によっても確証されている。なぜならば、彼らは、理性自体が明確に作りだせなかったにもかかわらず、ひとたび発見されれば理性も同意せざるを得ず、また理性がその発見に負い目があると考えざるをえないような規範しか述べなかったからである。われわれの救世主と彼の使徒たちとが、彼らが行った奇跡によって人々の心に与えた信憑性と権威とが、彼らの道徳の中に、主観的な思いつきや、誤った規範や、彼ら自身の関心あるいは一党派の関心に役立つものを〔哲学者たちのすべての学派や他の宗教に見られるように〕混入するということを彼らに回避させたのであった。先入見あるいは空想の匂い、自惚(うぬぼ)れあるいは虚栄の痕跡、虚飾あるいは野心の調子は、いずれも彼らの道徳には無縁であるように思われる。その道徳はまったく純粋で、真摯であり、多すぎるものも、欠けているものもなかった。それは、もっとも賢明な人であっても、完全に人類の善に向かっており、万人が実践すれば万人が幸福になれるだろうと認めざるを得ないような完璧な生の規範であった。

3　〔イエスの時代以前においては〕神を礼拝する外的な形式の改革が欠けていた。そこでは、広壮な建物、高価な飾り物、特異で奇妙な慣習、そして、勿体(もったい)ぶり、空想的で、面倒な数多くの儀式が、至る所で神の礼拝に付随していた。それに対して特殊な名称が与えられていたことが示すように、これが、宗教の全部とは言わないまでも、その主要な部分をなしていたのである。これは、ユダヤ人の儀礼形式が続く限り、おそらく改められることを望み得ないものであった。また、その儀礼形式には、真の神の礼拝が数多く混在もしていた。これに対しても、われわれの救世主は、無限で不可視の至高の精霊についての知識をもって、簡素で、精神的で、その名にふさわしい礼拝による矯正を加えたのである。〔『ヨハネによる福音書』第四章二一節、二三節にあるように〕イエスはサマリア人の女に次のように語っている。「あなたがたがこの山でもなく、エルサレムでもなく、父を礼拝するようになる時が来ようとしている。しかし、本物の礼拝者たちが霊と真理のうちに〔あって〕父を礼拝するようになる時が来ようとしている。今がその時だ。事実、父は自分を礼拝する人々としてこのような人々を求めているのである」。それ以降、礼拝が、心を傾け、心からの誠実さをもって霊と真理とのうちに行われること、これが、神によって求められる唯一のものになったのである。広壮な神殿も、礼拝の場所を特定の所に限定することも、礼拝にはもはや必要のないものになった。礼拝は、純粋な心をもって行われる限り、どこにおいて行ってもよいものになったからである。礼拝をめぐる慣習の華やかさや細かな区別立て、儀式の壮麗さ、そして、すべての外面的な行為は、今や、無しですましてもよいものになった。霊であり、また霊として知られている神は、そうしたもののすべてを求めてはおられず、ただ霊だけを求めておられるとされ、また、(その行為のあるものは世間の目にさらされざるを得ない)公的な集会においては、外に現れ、外から見られるものは、すべて、上品に、秩序立って、そして、心の啓発に資するように行わなければならないとされた。上品さ、秩序、心の啓発は、人々の礼拝に伴うすべての公的な行為を統御すべきものであり、(神の目から見ればほとんど価値がない)外見的な態度は、求められるそれらを逸脱してはならないと考えられるようになった。人々の集会から俗悪さや混乱が排除されたことで、彼らが何の役にも立たない儀式に心を煩わす必要はもはやなくなったのである。神に対して慎ましく捧げられる賞賛と祈りとが神が求める礼拝となり、すべての人は、それを通して一人一人が自らの心に配慮すべきであり、また、神が重視し、受け入れるものはただそれだけであることを知るべきであるとされたのである。

4　われわれの救世主によって〔人間の〕利点として受け入れられたもう一つの重要なことは、彼が大いに奨励した有徳的で敬虔な生活であった。彼のその励ましは、人々にその生活への道に横たわる様々な困難や障害を克服させ、また、自分たちの義務を固く守り、真の良心の証のために苦しむ人々の苦悩と苦難とに報いることができるほどに大きなものであった。いつの時代においても気づかれて来たように、この世における義人の割合はきわめて少ない。徳と繁栄とが相伴わないことはしばしばであり、そのために、徳に従う人が多いことは滅多にない。そして、徳にとって不都合なことが、そのすぐ近くに目に見える形で付きまとっており、また、徳への報いも疑わしく、また手の届かない所にあるような状態においては、徳が行き渡らなくても怪しむに足りない。幸福を追求することは許されており、また許されなければならない、否、それを妨げることは不可能である人間の場合、彼らの主たる目標である幸福とほとんど両立しないように見える規則の厳格な遵守を自分は容赦されていると考えることを避けられなかった。しかし、他方で、彼らは、人生を享受するために規則を遠ざけていたのに、もう一方の幸福を得られるという証拠も保証もほとんど手にすることはなかったのである。たしかに、そうした人々は〔幸福を得る〕他の方法について考えることはできたであろうし、ここでは〔幸福を求める〕善良な人間のほとんどが悪しざまに扱われているから、彼らがもっとましな扱いを受けるべき違った場所があるはずだと結論することもできたであろうが、しかし、彼らは、明らかに、そう考えることも、そう結論することもしなかったのである。

来世についての彼らの考え方は、よくて曖昧なものだといったところであり、それへの彼らの期待もはっきりしたものではなかった。死者の霊、死者の魂、死者の亡霊については少しは語られたが、ほとんど明確にではなく、真剣に気にかけられることも少なかった。(41) 彼らは、黄泉(よみ)の国への川、(42) 祝福された者が死後に住む場所、(43) 祝福された者の座(44)である黄泉といった名辞を持っていたが、それらは、彼らが一般に詩人から受け取ったものであり、(45) 詩人たちの譬え話が混じったものであった。したがって、それらは、真面目な人、謹直な人の厳粛な確信というよりも、むしろ、機知の産物、詩人たちの装飾品のようなものであった。それらは、彼らの許へ詩人たちの架空の物語に包み込まれて届いたので、彼らもそれを架空物語と考えたのである。そして、それら〔黄泉の国のようなもの」をより疑わしいもの、徳にとってより役に立たないものにしたのは、哲学者たちが、来世の生活を考慮することによって、人々の心と実践とに必要だと彼らが考える規則を設定しなかったことであった。彼らの議論の主要部分は徳の卓越とは何かということから始められ、その議論が徐々に進んで行って行き着く最高到達点は、一般に、徳のうちにその完成された姿がある人間性の向上[46]ということであった。また、神官たちが、地下にある死者の魂と来世とについて語る場合、それはいつでも、人々を彼らの迷信的で偶像崇拝的な儀式に縛りつけておくためだけにそうしたのであって、それにより、その教義は騙されやすい大衆にも効用がないものとなり、それへの信仰も、それを直ちに神官の術策[47]ではないかと疑う明敏な人々からは失われたのである。

このように、われわれの救世主以前の時代には、来世の状態についての教理は、完全に秘密にされていたわけではなかったものの、世人にはまだ明確には知られてはいなかった。それは、理性の不完全な見解であるか、あるいは、人々の心の奥深くに浸透したものというよりも、人々の空想の上に漂う古来の伝統の衰え行く名残りのようなものであった。それは、存在と非存在との間にあって、彼らもそれが何であるかを知らない何かであった。彼らは、人間のうちの何かが墓から抜けだしたのではないかと想像はしたものの、その後の永遠に続く完全無欠な生についてはほとんど思考が及ばず、ましてや、それを確信することはさらに少なかったのである。人々は、その点に関して明晰であることからはほど遠かったので、われわれが知っているように、世界のどの民族もその〔来世における永遠の生という〕ことを公然と明言したり、それにもとづいて自分たちの生活を組み立てたりはしなかったし、また、それを教えた宗教もなかったのである。そして、イエス・キリストが来臨するまでは、信仰箇条と宗教の原理とはどこにおいても形成されておらず、その点で、彼について、〔『テモテへの第二の手紙』第一章一〇節で〕彼は現れたときに「生命と不死性を光のもとに導いた」と言われるのは真理であった。また、彼は、そのことの疑い得ない確証と保証とを、明確な啓示と、死者から甦った人々について示されたいくつもの例とによってだけではなく、自分自身の復活と昇天とによっても与えたのである。この一つの真理が、世界におけることがらの性質をどれだけ変え、また、神への深い信仰ということに対して、人々をそれに誘ったり、それから引き離したりするものすべてを超越する利点をどれほどもたらしたことだろうか。たしかに、哲学者たちは徳の美しさを示した。また、彼らは、徳を、人々の目をそれに引きつけ、またそれを賞賛させようとして、遠く離れた所に置いた。しかし、その点で、彼らは、徳を身につけさせようとしないままに放置したので、それを喜んで信奉する者はごくわずかであった。一般の人々は、徳に対する自分たちの評価と賞賛とを禁じ得なかったものの、しかし、徳には背を向け、自分たちの気質には合わないものとしてそれを見捨てたのである。

しかし、今や、徳の方の天秤(てんびん)の皿に〔『コリント人への第二の手紙』第四章一七節に言う〕「永遠の重み〔に満ちた〕栄光」が置かれたので、徳に関心が寄せられるようになり、徳は、明らかに人をもっとも豊かにする買物であり、最善のお買得品であるということになったのである。徳について今言えることが、徳はわれわれの性質の完成であり美質であること、徳はそれ自体が報酬であり、われわれの名声を後の時代に伝えるものであることといったことに実は尽きるわけではない。学識のある異教徒でも、徳へのこうした空虚な賞賛にさほど満足しなかったことは驚くに当たらない。徳には、人々に、もしあなたがたが現世において良く生きるならば、来世においても幸福であろうということを納得させるためのもう一つの魅力と効能とがある。それは、彼らの目を来世における終わりのない、そして口では表現できない喜びに開かせよ、そうすれば、彼らの心は、彼らを感動させる本物で力強いあるものを見いだすであろうということである。天国と地獄とについての見解は、現在の状態におけるほんの束の間の喜びと苦痛とを重視することをさせず、理性、利害、そして、われわれ自身への配慮が認め、選ばざるを得ない徳の魅力と徳の奨励とをもたらすであろう。この基礎の上に、そしてこの基礎の上だけに、道徳は確固として立ち、あらゆるものとの競合にびくともしないものになり、そうすることによって、道徳は単なる名目ではなくなって、われわれが全力でそれを目指して努力するに値する実質的な善になるであろう。イエス・キリストの福音は、道徳についてわれわれにこのように告げているのである。

5　以上のことに加えて、私は、イエス・キリストによってわれわれが持つもう一つの利点として、彼がわれわれを助けてくれるという約束を挙げなければならない。すなわち、彼は、われわれが自分でできることを行おうとする場合に、われわれに彼の精霊を授けて、何を、どのように行うべきかについてわれわれを助けてくれるのである。われわれ自身の精霊がどのようにわれわれを動かし、行動させるかを知らないわれわれが、神の精霊がどのようにわれわれに作用するのかを尋ねることは無益なことであろう。その神の精霊とともにある叡知は、われわれがどのように造られたか、われわれの上にどのように作用すべきかについて、われわれよりもよく知っている。もしも、ある賢い人が、自分の子を説き伏せて自分の望む方向へと動かして行く方法を知っているとしたら、たとえ、われわれにはその作用の仕方を知覚し理解することはできないとしても、神の精霊と叡知とにはそれができないのではないかなどと疑問視することが、はたしてわれわれにできるであろうか。キリストは、信仰篤く、正しい人に対してそれを約束したし、われわれはその約束が果たされることを疑うことはできない。その場合、〔キリストによってもたらされる〕そうした恩恵をより大きくするために、いかに誤りやすく、いかに正しい道から逸れやすく、徳の道をいかに容易に踏みはずしやすいかといったわれわれの心の脆さ、われわれの気質の弱さを誇張して言う必要はない。もし人が、そうした〔心の脆さや気質の弱さという〕点に関して、自分を越え、自分の良心の証言を越えて行く必要があると感じているならば、また、もし人が、自分自身の過誤と情念とは、自分の義務の厳格な規則に対抗しようと常に誘惑されたり、また、しばしばそれに打ち勝とうとしたりするようなことはないと感じているならば、そうした人が自ら確信を得るために必要なことは、目を外に向けて、世界のある時期を凝視することである。自分の性質に困難を覚え、誘惑につきまとわれ、広く行き渡っている習慣に取り巻かれている人にとっては、〔世界のある時期における〕徳の成り行きと、確かな手と全能の腕とによって自分を励まし、支えるための助力を約束してもらえる真の宗教の実際とに自らを本気で向き合わせることは、少なからぬ励ましになるであろう。

（1）　これについての譬え話は、『マタイによる福音書』第二五章一四節―三〇節に見られる。

（2）　原語は commonwealth である。

（3） 原語は knowledge である。

（4） 原語は Candle of the Lord である。旧約聖書の『箴言』第二〇章二七節に由来するこの言葉は、一七世紀の用法で、「理性の光」あるいは「自然の光」の意味で用いられた。ロックの場合もその例外ではなく、例えば、『人間知性論』第四巻第三章二〇には「人間の息あるいは力能のまったく消し去ることのできない主の灯火」といった表現が見られる。

（5） 原語は right である。

（6） ナザレと同義で使われているが、ナゾラが何に由来するかは明確ではない。

（7） 原語は Quorsum perditio haec? である。ロックが、ここでなぜこの疑問を提示したかは必ずしも明確ではないが、おそらく、すぐ前のパラグラフで、神との和解と贖罪との可能性をすべての人間に認めた以上、永遠の滅びに通じる地獄の目的が問題にならざるをえないと判断したためであろう。

（8） 原語は head であり、例えば、『エフェソ人への手紙』第一章二二節や『コロサイ人への手紙』第二章一〇節に見られる。

（9） 原語は Chieftain である。KJ版にはこの言葉は見られないが、『ヘブル人への手紙』第二章一〇節で「救いの導き手」、同書第一二章二節で「信仰の導き手」と訳されたギリシア語の原語をロックが独自に解釈したものである。

（10） 原語は national religion である。ロックの時代、nation は民族を指す ethnos や ethnic group に近い伝統的な意味を留めており、多民族性を超越して成り立つ政治社会の構成員としての国民の意味を完全には獲得していなかった。

（11）『出エジプト記』第一〇章二一節―二三節参照。
（12）KJ版の『エフェソ人への手紙』第二章一二節に見られる。
（13）原語は Mahometan religion である。
（14）『エフェソ人への手紙』第二章一四節に見られる言葉である。
（15）Flavius Claudius Julianus（三三一年―三六三年）。三六一年から三六三年まで在位したローマ皇帝。キリスト教教育を受けて育ったものの、異教に接近してキリスト教を棄て、キリスト教徒を迫害したので「背教者」と呼ばれた。
（16）この**2**はW版にはなく、HB版にあるので付加した。ただし、**1**は両版ともに欠いている。
（17）原語は holy tribe である。
（18）原語は civil law である。
（19）この点については、「訳者解説」を参照されたい。
（20）原語は native and original truth である。
（21）Solon（前六四〇年頃―五六〇年頃）。貴族制から民主制への移行期のアテナイにあって、貧富の差の解消といった改革を行った政治家。詩人でもあった。ギリシア七賢人の一人。
（22）Bias（前六〇〇年頃―五三〇年頃）。ギリシアの政治家。ギリシア七賢人の一人である。
（23）Tully。Marcus Tullius Cicero（前一〇六年―四三年）のこと。ローマ最大の弁論家、政治家、哲学者。『弁論家について』や『義務について』といった著作で後世にも大きな影響を与えた。
（24）Anacharsis。前六世紀頃のスキト人でソロンの友人。

(25) Stobaeus。五世紀頃のギリシアのアンソロジー編集者。ギリシアの文学者や哲学者の言葉を広く収集して編纂したことで有名。
(26) Aristippus(前四三五年―三五五年頃)。ギリシアの哲学者。ソクラテスに心酔していたが、後に快楽主義を特徴とするキュレネ派を興し、エピクロスに大きな影響を与えた。
(27) Zeno(前三三五年―二六三年)。ギリシアの哲学者で、ストア派の開祖。徳を唯一の善、悪徳を唯一の悪とする倫理学で知られる。
(28) Epicurus(前三四一年―二七〇年)。ギリシアの哲学者。エピクロス派の開祖。苦痛の不在としての快楽を善とし、魂の平穏を理想とした。
(29) 原語は mind である。
(30) Marcus Junius Brutus(前八五年―四二年)。ローマの政治家。カエサル暗殺の首謀者の一人。
(31) Gaius Cassius Longinus(前四二年没。生年は不明)。ローマの政治家、将軍。カエサル暗殺の首謀者の一人。
(32) 原語は manners である。
(33) 原語は principles である。
(34) 原語は sects である。
(35) この一文は、W版では肯定文になっているが、文脈上は否定文が正しいので、HB版に合わせて修正した。
(36) ロックは、この一文中の「きわめて都合がよい」を、HB版では「偏愛するあまり」と修正している。

(37) 原語は native light であり、人間に本来的に備わっている自然の理性を指す。

(38) ロックはこの一文中の後半部分をHB版では次のように書き直している。「知識とは、われわれがものを見、また知覚する心の中の光である。そして、われわれがそれを見、知覚するのがわれわれ自身の目であるのに、誰か、われわれの目は、われわれに先行しているということ以外の幸運を持たない人々と同じようには、われわれが真理を発見するように作られ、また与えられてはいないなどとわれわれに説き聞かせる人はいるであろうか」(HB版、一五六頁)。

(39) 原語は enlighten である。

(40) 原語は instruction である。

(41) 原語は Manes である。

(42) 原語は Styx である。

(43) 原語は Elysian fields である。

(44) 原語は seats of the blessed である。

(45) 原語は Acheron である。

(46) 原語は exalting of human nature である。

(47) 原語は priestcraft である。この「聖職者の術策」という言葉は、一六九〇年代のイングランドにおいて流行しており、ロックもそれを、イエス・キリスト以前の時代における神官たちを批判するために転用したと言ってよい。

第一五章

しかし、次のように言って〔私に〕反対したいと思っている人々に対して、〔私から〕まだ言うべきことが残っている。すなわち、それは、ナザレのイエスはメシアであると信じることが、彼の復活、規範、世界審判のための彼の再度の来臨という付随的な信仰箇条とともに、義認されるのに必要なものとして求められる信仰のすべてであって、〔新約聖書にある〕いくつもの書簡に含まれている多くの教義を信じることは救済のためには必要ではなく、また、それらの書簡に述べられていることが、あるキリスト教徒がそれらを信じようが信じまいが、彼はキリストの教会の一員となり信仰者の一人となるということであるとすれば、それらの書簡はいったい何の目的のために書かれたのかと言う人々である。

そうした反対に対する私の答えは、書簡はそれぞれの機会に応じて書かれたものであり、したがって、書簡を読むべきだと考えて読む人は、もし書簡を正確に理解し、書簡によって何かを得たいと思うのであれば、それらにおいて何が主たる目的とされているかを観察し、どんな議論が行われ、それがどのように処理されているかを見いださなければならないということである。こうした観察が、書簡の筆者が真に意味したこととその心とを知る上で、もっとも助けになるであろう。なぜならば、受け入れられ、信じられるべきものは、あくまでも真理であって、われわれの観念と偏見とに適合させられた聖書用語で書かれている散漫な文章ではないからである。もしわれわれが正しく考察したいのであれば、説話の趣旨が何であるかを調べ、説話における各部分の間の一貫性と関係とがどうなっているかを観察し、さらに、説話自体の中の自家撞着（じかどうちゃく）も、その説話と聖書の他の部分との間の矛盾もないかを見なければならない。われわれは、あちこちにある美辞や詩句を、それらをあたかも別々に独立した箴言であるかのようにみなした上で、われわれの体系にもっとも都合が良いように選り集めてはならないし、また、それらを、神がそうしない限り、キリスト教信仰の基本的な信仰箇条であり、救済に不可欠なものであるとしてはならない。聖書には、良きキリスト教徒であってもまったく知ることがなく、したがって信じることもないような真理が数多く存在する。そして、ある人々は、おそらく、そうしたものに大いに力点を置き、それらを、基本的な信仰箇条と呼ぶであろう。その理由は、それらが自分たちの宗教共同体を他から区別する点である(1)

ことにある。書簡の大部分における議論の筋道は、それらが書かれた特有の文体のゆえに、大いに注意を払わない限り、どこにおいてもそれには気づくことができないような形で辿られている。そして、書簡の原文を、ありのままに、また、その議論の筋道の不可欠の部分を担うものとして読むということは、その原文をそれに固有の光の下で理解することであり、その真の意味を得る方法なのである(2)。

書簡は、すでに信仰を持ち、真のキリスト教徒であった人々に向けて書かれたものであり、したがって、救済に不可欠な基本的な信仰箇条と留意点とを教えるように意図されたものではありえなかった。ローマ人への手紙は、〔『ローマ人への手紙』第一章七節、八節にあるように〕「ローマにいる」すべての「神に愛されている者たち、聖なる召された者たち」、「その信仰が全世界に宣べ伝えられている」人々に向けて書かれたものであった。また、聖パウロは、そのコリント人への第一の手紙がどのような人々に宛てたものであったかを、〔『コリント人への第一の手紙』第一章二節、四節その他の節で〕次のように示している。「コリントにある神の教会、〔すなわち〕キリスト・イエスにおいて聖められた者たち、召された聖なる者たちに〔この手紙を書き送る〕――私たちの主イエス・キリストの名を、いたるところで呼び求めている者たちと共に――〔この名は、〕彼らのものであり、そして私たちのものでもある。私はいつも、キリスト・イエスにあってあなたがたに与えられた神の恵みのゆえに、あなたがたのことで私の神に感謝している。あなたがたは彼にあって、すべてのことにおいて、〔すなわち〕すべての言葉とすべての知識において、豊かにされたからである。それは、キリストについての証しが、あなたがたのうちで確固たるものとされたことから言い得ることである。かくしてあなたがたは、いかなる賜物(たまもの)においても欠けることなく、私たちの主イエス・キリストの出現を待ち望んでいる」。そして、同様に、『コリント人への第二の手紙』の第一章一節には、「コリントにある神の教会、ならびにアカイア〔州〕全体にいるすべての聖なる者たちに」とある。〔コリント人への二つの手紙に〕続く聖パウロの手紙はガラテアの諸教会に宛てたものであり、また『エフェソ人への手紙』はエフェソにいる「聖なる者たち、キリスト・イエスにある信徒たちに」宛てたものであった。同じように、『コロサイ人への手紙』は、「コロサイの聖なる者たちと、キリストにある忠実な兄弟たち」で「キリスト・イエスを信じ、聖なる者たちを愛する」者たちに、『テサロニケ人(びと)への手紙』はテサロニケ人の教会に、『テモテへの第一の手紙』は「信仰における真正の子テモテ」に、『テトスへの手紙』は「信仰を共にする真正の子テトス」に、『フィレモンへの手紙』は「私たちの愛する者、そして同労者(どうろうしゃ)」にそれぞれ宛てたものであった。また、『ヘブル人への手紙』の筆者は[3]、その第三章一節で、自分の名宛人を「聖なる兄弟たち、天上の召しに参与している者たち」と呼んでいる。

こうしたことから明らかなことは、聖パウロが手紙を送った人々が兄弟たち、聖なる者たち、信仰篤き者たちであり、すでにキリスト教徒になっていた人々であったこと、したがって、そうした人々には、それを信じなければ救済されることがないキリスト教の基本的な信仰箇条は必要ではなかったので、それを送ることが使徒たちが彼らに宛てて手紙を書いた理由だったとは考えられないということである。聖ペトロが書簡を送ったのもそうした人々であったことは、彼の〔二つの〕手紙それぞれの第一章から明らかである。同じことを、聖ヤコブと聖ヨハネとの手紙のうちに見いだすのは困難なことではない。そして、聖ユダは、〔『ユダの手紙』第一章一節にあるように〕その手紙を「父なる神のうちにあって愛されており、イエス・キリストのおかげで守られている、召された人々」に送っている。このように、書簡のすべてはすでに信仰を持つ者でありキリスト教徒であった人々に宛てて書かれたものであったから、それらが書かれた理由も目的も、彼らをキリスト教徒にするのに必要なことを彼らに教示することではありえなかった。明らかに、そうしたことを彼らはすでに知り、信じていたのであり、そうでなければ、彼らは、キリスト教徒、信仰を持つ者たりえなかったのである。そしてまた、書簡はそれぞれの機会に応じて書かれたものであり、そうした機会がなければ書かれることはなく、したがって、書簡が救済に必要なものだと考えられるようなことも生じえなかった。とはいえ、書簡が〔実際には書かれて〕いくつかの疑問点を解決し、誤謬を訂正してくれたので、〔キリスト教に関する〕われわれの知識と実践とにとっては大いに役立つことになったのである。私は、書簡のうちのあちこちにキリスト教信仰の偉大な教義が置かれており、それが、書簡の大部分のそこここに散在していることを否定しない。しかし、われわれが基本的な信仰箇条を学ぶのは、そうした信仰箇条が(実際には教化のためであったとはいえ、しかし)特別の目的のために書かれた説話のうちの真理と乱雑に、そして、相互の区別なしに混じり合っている書簡においてではない。そうではなく、われわれが、そうした〔基本的な信仰箇条という〕偉大で不可欠なことがらをもっとももよく発見し、見つけだすのは、いまだ異邦人であり、信仰については何も知らなかった人々に対して、彼らを信仰に導き、それに回心させるためにわれわれの救世主と使徒たちとが行った宣教のうちからなのである。そして、それが何であったかを、われわれは、すでに、それについて誰もが間違わないように明確に述べられている福音書記者の記述と『使徒行伝』とから知っている。個々の教会に宛てられた書簡は、(それについて個々の教会がしばしば語りかけられている各教会の当面の関心事である)主要な主題に加えて、キリスト教の基本的原理を多くの箇所で説明している。しかも、その説明を、書簡を送られた人々の理解力にうまく適合させることで、書簡を送られた人々がキリスト教の教義をよりよく吸収するのに応じて、救済という偉大な業の方法、理由、根拠をもより容易に理解できるようにするといった賢い方法で行ったのである。

それゆえに、われわれが知るように、ローマ人への手紙においては、（ローマ人の間ではよく知られていた）養子縁組というものが、彼らに永遠の生命を与える神の恩寵と恵みとを説明し、彼らがどのようにして神の子になるかの理解を助け、相続財産の相続人のように天の王国の分け前に与る（あずか）ことを彼らに保証するためによく利用された。それに対して、ヘブル人に対するキリスト教信仰の説明と確証とは、彼らへの手紙に見られるように、ユダヤ人たちの儀式、犠牲、経済状態からの引喩や論証、また、旧約聖書の記録への言及によって行われたのである。それら以外の書簡全般について言えば、われわれは、それらが、書かれた当時の状態、緊急事態、何らかの特殊な事情に言及していることを認めることができるであろう。これらの聖なる記述者たちは、天からの霊感を受けて真理以外のものを書かなかった。そして、それらは、キリスト教の教義を説明し、明晰にし、確認し、また、その教義を受け入れた人々の心のうちにその教義を確立させるために、ほとんどの場合、われわれにとって、今でもきわめて重大な真理なのである。とはいえ、彼らが書いたすべての文章を取り上げて、それらを、救済に不可欠であり、それを堅く信じなければ、現世においてキリストの教会の一員にはなれず、死後においても永遠の王国に入るのを認められない基本的な信仰箇条とみなしてはならない。もし、書簡で明言されているすべての、あるいは大部分の真理が、基本的な信仰箇条として受け入れられ、信じられるべきであるとするならば、書簡におけるそれらの真理の啓示を受ける前に、永遠の眠りについていた(『コリント人への第一の手紙』の中での聖パウロの証言によれば、多くの)キリスト教徒にとっては、はたしてどういうことになったのだろうか。書簡のほとんどは、イエスの昇天後二〇年以上経つまで書かれず、あるものによっては三〇年後まで書かれなかったからである。

しかし、さらに進んで、次のように言いたい人たち、すなわち、書簡において明言されながら、われわれの救世主と使徒たちとの宣教の中には含まれておらず、それゆえ、救済には不可欠ではない真理については、信じても信じなくても何の危険もないのであろうか、また、キリスト教徒がそれを疑問視したり疑ったりしても安全なのだろうかと言いたい人たちについては、どう考えたらいいのだろうか。

それに対する私の答えは、「信仰の法」は、自由なる恩寵による契約であるから、神だけが、神によって義とされるすべての人に何を信じることが不可欠であるかを定めることができるということである。神が受け入れられ、義であることの理由とされる信仰が何であるかは、すべて、それを神が心から喜悦されるかどうかにかかっている。なぜなら、その信仰が受け入れられるのは、〔神の〕恩寵によるのであって、〔人間の〕権利によるのではないからである。それゆえ、神だけが〔信仰が受け入れられるかどうかを測る〕尺度を決めることができるのであって、神が定め、明言したものだけが絶対に信じられなければならないものなのである。したがって、誰も、そうした基本的な信仰箇条に何かを付け加えることはできないし、神が不可欠だとし、またそう明言した信仰以外のものを不可欠だとすることもできないのである。〔神との〕新しい契約に入り、その恩恵に与りたいと願う人々に神が何を求めておられるかについては、すでに示してきた。それらを迷いなく信じること、それが、イエス・キリストの福音が宣べ伝えられ、イエス・キリストの名によって救済に指名された人々すべてに絶対的に要求されるものにほかならない。

神の啓示のその他の諸部分も信仰の対象であり、そういうものとして受け取られなければならない。それらは、その何一つをも斥(しりぞ)けることができない真理であり、そうしたものとして知られた以上、信じられないということはないであろうし、また、そうあってはならないものである。なぜならば、ある命題を神の啓示と権威とにもとづくものだと認めながら、それを否定したり、信じなかったりすることは、神は真であるという信仰の基本箇条と根底とを覆すことになるからである。しかし、福音書のうちに啓示されている真理のきわめて多くのものについて人間は無知であること、否、救済への危険を感じることなくそれらを信じてさえいないということは、誰でもが自認し、また自認せざるをえないことであろう。これは、聖書のいくつかの原文の権威は認めながら、その解釈と意味の理解とを異にし、それらを基本的なものだとは考えない人々の場合にあっては明らかにそうである。そうしたすべてのことについてはっきりしているのは、一方の側と他方の側とに分かれて対立している人々が、同一の言葉に相反する点や矛盾する点が含まれていたり、神の啓示が自己矛盾を来していたりしない限り、聖書の真理を知ることも、否、それを信じることもないということである。

　神のあらゆる啓示はそれへの信仰に服することを要求するものであるが、しかし、霊感に満ちた聖書のすべての真理が、「信仰の法」によって義認のために信じることを求められるものに属するというわけではない。われわれは、それら〔の求められるもの〕が何であるかを、われわれの救世主と彼の使徒たちとが提示し、彼らが信仰へと回心させた人々に要求したものからすでに知っている。それらこそ、信じないことをしないというだけでは十分ではなく、各人が実際にそれに同意することを求められる基本的なものにほかならない。しかし、聖書に含まれながら、神が〔それに実際に同意しない限り、神は誰をも信仰者とは認めなかった〕「信仰の法」の不可欠の部分とはされなかったそれら以外の命題については、人は、信仰の不足によって救済を危うくすることなく、知らないでいることが許される。彼は、神が彼にとっては信じ、同意することが不可欠であるとされたことをすべて信じているのであって、神の真理のその他のものについては、彼にそれ以上求められるものはない。彼は、ただ、神から来るすべての真理を受け入れ、それに同意することに備えようという従順さと意向とをもって神の啓示のすべてを受け取り、また、神の啓示の性質を帯びていると思われるものに対しては、何にでも自分の心を従わせさえすればそれでよいのである。人が、誠実に努力しながら、〔神が〕「信仰の法」の不可欠の部分とはされなかったものを理解できない場合、彼はどうしてそれに関する無知を避けることができるであろうか。そしてまた、その人が、聖書のいくつかの原文を併せ考えた上で、それらを両立させることができない場合に、何か救済策はあるだろうか。彼は、一つの原文を他の原文に依拠して解釈するか、それとも、自分の意見を差し控えるかのいずれかをしなければならないであろう。貧素で脆弱な人間に対しては、信仰に関することがらで要求すること、要求できることがもっと多くあると考える人は、自分がいかに愚にもつかない考えに陥ろうとしているかをよく考えてみるがよい。神は、その無限の慈悲心から、人間を、憐憫(れんびん)の情を持ち、思いやりのある父として扱って来て下さった。神は人間に理性を与え、その理性とともに法を与えたのであり、われわれが、理性的な被造物は非理性的な法を持つべきであるなどと考えない限り、その法は理性が命じるもの以外のものにはなりえないのである。しかし、堕落と悲惨さとに陥りやすい人間の弱さを考えられた神は、救済者を約束し、その救済者を御自身の都合の好いときに遣わしたのである。それから、神は、人類に対して、神が遣わしたその人が約束された救世主であると信じ、また、その人は今や死者の中から甦って、人間の王にして統治者になるべき人間の主にして審判者として立てられたと考える者は誰でもが救われるであろうと告げたのである。

これは、明確で、わかりやすい命題であり、慈悲深さに溢(あふ)れる神は、この点で、この世の貧しい人々や人類の大多数の人々のことを念頭に置かれていたように思われる。それは、労働者にも文字を読めない人にも理解できる信仰箇条であり、また、それは、通俗的な能力の持ち主にも、[4] 労苦と苦難[5]とを運命づけられたこの世における人間の状態にも適合的な宗教である。宗教に関して記述する人間も、論争する人間も、宗教を些細なことがらで満たしたし、彼らが宗教に不可欠で本質的なものだとみなす観念で宗教を飾り立てるので、まるで、〔プラトンの〕アカデメイアや〔アリストテレスの学園である〕リュケイオンを通らなければ教会への道はないかのようである。しかし、人類の大多数の人々は、学問を修め、論理学を学び、スコラ学派の詳細な概念の区別を知る余暇を持たない。手が鋤と鍬とに用いられる場合に、頭脳が崇高な観念を理解したり、不可解な推論を行ったりする所まで高められることはめったにない。この階層の男たちにとっては(女性の場合は言うまでもないが)、平易な命題や、自分の心になじんでいたり、自分の日常的な経験に結びついていたりすることがらに関する短い推論を理解できれば、それで十分なのである。この域を超えると、あなたがたは人類の大部分の人々を驚かすことになろうし、また、あなたがたが宗教書や宗教論争に満ちている観念や言葉を彼らに語って、すぐにでも理解してもらおうと考えるくらいなら、アラビア語で貧しい日雇い労働者に話しかけた方がまだましだということになるのである。

英国国教会に反対する宗教団体は[6]、その指導者たちによって、彼らが大変に無学であると非難する普通の国教徒に比べて、信仰上のことがらにおいてはより厳正に教えられ、キリスト教をよりよく理解していると想定されているようであるが、私は、それがどこまで真実であるかどうかをここで決定しようとは思わない。しかし、私は、その指導者たちに、彼らの団体に属する人々の半分が学ぶ余暇を持っておられるかどうかに誠実にお答え下さるようにお願いしたい。いや、それよりもお聞きしたいのは、田舎でのあなたがたの集会に来る人たちの一〇分の一が、たとえあなたがたの言うことを学ぶ時間があるとしても、今、本論稿の主題でもある義認[7]についてあなたがたの間で大変に熱を込めて行われている論争を、はたして理解しているか、あるいは、はたして理解できるのかということである。私は、彼らの指導者たちの何人かと話したことがあるが、その人たちの告白によると、自分たちの間で行われている論争における意見の違いを理解できないとのことであった。にもかかわらず、彼らは、自分たちが主張する諸論点は、非常に重要なものであり、宗教においてきわめて実質的で基本的なものだと考えるので、その結果、彼らは、自分たちの宗教団体を分裂させ、別々に分かれることになってしまうのである。もし神の意図が、学識ある著述家、論争家、あるいはこの世の賢者以外はキリスト教徒になれないとか、救われないとかということにあったとすれば、宗教は、彼らのために準備されたもの、思弁やごく瑣末なことがら、曖昧な用語や抽象的な概念に満たされたものになったことであろう。しかし、そのように見込まれた人間、そうした豊かな資質を与えられた人間は、使徒〔パウロ〕が『コリント人への第一の手紙』第一章〔一八節―二九節〕でわれわれに語っているように、福音の単純さに入ることができず、それからむしろ閉めだされている。それは、貧しい者、知識のない者、文字を読めない者に道を譲るためであった。これらは、救済者の約束を聞いてそれを信じ、一人の男が死んだのを見て彼を再び甦らせたイエスこそがその救済者であることを信じ、また、イエスが、世界の終末に当たって再臨し、人々が行ったことに応じてすべての人々に判決を言い渡すことを信じた人々であった。『マタイによる福音書』第一一章五節[8]にあるように、キリストは、貧しい者たちが自分たちに宣教された福音を手にするということを、自分の聖なる任務の職務であるとともに、その任務を示す一つの印としたのである。そして、もしそのように、貧しい者たちが福音を自分たちに宣べ伝えてもらったのであれば、その福音は、間違いなく、貧しい者も理解することができるような平明[9]で、わかりやすい[10]ものであった。そして、われわれがすでに見てきたように、キリストと彼の使徒たちとの宣教における福音は、まさにそうしたものであったのである。

おわり

（1）　原語は communion である。
（2）　これは、ロックが『キリスト教の合理性』を補う意味を込めて執筆し、死後の一七〇五年から〇七年にかけて出版された『聖パウロの書簡に関する釈義と註解』の方法であった。
（3）　この筆者(author)という表現は、ロックが『ヘブル人への手紙』の筆者をパウロに帰することにいささかの疑念を抱いていたことをうかがわせるが、本書第一三章、また、死後に出版された『聖パウロの書簡に関する釈義と註解』では、『ヘブル人への手紙』をパウロによるものとしているので、ロックはやや消極的ながら、それがパウロによって書かれた手紙であることを認めていたと解してよいであろう。

(4) 原語は vulgar である。

(5) 原語は travel である。

(6) 原語は dissenting congregation である。

(7) ロックは、一六九七年に出版された『キリスト教の合理性の第二の擁護』の序文で、『キリスト教の合理性』に結実した自らの聖書研究の一つの誘因が一六九五年の「初め」に「非国教徒の間で」展開されていた「義認 justification」をめぐる「論争」、通常「三位一体論争」と呼ばれる論争にあったことを明らかにしている。しかし、「訳者解説」で示すように、『キリスト教の合理性』の執筆には、そうした外的な誘因には解消できないロック自身の精神史的誘因があり、その点に注目しない限り、『キリスト教の合理性』の正確な理解は得られないと言わなければならない。

(8) そこには「乞食(こじき)らは〔福音を〕告げ知らされる」とある。

(9) 原語は plain である。

(10) 原語は intelligible である。

訳者解説

はじめに

本書の著者ジョン・ロック（一六三二年―一七〇四年）の生涯については、二大主著『統治二論』と『人間知性論』とを出版した一六八九年以降を晩年期とみなすことができる。ここに訳出した『キリスト教の合理性[1]』は、その晩年期に入ったロックが、キリスト教とは何かを理解しようとして執筆し、一六九五年に公刊した作品であった。実は、この単純な事実のうちに、『キリスト教の合理性』を読み解くための中心的な論点が潜んでいると言ってよい。敬虔なキリスト教徒であったロックが、なぜ、晩年になって、キリスト教とは何かを問わなければならなかったかがそれである。

以下、その点に最大限の注意を払いながら、理解が必ずしも容易ではない『キリスト教の合理性』への訳者なりの道案内を試みることにしたい。それを、ロックの思想世界全体の特徴にふれることから始めることにする。

I　二つの問題

ロックは多くの著作を残したが、それら全体を通じて解こうとした問題は、端的に次の二つであった。人間はどのような能力を使ってあることがらを知るかに光を当てる認識問題と、人間にはどのように生きることが求められるかを問う生の規範の問題とがそれである。(2)

しかも、キリスト教信仰に立つ哲学者であったロックにおいて、これら二つの問題は分かち難く結びついていた。彼は、人間に生の規範を与えるのが神であるとしても、その神の意志内容を人間が自ら認識しない限り、それは人間の生を導く規範にはなりえないと考えていたからである。このように、認識問題と生の規範の問題とを相関させるロックの思考様式は、彼が残した全著作にわたって貫かれることになった。次の三つの事実がそれを示している。

第一は、認識論を扱ったロックの最初の作品である『自然法論』が、「神の意志」としての自然法＝道徳規範を、人間はどのようにしたら知ることができるかを主題とするものであったことである。このように、認識問題と生の規範の問題とを相関的に問う姿勢が、ロックの他の作品、すなわち、『世俗権力二論』、『統治二論』、『寛容についての手紙』からもうかがわれること、これが第二の事実にほかならない。それらは、「不死なる魂」と「現世的な生」とを条件として持つ人間が、その政治生活と信仰生活とにおいて、「神の意志」に根ざすどのような生の規範を要求されるかを論証しようとしたものであったからである。

そして、本書に直接関係する第三の事実は、ロックの認識論上の主著である『人間知性論』（以下、『知性論』と略記）と、人間の生の規範を聖書から引きだそうとした『キリスト教の合理性』（以下、『合理性』と略記[3]）とが密接に関連していたことである。

以下、まずその関連を明らかにし、次いで、その関連が『合理性』に示されたロックのキリスト教像にどのような特徴を与えることになったかを示すことにする[4]。

Ⅱ　『知性論』の意図と帰結

一　意　図

『知性論』のロックには、人間における知性と生の規範との関係にかかわる四つのいわば不動の前提があった。

一つは、「この世でのわれわれの務め」は「われわれの行為に関係のあることを知ること」であるということであった。そこから、第二に、人間の「行動」を律すべき生の規範の探究、すなわち、「宗教と人間の全義務とを含む道徳哲学」は「人類一般の本来の学問であり任務であ」るという前提がみちびかれた。第三は、そうした「宗教を含む」道徳哲学の成立可能性を人間の知的能力の側から保証しようとする前提であった。すなわち、神は、人間に「おのが造物主を知り、自分自身の義務を理解するには十分な灯火」である理性を与えたということがそれである。第四に挙げられる前提は、道徳哲学の論証には、その理性を使った「推理と論議」という人間の側の誠実な努力が不可欠であるということであった。ロックが、「我々が道徳規則の絶対確実な真知にいたらないならば、それは我々自身の落ち度である」とした理由もそこにあった。

ロックがこうした前提に立って『知性論』を執筆したことによって、その意図は、最初から、次のような方向へと条件づけられることになった。それは、「宗教を含む」道徳哲学を知性によって確立して、何としても神の意志に由来する人間の生の規範を確証しようとする方向にほかならない。事実、ロックの友人J・ティレルの周知の証言が示すように、『知性論』は、「道徳の原理と啓示宗教」をめぐる認識論上の難問を解決して、人間の「行動」を規定する生の規範を論証することを意図するものとなった。その点で、「ロックは、『知性論』を『道徳と宗教との偉大な目的』を保証するために書いた[5]」というR・アシュクラフトの指摘は、『知性論』を解釈するための基本的なパラダイムをなしている。

したがって、次に、われわれは、『知性論』が、「道徳と宗教との偉大な目的を保証する」という意図を達成できたかどうかを問わなければならない。その問題を、『知性論』が、「道徳の原理」と「啓示宗教」とのそれぞれについて、いかなる認識論的な見解を提示したかを辿りながら検討することにする。

二　帰　結

1　「道徳の原理」をめぐって

ロックは、「倫理汎論」[6]という名の一文の最後の部分で、「道徳を固有の基盤と義務をともなう基礎との上に確立するため」に必要な条件を提示している。それは、神の存在証明の上に、その神を立法者とする法を立証すること、万人が自らの行動を従属させなければならない神の意志である一定の規範と一定の規律とが存在し、かつ、その神の意志は全人類に公布され、認識可能にされていることを示すことの二つであった。

『知性論』がこれらの条件を満たすことができたかと言えば、答えは否である。まず、第一の条件については、『知性論』において試みられたロックによる神の存在証明の問題性を指摘しなければならない。たしかに、そこでのロックは、神と人間との同型性の直観、あるいは、宇宙の秩序からの推論による神の存在証明を行っており、しかもそれに強い自信を持っていた。

しかし、ロックによるそうした神の存在証明は、それを「すべての宗教と真の道徳とがそれなしに成り立たない根本的な真理」とするためには一つの決定的な難点を孕んでいた。それは、『知性論』のロックによって存在を証明された神が、人間に道徳規範を課する「規範的な」神ではなかったことであった。ロックが存在を証明した神は、宇宙や自然の規則性や秩序からの推論に基づく理性必然の事実として成り立つ「存在的な」造物主にとどまっており、したがって、その神が示す法は、宇宙や自然の法則性ではあっても、「それ自体に義務をともなう」道徳規範にはなりえなかったからである。その意味で、『知性論』のロックは、道徳を真の基礎の上に確立するために必要だとした第一の条件を満たすことができなかったと言わなければならない。

多くの研究者が一致して指摘するように、ロックが挙げた第二の条件、すなわち、神の意志として与えられ、万人に妥当し認識される道徳規範の具体的な論証についても、『知性論』が挙げた成果は無に等しいものであった。そこにおけるロックは、道徳の論証可能性を強く主張しながら、それぞれ「合理的倫理学」「経験的倫理学」と呼びうる二つの倫理学のごく断片的な論証を試みただけで、ついには、観念以上には及びえない人間の認識能力の限界の自覚から一種の不可知論に行き着いた果てに、「神の法」を「われわれの知らない法」とするにいたったからである。

このように、『知性論』のロックは、知性によって「神の意志」である道徳を論証しようとする意図を達成できなかった。これは、明らかに、「神学的に基礎づけられた道徳」を確立しようとしたロックの試みが挫折したことを、ひいては、『知性論』が未完の作品に終わったことを意味するものであった。ロックが、『知性論』の最終部分に近い一章に当てようとして準備した上記の「倫理汎論」を、道徳を確立するための条件を提示しただけで中断し、『知性論』に収録することを最終的に断念した事実は、それを象徴するものであった。

そして、ロックが本書『合理性』を執筆したのは、『知性論』における道徳の知性による論証のこうした挫折を補塡するためであった。しかし、その点に直接立ち入る前に、『知性論』がもう一つの問題、すなわち、「啓示宗教」についてどのような認識論を展開していたかを検討しておかなければならない。それも、『合理性』における啓示宗教キリスト教の理解に深く関連することになるからである。

2 「啓示宗教」をめぐって

『知性論』には、やがて『合理性』におけるロックのキリスト教解釈を支えることになる重要な認識論上の概念用具が準備されていた。ロックが、「理性」とは「対立しない」とした「啓示」あるいは「信仰」の概念がそれである。

『知性論』によれば、人間の推論能力としての「理性」とは区別される「信仰」とは次のようなものであった。「信仰とは、理性の演繹によって作りだされた命題ではなく、ある尋常ではない伝達方法によって神から来たとする提示者への信頼にもとづいて作りだされたある命題への同意であり、人間に対して真理を伝えるこの方法を、われわれは啓示と呼ぶのである」。

この定義が示すように、ロックの場合、「理性」と対比される「信仰」は二つの要素を持っていた。一つは、「信仰」が神の「啓示」に対する人間の「同意」として成り立つこと、もう一つは、その「啓示」への「同意」としての「信仰」が、人間に神からの「啓示」を提示する人格への「信頼」の上に導かれることにほかならない。問題は、ロックがこれら二つの要素をどのような論理によって関連づけたかであって、そこに、ロックにおける「啓示」と「理性」との関係を解く鍵がひそんでいる。

『知性論』のロックによれば、「理性」だけではなく、「啓示」もまた「最高の確実性」を持つ証言をもたらすものであった。したがって、ロックにとって、「啓示」への「同意」としての「信仰」も、「真知と同様にわれわれの精神を絶対的に決定」する「たしかな原理」であった。ここにおいて、『知性論』のロックは、ともに真理を伝える「理性」と「啓示」あるいは「信仰」との関係の認識論的な処理を迫られることになった。

この問題に対して、ロックがただちに確認したのは、「すべてのことがらにおける最後の裁定者」としての「理性」が「信仰」においてはたすべき決定的な役割であった。ロックは、その立場に立って、「神の啓示したことはたしかに真理であ」るとしても、「それが神の啓示であるか否かは理性が判断しなければならない」と断言したからである。ロックが、「啓示」への「同意」として来た「信仰」をあらためて「啓示」への「最高の理性にもとづく同意」と規定し直したのは、それを受けてのことであった。

このように、「啓示」の真偽の判定権を「理性」に委ね、「信仰」を「啓示」への「最高の理性の同意」とみなすロックの視点は、当時のイングランドで台頭しつつあった「理神論」と強い親和性を秘めていた。例えば、その運動の中心人物であったJ・トーランドが、一六九六年に、ロックの認識論に依拠して『キリスト教は神秘的ならず』を出版した事実がそれを示唆する。しかし、両者の間には深い溝が横たわっていた。「福音書には、理性に反し、理性を超えるものは何もない」とするトーランドに対して、ロックは、「啓示」が「われわれの自然の能力を超え、理性を超越する」証言を含むことを承認したからである。

ここにおいて、ロックは、「啓示」と「理性」との関係をめぐる認識論上の最大の難問に直面したと言ってよい。それは、不可知論に傾斜する『知性論』において認識能力の限界を告げられていた人間が、なぜ、「理性の蓋然的な推論に優る」神の「啓示」の真偽を判定できるのかという問題であった。

ロックには、この難問を解決して、「信仰」を「啓示」への「理性」の「同意」とみなす視点を貫くことを可能とするもう一つの途が残されていた。それは、「信仰」の定義に含まれていた第二の要素、すなわち、「啓示」への「理性」の同意を、「啓示」の提示者が持つ疑うことのできない神格性への全き「信頼」を媒介として導く方向であった。

しかし、ここでも、ロックに、解かなければならないもう一つの深刻な問題があった。それは、「啓示」を伝え、神と人間とを媒介する人格の神格性を保証し、それへの「理性」の無条件の同意を促すものは何かにほかならない。それを欠く限り、「啓示」は疑いえない「神自身の証言」としての資格を持つことができず、したがって、「理性」の同意を導くこともできないからである。

この問題に対して、ロックはきわめて明快な回答を与えている。すなわち、神の「啓示」を伝える人格が「超自然的なできごと」として行う「奇跡」が、ロックによって提示された答えであった。ロックによれば、「奇跡」とは、神の「啓示」を伝える人格の神的な「権威」と「使命」とを圧倒的な「力能」によって証明する「理性が誤ることのできない印」であり、その人格が示す「啓示」への「理性」の直観的な同意を促すものであったからである。

こうして、『知性論』のロックは、「啓示」の提示者が「奇跡」によって示す神的権威への無条件の「信頼」が「啓示」への「理性」の同意を導くとして、「信仰」を「啓示」への「理性」の同意とする自らの「信仰」観を貫いたのである。「啓示」の超理性的な性格を認めたロックが、同時に、「理性」と「啓示」との整合性を説き、「理性と信仰とは矛盾しない」と主張しえた理由はそこにあった。

では、『知性論』において示された「啓示」あるいは「信仰」の認識論的地位に関するロックの以上のような観点は、先に見た『知性論』における道徳規範の理性的論証の挫折とあいまって、『合理性』におけるロックのキリスト教像にどのような特徴をもたらしたのであろうか。その点の検討をもって、この「解説」もようやく本論に入ることになる。

Ⅲ 『合理性』におけるキリスト教像の特徴

一 『合理性』へ

一六八九年に『知性論』を出版したロックは、当代を代表する第一級の知識人としての名声を獲得した。しかし、その反面で、『知性論』の著者としてのロックに大きな精神的負荷を与えたものがあった。ロックを敬愛する古くからの友人であり、それゆえに彼の仕事を深く理解していたティレルやT・モリヌーといった人々から寄せられた『知性論』への不満がそれである。その場合、彼らに共通するのは、道徳の取り扱いの不十分性に対する遺憾の意の表明であった。例えば、ロックに対して、「道徳の論証的性格に関する見解に完全な表現を与える」ようにというモリヌーの要請は、その典型をなすものであった。

その要請を繰り返すモリヌーに対して、一六九二年九月の書簡で「私は、道徳は論証的に証明できると考えてきましたが、私にそれができるかどうかは別問題です」と答えたロックは、さらに、一六九四年一月の書簡で、道徳の理性的な論証の意図を放棄してはいないものの、「それをやり遂げるためには、自分以上に優れた頭脳と体力とが必要である」と書き送ったのである。

モリヌーとの往復書簡によるこうした対話は、次のことを明確に告げている。すなわち、それは、ロックが、一六九四年までに、『知性論』が意図した道徳の理性的な論証作業が未完であることを自覚しながら、事実上それは不可能であるという結論に達していたことにほかならない。しかし、たとえそうであり、また、心身の衰えを自覚せざるをえない晩年期にあったとしても、ロックには、「宗教と人間の全義務とを含む道徳哲学」の論証という作業それ自体を放棄することはできなかった。彼にとって、そうすることは、「神の意志」に根ざす生の規範をどこまでも追い求めるべき「人間一般の義務」に違背することになるからである。

ここにおいて、ロックが、道徳規範の論証方法を、「単独の理性」によるそれから異なったものへと転回させることは不可避であった。しかも、ロックにとって、それは、「啓示」から人間の生の規範を引きだす方法でしかありえなかった。ロックは、「神が人間の行為に対して定めた法」は「自然の光によって示されたものであれ、啓示の声を通して示されたものであれ、常に同一である」ことを確信していたからである。

事実、ロックは、理性による道徳の論証の不可能性を認めた一六九四年の一月以降のある時点で、その主要な知的関心を、聖書、すなわち神的啓示の歴史的記録の研究に明らかに転移させた。ロックが、一六九四年の一二月、友人の神学者ファン・リンボルクに対して、自分は、「現在」、聖書研究に「精神のほとんどの部分を振り向けなければならないと考えている」と語っていることがそれを示している。もとより、『合理性』が生みだされたのは、ロックが一六九四年に集中的に取り組んだその聖書研究からであった。

このように、『合理性』に結実したロックの思索は、『知性論』およびそれ以降の努力が「理性の光」によって道徳規範を論証することに最終的に挫折した中から開始されたものであり、神的啓示の記録＝聖書から、人間の生の規範を引きだそうという意図の下に展開されたものであった。では、『知性論』とのそうした歴史的関係に立つことによって、『合理性』に示されたロックのキリスト教解釈はどのような特質を帯びることになったのであろうか。その問題を、『知性論』で提示された「啓示」あるいは「信仰」の認識論的地位に関するロックの見解が彼のキリスト教像にもたらした影響と併せて、順次検討することにする。

二　「道徳性」の強調と「行いの法」

『合理性』は、その「緒言」に述べられているように、ロックが、聖書を、多くの「神学体系」に依存することなく「自分自身で読んで」キリスト教を「理解」しようとした作品であった。しかも、その聖書研究は、人間の生の規範として神が求める道徳の理性による論証の挫折を補塡するために、神的啓示の記録からその規範を引きだすことを意図して開始されたものであった。もとより、それを支えていたのはロックの次のような判断であった。「理性は、人間の義務を理性それ自体のうちによりも、啓示のうちにより明晰かつ容易に発見できるから、理性はその探求の義務を免除される」。

こうした点から容易に推測できるように、『合理性』のロックは、キリスト教の第一の特徴を、思弁的教義よりも人間の行為を導く「徳と道徳との厳格な法」を重視するその高い「道徳性」に求めることになった。それを支えていたのが、聖書は「法として完全な倫理の体系」を含んでいるというロックの理解であったことは言うまでもない。

他方、『合理性』には、そうした意味での「道徳性」ということ以外にも、キリスト教神学で、律法と行為との形式的な一致＝「合法性 Legalität」と対比して、律法に服する動機の内面的な純粋性を「道徳性 Moralität」と呼ぶ場合に通じる要素も認められる。[7]例えば、『合理性』のロックが、イエスの教えに即して律法の信仰による「確立」あるいは「成就」の必要性を説き、イエスの事績の一つを「外面的な神の礼拝形式」の「革新」に求めたことがそれを示すであろう。

しかし、ロックがキリスト教に高い「道徳性」を見いだしたのは、律法の形式的で外面的な遵守を重視するファリサイ派的な「合法性」への批判からよりも、聖書において、イエス・キリストは「われわれを導く完全で、十分な規則」を啓示によって与えているという判断からであった。

では、ロックは、その規範を具体的に何に見いだしたのであろうか。彼は、それを、人間の行いと「神の法」との一致・不一致を判断する基準としての「行いの法」と総称し、その内容を次のように規定している。まずそれは、イエスが啓示した「道徳と服従との明白で直接的な規則」であった。また、ロックは、イエスは旧約における「道徳的戒律」を「再強化している」として、「行いの法」に「モーセの律法の道徳的部分」を加え、さらに、その「行いの法」は「異邦人」をも拘束する「自然法」と一致すると主張した。その上で、ロックは、そうした包括的な内容から成る「行いの法」を「あなたたちが人々からして欲しいと思うことはすべて、そのようにあなたたちも彼らにせよ」という『マタイによる福音書』第七章一二節に述べられたイエスの「一般的黄金律」に集約するのである。

しかし、ロックにとって、このようにイエスの「一般的黄金律」に集約される生の規範＝「行いの法」も、まだ「法として完全な倫理の体系」とは言えなかった。「自然法」を含む「行いの法」が、万人に妥当する完全な道徳規範であることを示すためには、なお、二つの点が立証されなければならなかったからである。すなわち、一つは、それが「理性の規則と一致する」疑いをさしはさむ余地のないものであること、もう一つは、それがそれ自体のうちに人を義務づける拘束力を秘めていることであった。ロックがキリスト教に与えた第二の特質である「合理性」にかかわる第一の問題は次項で、ロックがキリスト教に見いだした第三の特質である「宗教性」にかかわる第二の問題は次々項で扱うことにする。

三 「合理性」の主張と「信仰の法」

ある意味では奇妙なことに、『合理性』のロックは、本書の表題に含まれる reasonableness の意味についてまったく説明を与えておらず、その形容詞形の reasonable という言葉も、たった一ヶ所、それもキリスト教の性格規定には関係のない文脈で使っているにすぎない。あるいは、ロックの中に、それらの語意を reason との関係にふれることなく定義するのは困難であり、それをすれば理神論者と疑われる危険性を免れることはできないとの判断があったのかも知れない。しかし、いずれにせよロックが定義を与えていない以上、われわれは『合理性』全体から reasonableness や reasonable の意味を探るほかはない。

そうした視点から接近する場合、われわれは、ロックにおける reasonableness が、第一に、万人にとって、よく理解できる単純な平明さ、あるいは、理にかなったわかりやすさを意味していることを理解できるであろう。例えば、『キリスト教の合理性の第二の擁護』(以下、『擁護』と略記)における次の言明、「どんな境遇にあり、どんな能力を持つ人にも適合するキリスト教とは、何と平明 plain で、単純 simple で、理にかなっていてわかりやすい reasonable ものであろうか」は、それを示す典型例である。その点で、ここでの reasonable は、これもまた『擁護』において頻出し、また本書の最後でも使われている intelligible とほぼ同義であったと言ってよい。

しかし、ロックが強調したキリスト教の reasonableness には、理にかなった平明さやわかりやすさと関連しながら、それよりもはるかに「合理性」と呼ばれるにふさわしいもう一つの意味が込められていた。それは、啓示宗教としてのキリスト教が持つ理性との適合性や両立可能性という意味での合‐理性的性格にほかならない。ロックが、キリスト教について、そうした意味での「合理性」を特に強く主張したのは、イエス・キリストによって啓示された「道徳法」の性質に関する分析を通してであった。ロックの次の言明は、その結論であった。「われわれはイエス・キリストから、われわれを導く完全で十分な規則、しかも、理性のそれと一致する規則を得ている」。

そして、ロックが、イエスが啓示によって与えた「道徳法」と理性の規範とがなぜ一致し、キリスト教がなぜ合‐理性性を持つかを立証するに当たって援用したのが、『知性論』において示された「啓示」と「奇跡」とをめぐる見解であった。その点を理解するためには、『合理性』のロックが、キリスト教において「行いの法」とともに重要なものとして提示した「信仰の法」に注目する必要がある。

ロックは、『合理性』の過半を占めるイエス論の全展開を通して、「人を義とし救済する」のに不可欠な「福音の唯一の信仰箇条」を、端的に、ナザレのイエスを「彼が行った奇跡と告白とを信頼して」神の子メシアとみなすイエス信仰に求めた。そして、ロックは、このイエス信仰に「信仰の法」という呼称を与えた上で、その「信仰の法」と「イエスの一般的黄金律」に集約される「行いの法」との結合を図るのである。それは、次のような理論的経緯を通じてであった。

ロックが「信仰の法」と呼ぶイエス信仰の意味は、「奇跡という明断な証拠」によって示された「神の聖なる使者」としてのイエスの使命、「神からの権威を携えて来臨し」たイエスの救世主としての神格性を無条件に信じることにあった。他方、『知性論』におけるロックにおいて、「信仰」とは、「奇跡」によって示される神と人間との仲介者の神格性への絶対的な「信頼」を媒介とする神の「啓示」への「理性」の同意であった。したがって、こうした「信仰」観に立つ限り、ロックが『合理性』で「信仰の法」と呼んだイエス信仰も、「奇跡」が開示するイエスの神的権威への全き「信頼」を通して、イエスが与えた「啓示」に「理性」が完全に同意することを意味することになる。

そして、ロックは、その上で、こうした構造を持つイエス信仰＝「信仰の法」と、イエスが生の規範として啓示した「行いの法」との結合、前者による後者の確立あるいは成就の必要性を説いた。ロックが、それによって意図したのは、「行いの法」を理性の規範とも一致する「完全な倫理」へと転化させることであった。イエスの神格性への「信頼」を媒介として神の「啓示」への「理性」の「同意」を導くイエス信仰に支えられるとき、「行いの法」は、イエスを通じて「啓示」された神の法として「もっとも高い知性の持ち主」でも服従するほかはない合‐理性的な道徳にならざるをえないからである。こうしてロックは、『知性論』の信仰観を動員しつつ、「行いの法」と「信仰の法」とを結合することによって、聖書のうちに、「啓示と理性とが偉大な立法者である神から来たものであることを証明する」生の規範を見届けたのであった。

以上のように、『知性論』との歴史的＝論理的な関連の下に書かれた『合理性』におけるロックは、キリスト教の大きな特徴を、「法として完全な倫理の体系」を含むという意味での「道徳性」と、平明で合‐理性を持っているという意味での「合理性」とに見いだしていた。しかし、ロックのこうした立論に関して、決して見逃してはならないもう一つの重要な論点があると言ってよい。それは、ロックの言うキリスト教の「道徳性」と「合理性」とが、その根底において、ロックがキリスト教の第三の特質として認めた「宗教性」に支えられていたことである。以下、『合理性』の理解において意外に見落とされているその点についてふれることにしたい。

四　「宗教性」の承認とその彼方

敬虔なキリスト教徒であったロックが『合理性』で示したキリスト教像について、その「宗教性 Religiosität, religiosity」の承認を指摘することは、いわば名辞の矛盾に近いであろう。しかし、ロックの場合、「宗教性」の承認を彼のキリスト教理解の第三の特質として挙げることは、ロックのキリスト教理解の実像を把握する上できわめて重要な思想史的意味を持つ。ロックは、例えば、E・スティリングフリートやJ・エドワーズといった同時代の聖職者から、(8)アダムの原堕罪に由来する人間の原罪も三位一体説も否認し、人間理性への極度の信頼のゆえにキリスト教の理性を超えた「宗教性」に対する信仰の誠実さをも欠く「無神論への若干の原因」を秘めた思想家とみなされてきたからである。しかも、そうしたロック像は、現在にまで及んでいると言わなければならない。ロックの思想の世俗性を強調するL・シュトラウスやC・B・マクファースンのロック解釈は、今なお強い影響力を保っているからである。

しかし、ロックのキリスト教像には、明らかに、キリスト教の「宗教性」を認める視点が貫かれていた。それをもっとも典型的な形で示すのは、先に示唆したように、イエス・キリストが啓示した「道徳法」の究極的な拘束力に関するロックの次のような説明である。「（われわれがイエス・キリストから得た）規律の真理性と義務とは、彼の聖なる職務の明証性によって説得力を与えられ、われわれにとって疑う余地のないものになるのである。彼は神によって遣わされた。彼が行った奇跡がそれを示しており、また、彼の規律における神の権威は疑い得ないものである」。

この説明については、ロックにとって、聖書に含まれる「道徳法」の「真理性と義務」の最終的な根拠が、「神の子」としてのイエス・キリストの「理性が否定したり、疑ったりすること」ができない「神的な権威」に求められていることに最大限の注意が払われなければならない。そこにおけるロックが、イエス・キリストが啓示した「道徳と服従との規則」の究極的な拘束力を、彼が「奇跡」によって顕示した絶対的な神的権威のうちに置いていることに疑問の余地はないからである。しかも、その点は、ロックがいかに強くキリスト教の「宗教性」を確信していたかを告げるものであると言ってよい。例えば、ヘーゲルが、自然宗教やカント的実践理性の道徳的要請と区別して、実定宗教キリスト教の宗教性をイエス・キリストの「権威」への「理性や悟性の服従」、すなわち権威信仰(Autoritätsglaube)に求めたように、イエス・キリストの超越的な神的権威への信仰は、啓示宗教キリスト教の宗教性を支える隅の首石(おやいし)にほかならないからである。その意味で、ロックがキリスト教に見いだした「道徳性」を支えていたのは、イエス・キリストが啓示した「道徳法」に免れ難い拘束力を与えるイエスの神的権威への信仰、すなわち「宗教性」であった。

また、ロックがキリスト教に与えた第二の特徴である「合理性」についても、それを支えていたのは、やはり「宗教性」であった。ロックは、キリスト教の「合理性」を、『知性論』の「信仰」観を援用しながら、イエスが啓示した道徳規範である「行いの法」が理性も同意せざるをえない合 - 理性性を持つ点に見いだしていた。しかも、その場合、前に見たように、ロックは、「信仰の法」、すなわち、ナザレ人イエスを救世主メシアとして信仰するイエス信仰による「行いの法」の成就の必要性を説いていた。これは、イエスによって啓示された「行いの法」が理性の規範と一致する合 - 理性性を持ちうる根拠が、キリスト教の「宗教性」の要をなすイエスが持つ神的権威への無条件の信仰＝イエス信仰に置かれていたことを意味するであろう。その点で、ロックがキリスト教に認めた二つの特質、「道徳性」と「合理性」とを根底で支えていたのは、イエス・キリストの神的権威への絶対的な信仰に成り立つキリスト教の「宗教性」にほかならなかったのである。

では、ロックが、このように、キリスト教の「道徳性」と「合理性」とを保証するものを、「人の子」イエスを「神の子」メシアとして信奉するイエス信仰を核心とするキリスト教の「宗教性」に帰着させたとき、ロックは、その彼方に何を見たのであろうか。それは、端的に、人間の救済、すなわち、現世において、「信仰の法」と「行いの法」とを遵守することでイエスからの「義認」を受け、それによって、来世において、アダムの原堕罪によって失われた不死性の「回復」、「永遠の生命」の「復活」を果たすことであった。それはまた、聖書から、救済に欠くことのできない条件として、イエス・キリストによって啓示され、理性の規範とも一致する、「法として完全な倫理の体系」を析出しようとして書かれた『合理性』の結論でもあったのである。その点を結びとして、『合理性』の概要についての「解説」は終えることにし、以下、本書の翻訳をめぐる二、三の点についてふれさせていただくことにしたい。

おわりに

まずふれなければならないのは、有体に言って、訳者にとって本書の翻訳が決して容易な作業ではなかったことである。もとより、その主要な原因は、聖書神学や宗教思想史の専門家ではない訳者の力不足にあった。しかし、実は、訳者が、専門的なことがらの翻訳以上に苦労させられたことがあった。それは、ロックが、本書に論点を明示する章や節を付さなかったこともあって、文章と文章、パラグラフとパラグラフとの関係を把握するのに困難を覚えることがしばしばであったことである。

そうした類の困難に直面したとき、凡例でも先行邦訳書として挙げさせていただいた服部知文氏の誠実な訳業には大いに助けられた。ロックの宗教思想に関する研究が内外ともにきわめて乏しい状況の中、今からほぼ半世紀も前に『合理性』に取り組み、その訳業を完成させた服部氏の御努力に心からの敬意と感謝とを申し上げなければならない。特に、氏が、『合理性』の理解に重要な意味を持つロックの『奇跡論』の翻訳を併載されたことは卓見であった。訳者による今回の訳業が、後学の特権に支えられて、服部氏のそれに少しでも改善を加えるものになっていることを願うばかりである。

第二に、この本の読者には、『合理性』の構造を示したいという意図から堅苦しいものになっている訳者の「解説」などから離れて、本書を、物語のように自由に、楽しみつつ読まれることをお奨めしたいと思う。本書には、イエスの足跡や事績に嬉々として神の叡知や摂理を見いだすロックの生き生きとした筆致、イエスを審問するピラトゥスの微妙な心理や政治的意図に関するロックの精密な、そしていかにも政治学者らしい分析、イエスを亡き者にしようと画策するファリサイ派や律法学者の思惑や振舞いについてのロックの苦々しげな描写、アダムの原堕罪が人間にもたらしたのは道徳的堕落ではなく生理的死であるといったロックの、ほとんどホッブスを思わせるきわめて人間的な解釈等々、文学作品にも比すことができるような内容が詰まっているからである。そのように読まれるとき、本書はキリスト教を擁護しようとする護教論臭の強い著作ではなく、信仰をめぐって繰り広げられた人間のドラマを描いた作品として、われわれにとっても親近感や人間味に満ちたものになるであろう。

最後に、いつものように、訳文のドラフトを全体にわたって綿密に検討し、詳細なコメントを寄せてくれた西崎文子、本訳書の編集の労をとって下さった岩波文庫編集部の入谷芳孝氏に心からの謝意を表したいと思う。

（1）『キリスト教の合理性』の正式な書名は『聖書に述べられたキリスト教の合理性』である。

（2）訳者は、こうした理解をジョン・ダンと完全に共有している。John Dunn, *Locke*, Oxford University Press, 1984（加藤節訳『ジョン・ロック——信仰・哲学・政治』岩波書店、一九八七年）参照。

（3）一六九五年にロンドンで出版された『キリスト教の合理性』には、二種類のテキストがある。一つは、初版に誤植等の修正を加えつつ刊行されてきたもので、本書が底本とし、凡例でW版と命名した一八二三年刊行の *The Works of John Locke*, Vol. VII 所収のテキストはそれに当たる。もう一つは、初版にロックが手を入れ、ハーバード大学の Houghton Library に保管されていたもので、一九九九年に、John C. Higgins-Biddle 編によりオックスフォードで出版され、凡例でHB版と命名したテキストである。

これら二種類のテキストを比較した場合、ほんの数ヶ所とはいえ、ロックの加筆部分を再現している点で、HB版はそれを欠くW版よりもロックの意向により近いと考えてよいであろう。しかし、実は、このHB版についても問題がないわけではない。W版同様、聖書からの引用箇所の誤りや欠落がかなり見受けられる点は別としても、誤植等がW版よりも多いことは否定できないからである。ever が never に、teaching が reaching に、other が tother にされたままになっているのは、その例にほかならない。こうした事情を考慮して、本書では、W版を底本としつつ、聖書からの引用箇所の誤りや欠落にはすべて修正・補足を加え、前後の文脈に照らし合わせて誤植は訂正し、ロックによる加筆部分はHB版から訳出して註記した。訳者としては、そうした操作が、本訳書のテキストとしての信頼度をいささかでも高めるものになっていることを期待したい。

（4）以下の「解説」では、ロックの著作からの引用註はすべて割愛した。煩雑さを避けるためである。

（5）R. Ashcraft, Faith and knowledge in Locke's philosophy, *John Locke: Problems and Perspectives*, edit., by J. W. Yolton, Cambridge, 1969, p. 198.

（6）Of Ethick in General. 1686–88?

（7）この点については、ヘーゲルの『キリスト教の実定性』と『キリスト教の精神とその運命』とに即しつつ論点を整理した、加藤節『近代政治哲学と宗教』東京大学出版会、一九七九年、三三頁―三七頁を参照されたい。

（8）両者がロックを批判した主要著作は以下の通りである。E. Stillingfleet, *A Discourse in Vindication of the Doctrine of the Trinity*, London, 1696. J. Edwards, *Socinianism Unmask'd*, London, 1696.

二〇一九年八月

キリスト教の合理性　ジョン・ロック著

2019年10月16日　第1刷発行

訳　者　加藤　節

発行者　岡本　厚

発行所　株式会社　岩波書店
〒101-8002 東京都千代田区一ツ橋2-5-5
案内 03-5210-4000　営業部 03-5210-4111
文庫編集部 03-5210-4051
https://www.iwanami.co.jp/

印刷・三秀舎　カバー・精興社　製本・中永製本

ISBN 978-4-00-340079-1　　Printed in Japan

読書子に寄す

――岩波文庫発刊に際して――

岩波茂雄

真理は万人によって求められることを自ら欲し、芸術は万人によって愛されることを自ら望む。かつては民を愚昧ならしめるために学芸が最も狭き堂宇に閉鎖されたことがあった。今や知識と美とを特権階級の独占より奪い返すことはつねに進取的なる民衆の切実なる要求である。岩波文庫はこの要求に応じそれに励まされて生まれた。それは生命ある不朽の書を少数者の書斎と研究室とより解放して街頭にくまなく立たしめ民衆に伍せしめるであろう。近時大量生産予約出版の流行を見る。その広告宣伝の狂態はしばらくおくも、後代にのこすと誇称する全集がその編集に万全の用意をなしたるか。千古の典籍の翻訳企図に敬虔の態度を欠かざりしか。さらに分売を許さず読者を繋縛して数十冊を強うるがごとき、はたしてその揚言する学芸解放のゆえんなりや。吾人は天下の名士の声に和してこれを推挙するに躊躇するものである。このときにあたって、岩波書店は自己の責務のいよいよ重大なるを思い、従来の方針の徹底を期するため、すでに十数年以前より志して来た計画を慎重審議この際断然実行することにした。吾人は範をかのレクラム文庫にとり、古今東西にわたって文芸・哲学・社会科学・自然科学等種類のいかんを問わず、いやしくも万人の必読すべき真に古典的価値ある書をきわめて簡易なる形式において逐次刊行し、あらゆる人間に須要なる生活向上の資料、生活批判の原理を提供せんと欲する。この文庫は予約出版の方法を排したるがゆえに、読者は自己の欲する時に自己の欲する書物を各個に自由に選択することができる。携帯に便にして価格の低きを最主とするがゆえに、外観を顧みざるも内容に至っては厳選最も力を尽くし、従来の岩波出版物の特色をますます発揮せしめようとする。この計画たるや世間の一時の投機的なるものと異なり、永遠の事業として吾人は微力を傾倒し、あらゆる犠牲を忍んで今後永久に継続発展せしめ、もって文庫の使命を遺憾なく果たさしめることを期する。芸術を愛し知識を求むる士の自ら進んでこの挙に参加し、希望と忠言とを寄せられることは吾人の熱望するところである。その性質上経済的には最も困難多きこの事業にあえて当たらんとする吾人の志を諒として、その達成のため世の読書子とのうるわしき共同を期待する。

昭和二年七月

《法律・政治》〔白〕

- 人権宣言集　高木八尺・末延三次・宮沢俊義 編
- 新版 世界憲法集 第二版　高橋和之 編
- 君主論　マキアヴェッリ　河島英昭 訳
- フィレンツェ史 全二冊　マキァヴェッリ　齊藤寛海 訳
- リヴァイアサン 全四冊　ホッブズ　水田洋 訳
- ビヒモス　ホッブズ　山田園子 訳
- 法の精神 全三冊　モンテスキュー　野田良之・稲本洋之助・上原行雄・田中治男・三辺博之・横田地弘 訳
- ローマ人盛衰原因論　モンテスキュー　田中治男・栗田伸子 訳
- 第三身分とは何か　シィエス　稲本洋之助・伊藤洋一・川出良枝・松本英実 訳
- 完訳 統治二論　ジョン・ロック　加藤節 訳
- 寛容についての手紙　ジョン・ロック　加藤節・李静和 訳
- ルソー 社会契約論　桑原武夫・前川貞次郎 訳
- フランス二月革命の日々 ―トクヴィル回想録　トクヴィル　喜安朗 訳
- アメリカのデモクラシー 全四冊　トクヴィル　松本礼二 訳
- 犯罪と刑罰　ベッカリーア　風早八十二・五十嵐二葉 訳
- ヴァジニア覚え書　T・ジェファソン　中屋健一 訳
- リンカーン演説集　高木八尺・斎藤光 訳
- 権利のための闘争　イェーリング　村上淳一 訳
- 民主主義の本質と価値 他一篇　ハンス・ケルゼン　長尾龍一・植田俊太郎 訳
- 法における常識　P・G・ヴィノグラドフ　末延三次・伊藤正己 訳
- 近代国家における自由　H・J・ラスキ　飯坂良明 訳
- 外交談判法　カリエール　坂野正高 訳
- 危機の二十年 ―理想と現実　E・H・カー　原彬久 訳
- ザ・フェデラリスト　A・ハミルトン　J・ジェイ　J・マディソン　斎藤眞・中野勝郎 訳
- マッツィーニ 人間の義務について　齋藤ゆかり 訳
- モーゲンソー 国際政治 全三冊 ―権力と平和　原彬久 監訳
- 現代議会主義の精神史的状況 他一篇　カール・シュミット　樋口陽一 訳
- 第二次世界大戦外交史 全二冊　芦田均
- 憲法講話　美濃部達吉
- 日本国憲法　長谷部恭男 解説

《経済・社会》〔白〕

- 政治算術　ペティ　大内兵衛・松川七郎 訳
- ケネー 経済表　平田清明・井上泰夫 訳
- チュルゴオ 富に関する省察　永田清 訳
- 国富論 全四冊　アダム・スミス　水田洋 監訳　杉山忠平 訳
- 道徳感情論 全二冊　アダム・スミス　水田洋 訳
- コモン・センス 他三篇　トーマス・ペイン　小松春雄 訳
- ロバート・マルサス初版 人口の原理　ロバート・マルサス　高野岩三郎・大内兵衛 訳
- 経済学における諸定義　マルサス　玉野井芳郎 訳
- オウエン自叙伝　ロバアト・オウエン　五島茂 訳
- 経済学および課税の原理 全二冊　リカードウ　羽鳥卓也・吉澤芳樹 訳
- 農地制度論　フリードリッヒ・リスト　小林昇 訳
- 戦争論 全三冊　クラウゼヴィッツ　篠田英雄 訳
- 自由論　J・S・ミル　塩尻公明・木村健康 訳
- 女性の解放　J・S・ミル　大内兵衛・大内節子 訳
- 大学教育について　J・S・ミル　竹内一誠 訳
- ユダヤ人問題によせて ヘーゲル法哲学批判序説　マルクス　城塚登 訳
- 経済学・哲学草稿　マルクス　城塚登・田中吉六 訳
- 新編輯版 ドイツ・イデオロギー　マルクス　エンゲルス　廣松渉 編訳　小林昌人 補訳
- マルクス エンゲルス 共産党宣言　大内兵衛・向坂逸郎 訳

- 賃労働と資本　マルクス　長谷部文雄訳
- 賃銀・価格および利潤　マルクス　長谷部文雄訳
- マルクス 経済学批判　武田隆夫・遠藤湘吉・大内力・加藤俊彦訳
- マルクス 資本論　全九冊　エンゲルス編　向坂逸郎訳
- 文学と革命　全二冊　トロツキイ　桑野隆訳
- ロシア革命史　全五冊　トロツキー　藤井一行訳
- 空想より科学へ　―社会主義の発展　エンゲルス　大内兵衛訳
- 家族・私有財産・国家の起源　エンゲルス　戸原四郎訳
- 帝国主義論　全二冊　ホブスン　矢内原忠雄訳
- 帝国主義　レーニン　宇高基輔訳
- 金融資本論　全二冊　ヒルファディング　岡崎次郎訳
- ローザ・ルクセンブルク 獄中からの手紙　秋元寿恵夫訳
- 雇用、利子および貨幣の一般理論　全二冊　ケインズ　間宮陽介訳
- シュムペーター 経済発展の理論　全二冊　塩野谷祐一・中山伊知郎・東畑精一訳
- 租税国家の危機　シュムペーター　木村元一・小谷義次訳
- 恐慌論　宇野弘蔵
- 経済原論　宇野弘蔵

- ユートピアだより　ウィリアム・モリス　川端康雄訳
- 社会科学と社会政策にかかわる認識の「客観性」　マックス・ヴェーバー　富永祐治・立野保男訳　折原浩補訳
- プロテスタンティズムの倫理と資本主義の精神　マックス・ヴェーバー　大塚久雄訳
- 職業としての学問　マックス・ウェーバー　尾高邦雄訳
- 社会学の根本概念　マックス・ヴェーバー　清水幾太郎訳
- 職業としての政治　マックス・ヴェーバー　脇圭平訳
- 古代ユダヤ教　全三冊　マックス・ヴェーバー　内田芳明訳
- 宗教と資本主義の興隆　歴史的研究　全二冊　トーニー　出口勇蔵・越智武臣訳
- 未開社会の思惟　全二冊　レヴィ・ブリュル　山田吉彦訳
- 社会学的方法の規準　デュルケム　宮島喬訳
- 世論　全二冊　リップマン　掛川トミ子訳
- 王権　A・M・ホカート　橋本和也訳
- 鯰絵　―民俗的想像力の世界　C・アウエハント　小松和彦・中沢新一・飯島吉晴・古家信平訳
- 贈与論　他二篇　マルセル・モース　森山工訳
- 国民論　他二篇　マルセル・モース　森山工編訳
- ヨーロッパの昔話　その形と本質　マックス・リュティ　小澤俊夫訳

《自然科学》〔青〕

- 科学と仮説　ポアンカレ　河野伊三郎訳
- 改訳 科学と方法　ポアンカレ　吉田洋一訳
- エネルギー　オストヴァルト　山県春次訳
- 星界の報告　他一篇　ガリレオ・ガリレイ　山田慶児・谷泰訳
- 大陸と海洋の起源　―大陸移動説　全二冊　ヴェーゲナー　都城秋穂・紫藤文子訳
- ロウソクの科学　ファラデー　竹内敬人訳
- 種の起原　全二冊　ダーウィン　八杉龍一訳
- 実験医学序説　クロード・ベルナール　三浦岱栄訳
- 完訳 ファーブル昆虫記　全十冊　山田吉彦・林達夫訳
- 増訂新版 アルプス紀行　ジョン・チンダル　矢島祐利訳
- 数について　―連続性と数の本質　デーデキント　河野伊三郎訳
- 史的に見たる科学的宇宙観の変遷　アーレニウス　寺田寅彦訳
- 科学談義　T・H・ハックスリ　小泉丹訳
- アインシュタイン 相対性理論　内山龍雄訳・解説
- 相対論の意味　アインシュタイン　矢野健太郎訳
- 自然美と其驚異　ジョン・ラバック　板倉勝忠訳

岩波文庫の最新刊

森まゆみ編
伊藤野枝集
一七歳で故郷を出奔、雑誌『青鞜』に参加。二八歳で大杉栄と共に憲兵隊に虐殺されるまで、短い生を嵐の様に駆け抜けた野枝の力強い文章を一冊に編む。〔青N一二八-一〕　本体一一三〇円

久保田淳・平田喜信校注
後拾遺和歌集
平安最盛期の代表的な歌を網羅した第四番目の勅撰集。和泉式部を始めとする女流歌人の活躍など、大きく転換する時代の歌壇の変化を反映している。〔黄二九-一〕　本体一六八〇円

オスカー・ワイルド作、富士川義之訳
ドリアン・グレイの肖像
無垢な美青年ドリアン・グレイが快楽に耽って堕落し、悪行の末に破滅するまで。代表作にして、作者唯一の長篇小説。無削除オリジナル版より訳出した決定版新訳。〔赤二四五-一〕　本体一一四〇円

モーパッサン作、笠間直穂子訳
わたしたちの心
自由と支配を愛するパリ社交界の女王ビュルヌ夫人と、彼女に恋する繊細な趣味人マリオル。すれ違うふたりの心を、死期の迫った文豪が陰影豊かに描く。〔赤五五一-四〕　本体八四〇円

岡義武著
山県有朋
―明治日本の象徴―
自らの派閥を背景に、明治・大正時代の政界に君臨しつづけた元老・山県有朋。権力意志に貫かれたその生涯を端正な筆致で描いた評伝の傑作。（解説＝空井護）〔青N一二六-四〕　本体八四〇円

……今月の重版再開……

松永昌三編
中江兆民評論集
本体一〇七〇円〔青一一〇-二〕

旧事諮問会編／進士慶幹校注
旧事諮問録（上）（下）
―江戸幕府役人の証言―
本体各九〇〇円〔青四三八-一・二〕

小林登美枝・米田佐代子編
平塚らいてう評論集
本体九七〇円〔青一七二-一〕

定価は表示価格に消費税が加算されます　2019. 9

岩波文庫の最新刊

小泉三申著
明智光秀
織田信長に叛逆、たちまちに敗死に追込まれた悲劇の人・明智光秀を描いた明治史伝物の名作。橋川文三による「小泉三申論」を併載。(解説＝宗像和重)
〔緑二二三-一〕本体五四〇円

セアラ・オーン・ジュエット作／河島弘美訳
とんがりモミの木の郷 他五篇
メイン州の静かな町を舞台に、人びとのささやかな日常と美しい自然が繊細な陰影をもって描かれる。アメリカ文学史上に名を残す傑作、初の邦訳。

〔赤三四四-一〕本体九二〇円

ジョン・ロック著／加藤節訳
キリスト教の合理性
「啓示」宗教としてのキリスト教がもつ「理性」との適合性や両立可能性といった合-理性的性格(「合理性」)を論じる、ロック晩年の重要作。一六九五年刊。

〔白七-九〕本体一〇一〇円

フローベール作／中條屋進訳
サラムボー(上)
カルタゴの統領の娘にして女神に仕えるサラムボーと、反乱軍の指導者との許されぬ恋。前三世紀の傭兵叛乱に想を得た、豪奢で残忍な古代の夢。(全二冊)
〔赤五三八-一一〕本体八四〇円

岡義武著
近代日本の政治家
伊藤博文、大隈重信、原敬、犬養毅、そして西園寺公望。五人の政治家の性格を踏まえて、その行動と役割を描いた伝記的エッセイの名著。(解説＝松浦正孝)
〔青N一二六-五〕本体一〇七〇円

今月の重版再開

コンラッド作／土岐恒二訳
密偵
〔赤二四八-二〕本体一〇七〇円

袁枚著／青木正児訳註
随園食単
〔青二六二-一〕本体各八四〇円

池内紀編訳
ウィーン世紀末文学選
〔赤四五四-一〕本体九二〇円

定価は表示価格に消費税が加算されます　2019.10